Karl-Heinz Golzio

Wer den Bogen beherrscht

Der Buddhismus

Patmos Verlag Düsseldorf

Für Fatima,
ohne die dieses Buch so nicht
geschrieben worden wäre.

Die Deutsche Bibliothek – CIP-Einheitsaufnahme

Golzio, Karl-Heinz:
Wer den Bogen beherrscht : Der Buddhismus /
Karl-Heine Golzio. – 2. Aufl. – Düsseldorf : Patmos-Verl., 1998
(Reihe Weltreligionen)
ISBN 3-491-72332-9

2. Auflage 1998
Umschlagbild: Peter Grieder, CH-8126 Zumikon
Umschlaggestaltung: Volker Butenschön, Lüneburg
Gesamtherstellung: Offizin Andersen Nexö Leipzig
ISBN 3-491-72332-9

Inhalt

Einleitung

Wenn vom Buddhismus die Rede ist, mögen vor dem Auge des Lesers unterschiedliche Bilder auftauchen: Dem einen sind die rotgewandeten tibetischen Mönche vertraut, dem anderen die Mönche Sri Lankas oder Thailands in ihren gelben Roben, einem Dritten wird die Lehre des japanischen Zen einfallen. In unserer reisefreudigen Zeit haben viele Menschen auch die heiligen Stätten des Buddhismus bzw. die bedeutenden Tempel- und Klosteranlagen besucht, seien es nun die Stūpas im indischen Sarnath oder Sānchī, sei es Anurādhapura in Sri Lanka, der Potala-Palast in Lhasa, die burmesische Tempelstadt Pagan, der gewaltige Borobudur in Java aus dem 9. Jahrhundert oder der im 13. Jahrhundert errichtete Buddha im japanischen Kamakura.

Damit wird aber nicht nur die Verbreitung des Buddhismus in den unterschiedlichsten Kulturen angesprochen, sondern auch die Vielfältigkeit seiner Lehren, die in dem jeweiligen Kulturgebiet neben dem überlieferten religiösen Schrifttum in den alten indischen Sprachen Pāli und Sanskrit eine reichhaltige Literatur in den Nationalsprachen hervorgebracht hat: In erster Linie ist dabei an das Tibetische, das Chinesische und das Japanische zu denken.

Der Erwähnung der indischen Herkunft des Buddhismus ist Anlaß, auf die Tatsache hinzuweisen, daß er in seinem Ursprungsland seit dem 13. Jahrhundert so gut wie gar keine Rolle mehr spielt, darin den anderen beiden großen Weltreligionen, dem Christentum und dem Islam, völlig unähnlich (wenn man bedenkt, daß das Christentum sich nicht im Heimatland Jesu, sondern vornehmlich im griechisch-römischen Kulturbereich ausbreitete).

Ein Führer durch den Buddhismus beginnt logischerweise mit dem Begründer der Lehre und dieser Lehre selbst, der historischen Zeitstellung und der geistig-religiösen Situation jener Tage. Schon früh kristallisierte sich der mönchische

Charakter dieser Religion und die damit verbundene Einstellung zu den Laien heraus. Es scheint, daß es bereits sehr früh zu Auseinandersetzungen um die authentische Lehre des „Erwachten" (das bedeutet *buddha*) kam. Eine bedeutende Förderung erfuhr der Buddhismus dann im 3. Jahrhundert v. Chr. in der Gestalt des Maurya-Königs Ashoka, der selbst Laienbuddhist wurde. Etwa in diese Zeit dürften auch das Ende des Wandermönchtums und die Errichtung von Klöstern *(vihāra)* fallen, die gleichzeitig Pfründen erhielten. Gleichzeitig begann auch die buddhistische Missionstätigkeit außerhalb Indiens, zuerst in Sri Lanka, wo Ashokas Sohn Mahinda missioniert haben soll. Dort bildete sich eine der wichtigsten Schulen des Buddhismus heraus, die des Theravāda („Schule der Alten"), die nach ihrem Selbstverständnis Bewahrerin der ursprünglichen buddhistischen Lehre ist und sich später auch nach Hinterindien (Burma, Thailand, Laos und Kamboja) ausbreitete.

Notwendigerweise wird die Darstellung der historischen Entwicklung der großen Schulrichtungen einen gewissen Raum einnehmen, namentlich die Herausbildung der Mahāyāna-Schulen und ihre Ausbreitung nach Zentralasien, China, Korea und Japan. Schließlich die dritte große Strömung, das Vajrayāna oder „Diamantfahrzeug", dessen esoterische Lehren in historischer Zeit in Bengalen, Malaysia und Indonesien blühten, das aber seit dem 11. Jahrhundert seine Heimat hauptsächlich in Tibet hat. Hier konnte sich aufgrund politischer Unterstützung im 17. Jahrhundert die reformierte Schule der Ge-lugs-pa als dominierend durchsetzen. Gerade die Verbindung mit den in den verschiedenen Ländern vorgefundenen Formen der Religiosität ist aber auch der Grund für die unterschiedlichsten Ausprägungen der Laienfrömmigkeit sowie der großen Differenz unter den Festtagen der buddhistischen Schulrichtungen.

Daher muß ein Führer durch den Buddhismus bestrebt sein, sowohl die Substanz der Lehren, die historischen Bedingtheiten gewisser Entwicklungen wie auch das religiöse Leben von Buddhisten nicht nur in den klassischen Ländern der Lehre, sondern auch unter den aufstrebenden Gemeinden des Westens darzustellen.

I. Geschichte des Buddhismus im Überblick

5.—4. Jh. v. Chr.	Lebenszeit des historischen Buddha (das alte Datum ca. 560—480 v. Chr. ist überholt, andere exaktere Bestimmungen wie etwa ca. 480—400 v. Chr. oder 448 bis 368 v. Chr. können nicht als sicher gelten).
327—325 v. Chr.	Einfall Alexander d. Gr. in Nordwestindien.
321/17 bis ca. 185 v. Chr.	Maurya-Dynastie, begründet von Candragupta Maurya (ca. 321/17—297/93 v. Chr.), beherrschte zeitweise fast ganz Indien.
268—236/32 v. Chr.	Herrschaft von Ashoka, dem Enkel Candraguptas, einem Förderer des Buddhismus. Auf ihn gehen zahlreiche Fels- und Säulenedikte zurück, in denen auch von der Verbreitung der buddhistischen Lehre gesprochen wird, unter anderem nach Sri Lanka.
3.—1. Jh. v. Chr.	Allmähliche Herausbildung des buddhistischen Kanons, der im 1. Jahrhundert (ca. 35—32 v. Chr.) in Sri Lanka schriftlich fixiert wird.
2.—1. Jh. v. Chr.	Entstehung der buddhistischen Stūpas von Bharhut und Sāñcī.
Ende des 1. Jh. n. Chr.	Herausbildung des Mahāyāna und seiner ersten Schriften. Ausbreitung des Buddhismus in Zentralasien und in China.
2. Jh.	Blüte der buddhistischen Gandhāra-Kunst in Nordwestindien und Afghanistan.
4. Jh.	Der Buddhismus wird bei einigen nordchinesischen Dynastien Hofreligion.
344—413	Lebenszeit des Übersetzers Kumārajīva, der zahlreiche Texte ins Chinesische überträgt.
Ende des 4. Jhs.	Asanga gründet die Yogācāra-Schule (die den Yoga praktiziert) oder Vijñānavāda (die Schule der Erkenntnis). In einem koreanischen Teilstaat wird der Buddhismus eingeführt.
399—413	Der chinesische Mönch Faxian besucht Indien.
440	Gründung der Klosteruniversität Nālandā durch den Guptaherrscher Kumāragupta.
5. Jh.	Spuren des Theravāda- und des Mahāyāna-Buddhismus im Gebiet der späteren Länder Burma und Thailand. Blüte des Amitābha-Kultes in China.
Ende des 5. Jhs.	Der indische Mönch Nāgasena erreicht das Reich Funan im Mekong-Delta.
484	Jayavarman, König von Funan, sendet an den chinesischen Kaiser in Südchina buddhistische Reliquien. In

	Nordwestindien fallen die Weißen Hunnen oder Hephthaliten ein und zerstören zahlreiche buddhistische Klöster.
552	Einführung des Buddhismus in Japan.
618—907	Tang-Dynastie in China. Blütezeit des Buddhismus. Es entstehen die Schulen Tiantai, Huayan und Chan (japan. Zen).
Ca. 620—649	Herrschaft des tibetischen Königs Srong-brtsan-sgampo, der durch seine Heirat mit einer chinesischen Prinzessin den Buddhismus am Hof einführt.
629—645	Indienreise des chinesischen Pilgers Xuanzang, der dort buddhistische Texte sammelt und nach seiner Rückkehr die chinesische Yogācāra-Schule gründet.
671—695	Reise des chinesischen Pilgers Yijing auf dem Seeweg nach Sumatra und Indien.
Ca. 750—1161	Pāla-Dynastie in Bengalen und Bihār, die den Buddhismus stark fördert.
754—797	Herrschaft des tibetischen Königs Khri-srong-lde-bstan, unter dem Padmasambhava den tantrischen Buddhismus in Tibet einführt.
8.—9. Jh.	Auf Java Herrschaft der buddhistischen Shailendra-Dynastie, unter der der Borobudur, das gewaltigste buddhistische Monument überhaupt, entsteht.
Um 800	Gründung des Klosters Vikramashīla durch den Pāla-König Dharmapāla.
842	Sturz des tibetischen Königreiches. Beginn des sog. dunklen Zeitalters.
845	Buddhistenverfolgung in China, die hauptsächlich deren weltliche Machtstellung beeinträchtigt.
11. Jh.	Erneute Propagierung des Buddhismus in Tibet, insbesondere durch den Bengalen Atisha (982—1054).
1044—1077	König Anowrahta von Pagan (Burma) fördert verstärkt den Theravāda-Buddhismus.
1160	In Sri Lanka vereinigt König Parakkamabāhu I. (reg. 1153—1186) die buddhistischen Gemeinden zum Mahāvihāra.
Ca. 1181—1218	Herrschaft des Khmer Königs Jayavarman VII., der dem tantrischen Buddhismus zuneigt.
Ende des 12. Jhs.	Einbruch der muslimischen Eroberer in Nordindien und Vernichtung der Klöster Bengalens und des Buddhismus in Indien.
1192—1333	Kamakura-Periode in Japan. In dieser Zeit entstehen zahlreiche buddhistische Schulen Japans, darunter zwei Zen-Schulen. Viele Klöster werden zu militärischen Festungen ausgebaut.
1235—1280	Lebensdaten des Sa-skya-pa-Lama Phags-pa, der Einfluß auf die mongolischen Herrscher Chinas gewinnt.
1287	Untergang des burmesischen Reiches Pagan durch die Mongolen.

Ende des 13. Jhs.	Gründung der Thai-Reiche von Lanna (Chiengmai) und Sukhothai, die sich zum Theravāda-Buddhismus bekennen.
1350—1767	Thai-Reich von Ayuthya, Zentrum des Theravāda-Buddhismus.
1357—1419	Lebensdaten des Tsong-kha-pa, Reformator des tibetischen Buddhismus und Gründer der Ge-lugs-pa-Schule.
1431	Die Khmer geben die Hauptstadt Angkor auf und bekehren sich einheitlich zum Theravāda.
1551	Gründung des Zweiten Burmesischen Reiches, das den Theravāda-Buddhismus zur vorherrschenden Religion macht.
1568—1582	Oda Nobunaga vereint fast ganz Japan und bricht die Macht der buddhistischen Klöster.
1603—1868	Tokugawa-Shōgunat in Japan. Unterdrückung des Christentums, Registrierung der Religionszugehörigkeit, Reglementierung des Buddhismus.
1643	Etablierung der weltlichen Macht der Dalai Lamas mit Hilfe eines mongolischen Fürsten durch den Fünften Dalai Lama.
1720	Tibet kommt unter die Herrschaft des Chinesischen Reiches.
1752	Gründung des Dritten Burmesischen Reiches durch Alaungpaya (1752—1760).
1767	Zerstörung Ayuthyas durch die Burmesen.
1781—1819	Regierung des burmesischen Königs Bodawpaya, der sich selbst zum Buddha Maitreya erklärt.
1782	Gründung des modernen Thailand mit der Hauptstadt Bangkok.
1851—1868	Herrschaft des Thai-Königs Rāma V. Mongkut, der einen buddhistischen Reformorden gründet.
1868	Wiederherstellung der Kaisermacht in Japan und Modernisierung des Landes. Entstehung buddhistischer Reformbewegungen.
1885	Das burmesische Königreich wird von den Briten annektiert.
1912	Tibet macht sich unter dem 13. Dalai Lama selbständig.
1948	Burma unabhängige Republik: sein Ministerpräsident U Nu propagiert den buddhistischen Sozialismus.
1950	Tibet von der Volksrepublik China annektiert.
1954—1956	Sechstes Buddhistisches Konzil in Rangun (Burma).
1959	Aufstand in Tibet gegen die chinesische Besatzung. Flucht des 14. Dalai Lama nach Indien, wo er eine Exilregierung bildet.
1963	Selbstverbrennung buddhistischer Mönche in Südvietnam aus Protest gegen das diktatorische Regime, das noch im gleichen Jahre fällt.

1965—1966	Während der Kulturrevolution in China werden die meisten tibetischen Klöster zerstört.
1970	Rechter Militärputsch in Kampuchea führt zum Beginn der Verwüstung des Landes.
1975	Sieg der Kommunisten in Vietnam, Laos und Kampuchea. Im letztgenannten Land etabliert sich das Terrorregime der Roten Khmer (1975—1979), das den Buddhismus und die gesamte Bevölkerung brutal unterdrückt.
1989	Der 14. Dalai Lama erhält den Friedensnobelpreis.

II. Der Buddha, seine Zeit und seine Lehre

Die Überschrift erinnert an ein vor über hundert Jahren in erster Auflage und seitdem in zahlreichen Nachdrucken erschienenes Werk, das noch heute zu den Standardbüchern über den Buddhismus zählt. Gemeint ist *„Buddha. Sein Leben, seine Lehre, seine Gemeinde"* von Hermann Oldenberg (1. Aufl. 1881), der das Leben des historischen Buddha sowie seine Lehre vor dem Hintergrund der politischen und religiösen Situation Indiens, wie sie sich aufgrund der der Zeit des Buddha am nächsten kommenden schriftlichen Quellen beschrieb.

Seitdem sind zahlreiche Arbeiten über diesen Fragenkomplex erschienen, ohne daß es zu einer endgültigen Klärung der Frage gekommen wäre, was von den überkommenen Lehren authentisch auf den Buddha selbst zurückgeht und was spätere Neuerungen sind. Dies führt zur Problematik der Textüberlieferung der kanonischen Schriften des Buddhismus und ihrem Alter. Lange wurde der im 1. Jahrhundert v. Chr. auf Sri Lanka fixierte, nach einer mittelindischen Sprache so benannte Pāli-Kanon als den ursprünglichen Lehren am nächsten angesehen, der von der dort etablierten Schule der Theravādins („Schule der Alten") überliefert wird. Die Kanons anderer Schulen sind bei weitem nicht so vollständig erhalten, einige Texte existieren gar nur in der klassischen altindischen Sprache Sanskrit, was früher häufig zu dem Schluß führte, daß der Inhalt dieser Schriften jünger als der Pāli-Kanon sei. Tatsächlich kann man a priori keiner der auf uns gekommenen kanonischen Schriften als Gesamtkorpus eine zeitliche Vorrangstellung geben, da alle Traditionen älteres und jüngeres Überlieferungsgut enthalten, das nur durch Textkritik und unter Berücksichtigung des bekannten religiösen Hintergrunds eingeordnet werden kann, eine Aufgabe, die angesichts der Textmasse und dem häufigen Miteinanderverwobensein von altem und neuerem Textgut nicht leicht zu lösen ist.

Auch die Lebenszeit des historischen Buddha kann nur vage mit 5.—4. Jahrhundert v. Chr. angegeben werden, da es bis zum 1. Jahrhundert v. Chr. in Indien weder eine Zeitrechnung, die mit einer Ära verbunden war, noch eine sich darum rankende Historiographie gab. Die erste Ära in Indien ist die des Azes, eines Königs des in Nordwestindien eingefallenen Reitervolkes der Saken, das dort heimisch wurde: Sie beginnt 57 v. Chr. und wurde später als die Vikrama-Ära bezeichnet, nach der heute noch in Indien neben der sogenannten Shaka-Ära und der christlichen Zeitrechnung datiert wird. Die ersten historiographischen Berichte sind die in Sri Lanka entstandenen Inselchroniken, die Geschichte im Sinne der Theravādins schrieben und z. T. widersprüchliche Angaben über das Todesdatum des Buddha lieferten, wodurch lange Zeit die Angaben ca. 560—480 v. Chr. als Lebenszeit gesichert galten, was aber nach neueren Forschungen als zu früh angesehen werden muß.

Jedenfalls müssen wir uns bei der Darstellung der historischen und politischen Situation Nordindiens jener Tage hauptsächlich auf religiöse Texte stützen, die auch einige Hinweise auf die Gesellschaft und ganz verschwommen über historische Ereignisse bieten.

Die indische Gesellschaft jener Tage war in Königreichen oder Adelsrepubliken organisiert, an deren Spitze Adlige standen, die zum Kshatriya-Stand zählten, die bei der Eroberung Nordindiens zwischen ca. 1200 und 700 v. Chr. als Kriegsführer mit ihren Wagenburgen (*grāma*, was später „Dorf" bedeutet) die einheimische Bevölkerung unterworfen hatten. Den zweiten Rang nahmen die Priester ein, die aber mit zunehmender Seßhaftigkeit die (spirituelle) Vorrangstellung und damit den ersten Rang in der Gesellschaft für sich beanspruchten, also jene Gruppe, die in klassischer Zeit als die Brahmanen bekannt sind. Den dritten Stand bildeten die nomadisierenden Viehzüchter, Vaishyas genannt, die sich mit der Bildung von Stadtkulturen zumeist zu Bauern, Handwerkern und Händlern wandelten. Diese arische Bevölkerung (nach ihrer Selbstbezeichnung „*Ārya*", die „Edlen") hatte ihre eigene Religion, die nach dem religiösen Schrifttum der Veden als die vedische bezeichnet wird. Die unterworfene Substratbevölkerung wurde unter dem Namen Shūdra als vierter

Stand klassifiziert, dem man eine dienende Funktion zuwies. Später unterworfene Urwaldstämme fielen gänzlich aus diesem System heraus und waren völlig deklassiert. Die Religion dieser arischen Eroberer kannte ein Götterpantheon, an dessen Spitze der kriegerische Gewittergott Indra stand. In der Hymnenliteratur der Veden, insbesondere des Rigveda, werden diese Götter häufig angerufen und auf ihre Taten angespielt. Obwohl es vage Vorstellungen von einem jenseitigen Schattenreich gab, war die religiöse Praxis der Arier ganz auf das Diesseits ausgerichtet, auf die Erlangung von (möglichst männlichen) Nachkommen, Reichtum und weltlichem Glück überhaupt. Um dies zu erreichen, war es erforderlich, sich die Götter geneigt zu machen, wozu am besten Opfer dienten. Mag man anfänglich nach erfolgtem Opfer noch auf die Gnade der Götter vertraut haben, so bildete sich bald nach dem Seßhaftwerden in Indien mehr und mehr die Überzeugung heraus, daß man die Götter durch die richtige Ausführung der Rituale gewissermaßen zwingen könne, die damit verbundenen Wünsche zu erfüllen. Dazu war die peinlich exakte Ausführung eines jeden Opfers erforderlich, was aber nur die Spezialisten zu leisten vermochten, nämlich die Priesterklasse, die allein über das dazu notwendige Wissen verfügte und daher von dem Veranstalter eines Opfers Lohn erhielt. So entstand eine umfangreiche Literatur über das Opferwissen, die sogenannten Brāhmanas, die wie alle in der folgenden Zeit entstehenden religiösen Texte als Anhang der vedischen Hymnen galten.

Irgendwann gegen Ende der ersten Hälfte des 1. Jahrtausends v. Chr. (genauere Aussagen verbieten sich aufgrund der oben geschilderten Quellenlage) machte sich aber eine Reaktion gegen den erstarrten Opferritualismus und seine Exponenten, die Brahmanen, bemerkbar. Dies ging auf die Traditionen der unterworfenen Substratbevölkerung zurück, fand aber bei den aristokratischen Kshatriyas starken Widerhall. Die diesseitige Welt wurde eher als negativ angesehen, als der Ort, wo die Lebewesen in unzähligen Wiedergeburten meist leidvolle Erfahrungen machen, die sich in einer neuen Existenz in stärkerer oder weniger starker Intensität im Prinzip wiederholen. Es ist diese Vorstellung einer nicht enden wollenden Reihe von Wiederverkörperungen, die in der vedischen Religion keine Rolle gespielt hatte, jetzt aber mit Macht in den Vordergrund des Denkens rückt. Damit gekoppelt ist die Frage, wie man diesem scheinbar ewigen Kreislauf der Wiedergeburten entrinnen kann, die durch die Summe der in der letzten Existenz begangenen Taten (*karman*) in ihrer Qualität bestimmt werden, d. h. für positive Taten erlangt eine bessere Wiedergeburt, für negative eine schlechtere, womit aber das grundsätzliche Problem der Existenzenkette nicht behoben ist. Der Lösung dieser Frage suchten zahlreiche Männer (und auch einige Frauen) in der Waldeinsamkeit nachzugehen, wo sie das Leben von Asketen führten und auf dem Wege der Meditation und Erkenntnissuche eine die alte Religion erschütternde Konzeption von der Welt, den Göttern und den Menschen entwarfen. Danach waren die Götter wie alle anderen Wesen dem Existenzenkreislauf unterworfen und besaßen lediglich normalen Sterblichen nicht zu eigene übernatürliche Fähigkeiten und ein viel längeres Leben als diese. Sie waren keinesfalls Verkörperung des Absoluten, das vielmehr jetzt als eine impersonale Größe gedacht wurde, eine Art Weltseele, die von den meisten Vertretern der neuen religiösen Strömungen das *brahman* genannt wurde. Das Grundproblem war die Überwindung der Trennung der Einzelseele, meist als der *ātman* („das Selbst“) bezeichnet, von diesem Absolutum. Diese Aufhebung des Getrenntseins konnte nur erfahren werden, entweder auf meditativem Wege oder durch harte Erkenntnisarbeit. Hatte man dieses Ziel erreicht, war die Kette der Wiedergeburten durchbrochen und die verlorene Einheit mit dem Absoluten wiederhergestellt, wobei die Vorstellungen vom Schicksal der Einzelseele nach dem endgültigen Tod ihres Trägers vom Verschmelzen mit dem Absoluten über das Weilen in seiner Nähe bis hin zur selbständigen Existenz in einem ganz und gar vom irdischen Leben verschiedenen Zustand variieren. Diese neuen Lehren wurden von berufenen Lehrern, die sich auf ihre persönlichen Erfahrungen stützten, einem kleinen Kreis von Schülern vermittelt, die um einen Lehrer herumsaßen (Sanskrit: *upa-ni-shad*), weshalb die Texte dieser Schulen als Upanishaden bezeichnet werden.

Diese wahrheitssuchenden Schüler gaben ihr normales Leben auf und begaben sich in die Hauslosigkeit, da sich die

Lehrer zumeist im Wald aufhielten. Offenbar sind in dieser Epoche zahlreiche junge Männer dieser Suche nach Wahrheit bzw. der letzten Realität gefolgt. Einer von ihnen war, wie aus den kanonischen Texten des Buddhismus hervorgeht, Siddhārtha Gautama, den man später den (historischen) Buddha nennen sollte. Er war nicht — wie die späteren Texte behaupten — Sohn eines Königs, sondern vornehmer Sproß aus dem Gautama-Klan der Sakya-Familie der Adelsrepublik Kapilavastu im heutigen Nepal. Unter Hintanstellung aller hagiographischen Züge darf als gesichert gelten, daß er verheiratet war und einen Sohn hatte, bevor er in seinem 29. Lebensjahre die Gesellschaft von Asketen suchte und seine bisherige gesellschaftliche Stellung aufgab. Von zwei Lehrern lernte er die äußere Welt der Erscheinungen zu überwinden, doch gelang es ihm nicht, wirklich leidenschaftslos zu werden. In den folgenden Jahren unterwarf er sich einer strengen Askese, um durch die Kasteiung des Körpers das Leiden, das das Leben durchzieht, besiegen zu können. Daher schlossen sich ihm nach den Berichten auch fünf Asketen an, die seine Disziplin bewunderten, welche schließlich sogar zu seiner völligen Abmagerung führte. Da er aber einsah, daß auch dies nicht zum Ziele führte, nahm er wieder regelmäßig Nahrung zu sich und suchte nach einem „mittleren Weg" zwischen Sinnengenuß und extremer Askese, was dazu führte, daß ihn seine fünf Schüler verließen. Der zukünftige Buddha beschritt jetzt den Weg der Meditation. Nach der Tradition soll er unter einem Feigenbaum im heutigen Ort Bodh-Gaya in Bihar solange meditiert haben, bis er in den Zustand der „Erwachung" (*bodhi*) kam, der in europäischen Darstellungen häufig als „Erleuchtung" oder „Erlösung" bezeichnet wird. Die *bodhi* machte ihn erst zum „buddha", zum „Erwachten", und versetzte ihn in einen anderen Seinszustand, der als Nirvāna (Pāli: Nibbāna) bezeichnet wird, was man gemeinhin von einem Verb *nibbati* ableitet und das demnach „Verlöschen" bedeuten soll. Gedeutet wird dies als endgültiges Verlöschen irdischer Existenzen, da die *bodhi* zur Erkenntnis der Vernichtung des Leidens führt, welches die Ursache aller neuen Existenzen ist. Die legendarischen Berichte erzählen, daß noch vor der „Erleuchtung" Māra, eine Art mythologischer Widersacher, und seine Töchter den zukünftigen

Buddha davon abbringen wollten, den Erwachungszustand zu erreichen, und dies mit den Mitteln von Bedrohung, Argumentation und Verführung.

Die *bodhi* selbst wird als stufenweiser Erkenntnisprozeß beschrieben, der mit der Erinnerung an die eigenen früheren Existenzen des Buddha beginnt. Als nächstes erkennt er die Ursachen des ständigen Entstehens und Vergehens der Lebewesen, aber auch welche Rolle dabei das *karman*, d.h. die Folge der guten und schlechten Taten spielt. Um dies alles auszuschalten, ist es notwendig, die sich auf den Geist negativ auswirkenden *āsavas* (das sind sinnliche Begierde, der Wunsch nach Existenz und das Nichtwissen) zu vernichten. Erst dadurch sei Siddhārtha in die Lage versetzt worden, die sogenannten „vier edlen Wahrheiten" zu formulieren, die zur Grundkonstante der buddhistischen Lehre gehören. Es sind dies die Wahrheiten vom Leiden, vom Ursprung des Leidens, vom Aufhören des Leidens und vom Weg, der dahin führt.

Wahrscheinlich gewann er jetzt Anhänger, denen er diese Lehre mitteilte. Nach der Tradition geschah dies in der „ersten Predigt von Sarnath" (bei Benares), in der der „mittlere Pfad" zwischen den Extremen der Sinnenlust und übertriebener Askese ebenso gelehrt worden sein soll wie die vier edlen Wahrheiten. Darauf habe der Buddha die *anatta*-Lehre dargelegt, d. h. die Lehre davon, daß es kein „Selbst" oder eine „Seele" gebe. Die menschliche Existenz setze sich aus verschiedenen Daseinsfaktoren (*khanda*) zusammen, die sich in ständigem Wandel befinden, so daß es überhaupt keine Konstante gibt. Diese Faktoren sind Körperlichkeit, Gefühl, Wahrnehmung, Gestaltung und Bewußtsein, die jedoch alle nicht das Selbst sind. Erst das Aufhören von Gier und Verlangen sowie das Ende der Leidenschaft können den Menschen aus dem Kreislauf der Wiederverkörperungen befreien, weil die Daseinsfaktoren nicht mehr wirksam sind. Wiederverkörperung bedeutet aber nicht etwa „Wiedergeburt" derselben Person, da es keine Persönlichkeit gibt, sondern nur die Faktoren, die über den Tod hinaus die Verkörperung eines neuen Wesens bewirken.

Nachdem er die *bodhi* und das *nirvāna* erlangt hatte, lebte der Buddha noch über vierzig Jahre, verbreitete seine Lehre vor allem im Reiche Magadha (heutiger Bundesstaat Bihar) und scharte sowohl männliche als auch weibliche Anhänger um sich. Ob er selbst seine Lehren bereits in formelhaften Begriffsgruppen verkündete oder ob dies erst durch seine Anhänger geschah, kann nicht mit letzter Sicherheit gesagt werden. Eine dieser Begriffsgruppen ist die von den „Vier edlen Wahrheiten". Wie schon ausgeführt, soll die vierte dieser Wahrheiten den Weg zur Erlangung des Nirvāna zeigen, der in dem sogenannten „Edlen achtfältigen Pfad" besteht, nämlich 1. Rechtes Verstehen, 2. Rechtes Denken, 3. Rechte Rede, 4. Rechtes Handeln, 5. Rechtes Leben, 6. Rechte Anstrengung, 7. Rechte Achtsamkeit und 8. Rechte Sammlung. Hier finden sich die Elemente der richtigen Erkenntnis (1—3), des richtigen Umsetzens in beispielgebendes Handeln (4—6) und die Anwendung von Meditation (7—8). Das Betreten dieses „Pfades" soll dazu beitragen, das Nirvāna zu erlangen, also jenen völlig anderen Seinszustand, bei dem man aller Bedingtheiten ledig ist. Denn durch diesen Pfad wird man in die Lage versetzt, die „Entstehung in Abhängigkeit" (*paticcasamuppāda*) zu erkennen und daher zu überwinden. Es handelt sich hierbei um eine Kette von sich bedingenden Abhängigkeiten, die 1. das Nichtwissen (*avijjā*) als Voraussetzung hat, welches zu 2. willentlichen Handlungen (*kamma*) und damit zu Karmaformationen (*sankhāra*) führt. Dadurch entsteht 3. ein (bedingtes) Bewußtsein (*viññāna*), das wiederum Ursache für 4. Namen und Gestaltungen (*nāma-rūpa*) ist, die die 5. Sechs Grundlagen (*āyatana*), d. h. die fünf Sinne und den Verstand, bilden; auf die-ser Basis entwickeln sich dann 6. Bewußtseinseindrücke (*phassa*), die Veranlassung zu 7. Gefühlen (*vedanā*) geben, die dann 8. das Begehren (*tanhā*) hervorrufen. Das Begehren ist aber die Voraussetzung für 9. das Anhaften an den begehrten Objekten (*upādāna*). Damit ist dann 10. der Prozeß des Werdens (*bhava*) in Gang gesetzt, der zur 11. Wiederverkörperung (*jāti*) und damit zu 12. Altern und Sterben (*jarā-marana*) führt. Damit hat sich der Kreis geschlossen, der als das sich zyklisch wiederholende Weltgetriebe (*samsāra*) bezeichnet wird. An diese samsārische Existenz wird man durch zehn Fesseln (*samyojana*) gebunden, nämlich durch 1. den Glauben an Persönlichkeit (*sakkāyaditthi*), 2. den Zweifel (*vicikiccā*), 3. das Hängen an Regeln und Riten (*sīlabhata-parāmāsa*), 4. das sinnliche Begehren (*kāma-rāga*), 5. den Groll (*vyāpāda*), 6. das Begehren nach Feinkörperlichkeit (*rūpa-rāga*), 7. das Begehren nach dem Unkörperlichen (*arūpa-rāga*), 8. den Dünkel (*māna*), 9. die Ratlosigkeit (*uddhacca*) und 10. das Nichtwissen (*avijjā*). Wer von den ersten drei Fesseln befreit ist, ist ein Sotāpanna, „einer, der in den Strom (der zum Nirvāna führt) eingetreten ist", wer die Fesseln 4 und 5 in ihrer gröberen Form überwunden hat, ist ein Sakadāgāmi, „einer, der nur noch einmal (zur Sinnenwelt) zurückkehrt", wer von den ersten fünf Fesseln völlig befreit ist, ist ein Anāgāmi, „einer, der niemals wiederkehrt", wer alle zehn Fesseln überwunden hat, ist ein Arahat, ein „Vollkommener", der den Heilszustand erlangt hat. Ein solcher kann keine karmischen Formationen mehr bilden, doch müssen bereits existierende noch beseitigt werden; außerdem benötigt er die Hilfe eines erleuchteten Lehrers, so lautet jedenfalls die Aussage der voll entwickelten buddhistischen Doktrin. Diese Theorie führte später zu kontroversen Ansichten über die Eigenschaften eines Arahat. Über dem Arahat steht der Pacceka-Buddha, der ohne fremde Hilfe die Erleuchtung erlangt hat, aber nicht den Dhamma lehrt. Dies vermag nur der vollkommene Buddha wie etwa der historische Buddha Shakyamuni bzw. seine mythischen Vorgänger oder künftige Erleuchtungswesen. Ein solches Erleuchtungswesen (*bodhisattva*) verfügt über die zehn Vollkommenheiten (*pāramitā*), nämlich 1. Freigebigkeit (*dāna*), 2. Sittlichkeit (*sila*), 3. Entsagung (*nekkhamma*), 4. Wissen (*panna*), 5. Willenskraft (*viriya*), 6. Abgeklärtheit (*khanti*), 7. Wahrhaftigkeit (*sacca*), 8. Entschlußkraft (*adhitthāna*), 9. Güte (*mettā*) und 10. Gleichmut (*upekkhā*).

Die Fülle der bisher angeführten Begriffsreihen vermittelt dem Leser das Bild von einem ausgefeilten Lehrgebäude, doch es ist fraglich, ob diese alle bereits zu Buddhas Zeit so ausformuliert waren. Andererseits dürften sie zumindest keimhaft in der vom Buddha selbst verbreiteten Lehre existiert haben. Diese Lehren wurden in Predigten und Lehrreden verkündet, also sowohl dem Volk wie auch einem engeren Jüngerkreis. Dieser Kreis bestand aus Gruppen von Männern und Frauen, die ein asketisches Leben als bettelnde Mendikanten führten und daher festgefügte Gemeinschaften (*sangha*) bildeten. Als äußeres Zeichen trugen sie ein gelbes Mönchsgewand und eine Tonsur. Getrennt von Familie und Verwandtschaft, führten sie ein Leben in Armut und Keuschheit. Diese Mönche und Nonnen kamen aus unterschiedlichen Kasten, doch spielte die Herkunft im Orden keine Rolle mehr. Dennoch ist es auffällig, daß die meisten ehemals Angehörige der beiden höchsten Kasten waren, was doch bis zu einem gewissen Grad einen Hinweis auf die soziale Schichtung des Ordens gibt. Der Vorgang des Mönchwerdens wird als das Hinausgehen (*pabbajā*), nämlich in die Hauslosigkeit, bezeichnet, das ein Akt des den Laienstatus Aufgebenden ist, der vor einem älteren Mönch vollzogen wird. Die Vollordinierung (*upasampadā*) geschah dann später vor einer Gemeindeversammlung der Mönche und war ein rechtlicher Vorgang, mit dem sich der Neuaufgenommene verpflichtete, die asketischen Regeln zu befolgen. Dazu gehören das Erbetteln von Speise, ein Gewand aus Lumpen und überhaupt ein Leben in Armut. Alle Mönche und Nonnen sind vier Geboten unterworfen, deren Übertretung zum Ausschluß aus dem Orden führt: das Verbot des Geschlechtsverkehrs, des Diebstahls, des Mordes und der Anmaßung geistlicher Vollkommenheit. Die Mitteilung dieser Gebote beendete den Akt der Ordinierung.

Mönche und Nonnen hatten keine festen Wohnsitze und zogen im Bettelgang durch das Land. Lediglich zur Regenzeit hielten sie sich an einem bestimmten Ort auf, häufig ein von reichen Laien gestifteter Hain oder ähnliches. Allerdings darf man sich nicht vorstellen, daß die Ordensmitglieder ziellos durch ganz Nordindien zogen; sie hatten vielmehr fest umgrenzte Bezirke, in denen sie umherwanderten und die als *sīmā* bezeichnet wurden. Das wirft auch Licht auf die Organisation der Ordensgemeinschaften. Es gab in der Frühzeit des Buddhismus keinen zentral geführten Orden, sondern nur lokal organisierte Sanghas. Aus den kanonischen Texten geht hervor, daß ein Sangha aus mindestens vier Personen bestehen muß, und daß es erst bei einer Anzahl von mindestens neun Personen zu einer Ordensspaltung (*sanghabheda*) kommen kann, da nur dann ein neuer Sangha gebildet werden kann. Anlaß für eine solche Spaltung waren immer Streitigkeiten über die Ordensregeln (*vinaya*) und nicht etwa dogmatische Auseinandersetzungen, wie dies die ceylonesischen

Inselchroniken des 4. und 5. Jahrhunderts n. Chr. nahelegen wollen, die die Ordensspaltung durch die Behauptung, es habe drei allgemeine Konzilien gegeben, zu untermauern versuchen, auf denen nach Ansicht des in Ceylon vorherrschenden Theravāda-Buddhismus häretische Strömungen besiegt wurden. Allein schon die z.T. phantastischen Zahlen der Teilnehmer wie auch solche Merkwürdigkeiten, daß das sogenannte zweite Konzil unter dem Vorsitz eines Königs Kālāsoka („der schwarze Asoka") stattgefunden haben soll, dessen Historizität sich überhaupt nicht nachweisen läßt und der offensichtlich eine Dublette des historischen Maurya-Königs Ashoka (268—ca. 236/232 v.Chr.) ist, lassen diese Konzilien als spätere Konstrukte erscheinen; auch das sogenannte dritte Konzil unter diesem Herrscher Ashoka war wohl allenfalls eine lokale Mönchsversammlung. Gerade dieser Herrscher hat aber in einem sogenannten Schismenedikt festgelegt, daß Verantwortliche für die Spaltung eines (lokalen) Ordens in den Laienstand zurückversetzt werden sollen und ihnen Wohnung bei den Laien zuzuweisen ist. Mit diesen Bemerkungen scheinen wir uns weit von der Zeit des Buddha entfernt zu haben, doch nach dessen neuerer Datierung (5.—4. Jahrhundert v. Chr.) befinden wir uns zur Zeit Ashokas nur etwa 100 Jahre nach dem Ableben des Religionsstifters, wodurch auch die relative Unorganisiertheit der Buddhisten bis zum Machtantritt dieses Herrschers plausibel wird.

Aus den kanonischen Texten geht hervor, daß nur kleine Gruppen von Mönchen bzw. Nonnen zusammenlebten. Bisweilen errichteten ihnen Laien Mönchshäuser (*vihāra*), zumeist Hütten für eine einzelne Person; eine Ausnahme bildete wohl ein Vihāra, der insgesamt siebzehn Personen beherbergte. Der Kultus des alten Ordens war recht einfach: Zweimal im Monat, am Vollmonds- und am Neumondstag, kamen die Mönche eines Distriktes (*sīmā*) zur sogenannten *uposatha*-Feier zusammen, deren Höhepunkt eine Beichtfeier nach einer bestimmten Formel (*pātimokkha*) war, bei der man Verstöße gegen die buddhistischen Regeln bekannte, deren vier schwerste — wie bereits bemerkt — zum Ausschluß aus dem Orden führten. Geringere Verfehlungen wie schlechte Gedanken, unziemliche Handlungen (insbesondere auch gegen Mitbrüder) wurden peinlich genau aufgeführt und entsprechend (häufig durch Degradierung) geahndet. Die einzige weitere Feier der Frühzeit dürfte die Zusammenkunft („Einladung") am Ende der Regenzeit gewesen sein. Doch nach dem Tode des Buddha entwickelten sich dann allmählich auch andere kultische Formen, auf die gleich einzugehen sein wird.

Schon der Buddha scharte Laienanhänger (*upāsaka*) um sich, die aber anders als die Mönche und Nonnen nicht durch einen rechtsverbindlichen Akt Mitglieder der „buddhistischen Gemeinde" wurden, wenngleich auch die Laien sich formelhaft zur Lehre des Erhabenen bekannten; gleichzeitig war es ihnen aber nicht untersagt, auch Anhänger anderer Schulrichtungen zu sein. Diese Laien waren es, die geistliche Unterweisungen empfingen und dem Orden Nahrung und Unterkunft spendeten. Unter ihnen befanden sich hauptsächlich Adlige, Brahmanen und Kaufleute (letztere ein Hinweis auf die sich entwickelnde Stadtkultur), weniger Angehörige der niedrigeren Stände. Zu den großzügigen Förderern und Freunden des Buddha gehörten die Könige von Magadha, Bimbisāra, und sein Sohn und Mörder Ajātasattu sowie König Pasenadi von Kosala, doch hatte diese Unterstützung, die in den kanonischen Texten berichtet wird, keine solch einschneidenden Folgen wie die des Ashoka. Auch die Laien sollten bestimmte ethische Verhaltensregeln befolgen, wozu es gehört, nicht zu töten, nicht zu stehlen, nicht die Sinne zu mißbrauchen, nicht zu lügen, keine Rauschmittel zu sich zu nehmen. Ein Nichtbefolgen dieser Regeln hatte jedoch keinen Ausschluß aus irgendeiner Gemeinde zufolge, weil es diese für Laien nicht gab, sondern nur für Mönche und Nonnen. Bisher war immer wie selbstverständlich auch vom Nonnenorden die Rede. Der Legende nach soll die Ziehmutter des Buddha diesen eindringlich darum gebeten haben, auch einen Orden für die Frauen zuzulassen, und dieser habe widerstrebend zugestimmt, aber jede Nonne dem geringsten männlichen Novizen untergeordnet.

Der Kultus beschränkte sich also auf das Gemeindeleben der einzelnen Sanghas, und dies bestand hauptsächlich in den zweimal im Monat stattfindenden Beichtfeiern. Jedenfalls darf man davon ausgehen, daß dies die Intention des Buddha selbst gewesen war. Eine ganz andere Art von Kultus sollte sich jedoch von Seiten der Laien herausbilden. Diese Entwicklung dürfte spätestens mit dem Tode des Buddha (4. Jh. v. Chr.) eingesetzt haben. Diese Zäsur ist überhaupt der Beginn einer neuen Epoche, in der der Buddhismus schon bald auch über die Grenzen Indiens hinaus missionarisch tätig werden sollte.

Text der vier Wahrheiten

„Dies, ihr Mönche, ist die heilige Wahrheit vom Leiden: Geburt ist Leiden, Alter ist Leiden, Krankheit ist Leiden, Tod ist Leiden, mit Unliebem vereint sein ist Leiden, von Liebem getrennt sein ist Leiden, nicht erlangen was man begehrt ist Leiden, kurz das fünffache Haften am Irdischen ist Leiden.

Dies, ihr Mönche, ist die heilige Wahrheit von der Entstehung des Leidens: es ist der Durst (nach Sein), der von Wiedergeburt zu Wiedergeburt führt, samt Lust und Begier, der hier und dort seine Lust findet: der Durst nach Lüsten, der Durst nach Werden, der Durst nach Macht.

Dies, ihr Mönche, ist die heilige Wahrheit von der Aufhebung des Leidens: die Aufhebung dieses Durstes durch gänzliche Vernichtung des Begehrens, ihn fahren lassen, sich seiner entäussern, sich von ihm lösen, ihm keine Stätte gewähren.

Dies, ihr Mönche, ist die heilige Wahrheit von dem Wege zur Aufhebung des Leidens: es ist dieser heilige, achtheilige Pfad, der da heisst: rechtes Glauben, rechtes Entschliessen, rechtes Wort, rechte That, rechtes Leben, rechtes Streben, rechtes Gedenken, rechtes Sichversenken."

Entstehen in Abhängigkeit

Wenn man, Ānanda, gefragt wird: ‚Ist Alter und Tod von irgend etwas abhängig?' so wäre zu antworten: ‚Ja.' Und wenn der Betreffende sagt: ‚Wovon ist Alter und Tod abhängig?' so wäre zu antworten: ‚Von der Geburt ist Alter und Tod abhängig.'

Wenn man, Ānanda, gefragt wird: ‚Ist die Geburt von irgend etwas abhängig?' so wäre zu antworten: ‚Ja.' Und wenn der Betreffende sagt: ‚Wovon ist die Geburt abhängig?' so wäre zu antworten: ‚Vom Werden ist die Geburt abhängig.'

Wenn man, Ānanda, gefragt wird: ‚Ist das Werden von irgend etwas abhängig?' so wäre zu antworten: ‚Ja.' Und wenn der Betreffende sagt: ‚Wovon ist das Werden abhängig?' so wäre zu antworten: ‚Vom Ergreifen ist das Werden abhängig.'

Wenn man, Ānanda, gefragt wird: ‚Ist das Ergreifen von irgend etwas abhängig?' so wäre zu antworten: ‚Ja.' Und wenn der Betreffende sagt: ‚Wovon ist das Ergreifen abhängig?' so wäre zu antworten: ‚Vom Durst ist das Ergreifen abhängig.'

Wenn man, Ānanda, gefragt wird: ‚Ist der Durst von irgend etwas abhängig?' so wäre zu antworten: ‚Ja.' Und wenn der Betreffende sagt: ‚Wovon ist der Durst abhängig?' so wäre zu antworten: ‚Von der Empfindung ist der Durst abhängig.'

Wenn man, Ānanda, gefragt wird: ‚Ist die Empfindung von irgend etwas abhängig?' so wäre zu antworten: ‚Ja.' Und wenn der Betreffende sagt: ‚Wovon ist die Empfindung abhängig?' so wäre zu antworten: ‚Von der Berührung ist die Empfindung abhängig.'

Wenn man, Ānanda, gefragt wird: ‚Ist die Berührung von irgend etwas abhängig?' so wäre zu antworten: ‚Ja.' Und wenn der Betreffende sagt: ‚Wovon ist die Berührung abhängig?' so wäre zu antworten: ‚Von Namen und Form ist die Berührung abhängig.'

Wenn man, Ānanda, gefragt wird: ‚Ist Name und Form von irgend etwas abhängig?' so wäre zu antworten: ‚Ja.' Und wenn der Betreffende sagt: ‚Wovon ist Name und Form abhängig?' so wäre zu antworten: ‚Vom Erkennen ist Name und Form abhängig.'

Wenn man, Ānanda, gefragt wird: ‚Ist das Erkennen von irgend etwas abhängig?' so wäre zu antworten: ‚Ja.' Und wenn der Betreffende sagt: ‚Wovon ist das Erkennen abhängig?' so wäre zu antworten: ‚Von Name und Form ist das Erkennen abhängig.'

III. Entwicklung und Ausbreitung des Buddhismus und die Bedeutung des Kultus

Der Buddha hatte seinen Mönchs- und Nonnengemeinden zwar ausdrücklich eingeschärft, daß nach seinem Ableben sein Körper unwichtig und nur das Befolgen und die Verbreitung der Lehre durch den institutionell vorgegebenen Rahmen (den Orden) von Bedeutung sei. Ganz im Gegensatz dazu bedurften die Laienanhänger sichtbarer äußerer Zeichen und Orte, um der buddhistischen Lehre und letztlich der Person des Buddha selbst Verehrung erweisen zu können. So soll es bereits unmittelbar nach seinem Tod Streit um seine Reliquien gegeben haben, der dann aber durch eine gerechte Verteilung beigelegt wurde. Damit verbunden war dann ein in der Folgezeit immer stärker aufblühender Stūpa-Kult: Ein *stūpa* war ursprünglich ein Tumulus, also ein Hügel, der Überreste eines Toten oder Gegenstände von diesem bergen konnte und selbst oft genug Objekt der Verehrung durch nahe Angehörige des Verstorbenen wurde. Bei einer religiösen Persönlichkeit, der die Texte zudem noch übernatürliche Fähigkeiten nachsagten, ist der Kreis der Verehrer ungleich größer. Nun sind aus der Zeit vor Ashoka zwar keine Stūpas mehr erhalten (möglicherweise waren diese Hügel aus sehr vergänglichem Material oder einfach Erdaufschüttungen), doch scheinen die Anfänge dieser Verehrung tatsächlich in die Zeit unmittelbar nach dem Tod des Buddha zurückzureichen. Aber auch die Stätten, die für das Leben des Buddha besondere Bedeutung hatten, erhielten bald den Rang außergewöhnlicher Heiligkeit und lockten Pilger an. Es waren dies der Geburtsort Kapilavastu, der Ort der Erleuchtung unter dem Bodhi-Baum (Gayā), der Ort der ersten Predigt (Sārnāth) und der Ort des Eingehens in das völlige Nirvāna (Kusinara). Aufgrund der schon beschriebenen Quellenlage ist aber faktisch (d.h. sowohl im Schrifttum wie durch archäologischen Befund) für die ca. 100—120 Jahre zwischen dem Ableben des Buddha und der Krönung des Maurya-Königs Ashoka (268 v. Chr.) kein einziger Stūpa nachzuweisen, noch können konkrete Aussagen über die Verbreitung des Laienkultus gemacht werden.

Die in Sri Lanka ausgeformte Pāli-Tradition (die den Tod des Buddha auf 543 v. Chr. datiert) möchte außerdem die Entstehung verschiedener buddhistischer Schulen aufgrund von dogmatischen Streitpunkten in die Zeit vor Ashoka legen und behauptet die Einberufung von drei allgemeinen Konzilien zur Klärung der Differenzen. Abgesehen davon, daß die Überlieferungen über Datum und Ablauf der ersten Spaltung zwischen der sogenannten Schule der Alten (*sthavira, thera*) und den Mahāsanghikas derart widersprüchlich und korrupt sind, daß man ihnen keinerlei Wert beimessen kann, suggeriert die Theravāda-Tradition von Sri Lanka das Bild eines einheitlichen großen Sangha, wie er zur Zeit der ceylonesischen Könige seit den ersten nachchristlichen Jahrhunderten bestanden hat, auch für die Periode zwischen dem Tod des Buddha und der Zeit Ashokas. Zudem soll es bei dem sogenannten zweiten Konzil von Vesālī eher um Fragen der Ordenszucht denn dogmatische Probleme gegangen sein, was nicht bedeutet, daß diese als unwichtig angesehen wurden. Echte dogmatische Auseinandersetzungen und daraus resultierende Spaltungen scheint es erst nach der Zeit Ashokas gegeben zu haben, der überhaupt erst wichtige Voraussetzungen für die weitere Verbreitung der buddhistischen Lehre schuf.

Nach dem Einfall Alexanders des Großen in Nordwestindien (327—325 v. Chr.) hatte Chandragupta Maurya, ein Mann dubioser Herkunft (reg. ca. 321/17—297/93 v. Chr.), die herrschende Dynastie von Magadha (das einstige Hauptwirkungsfeld des Buddha) gestürzt und bis zum Ende des 4. Jahrhunderts v. Chr. große Teile Indiens unterworfen, aber durch einen Vertrag mit dem hellenistischen Herrscher Seleukos I. Nikator (312—281 v. Chr.) im Jahre 305 v. Chr. auch Afghanistan gewonnen. Sein Enkel Ashoka (reg. 268—236/32 v. Chr.) setzte die Eroberungspolitik seiner Dynastie fort. Jedoch hat er sich seinem eigenen Zeugnis (in seinem 13. Felsedikt) nach von der Kriegspolitik nach der Eroberung Kalingas (d. i. Orissa) abgewandt, weil ihn das durch ihn verursachte Leiden entsetzte. Statt dessen empfahl er den Untertanen in seinen Edikten die Hinwendung zum Dhamma, womit in diesem Falle ein vom Buddhismus inspirierter Verhaltenskodex gemeint

ist. Der König propagierte die Förderung aller Religionsgemeinschaften, schränkte die Tötung von Tieren für die königliche Küche ein, ließ Rasthäuser für die Bevölkerung an den Straßen anlegen und kümmerte sich sogar um die Beilegung von Streitigkeiten innerhalb der Sanghas. Mit Recht sieht man in ihm einen Laienanhänger des Buddhismus, der auch berichtet, den Orden besucht zu haben, und möglicherweise eine längere Pilgerreise unternahm. Gerade in dem Versuch, Tötungen und Verletzen einzuschränken und für die Wohlfahrt der Wesen zu arbeiten, kann man den Einfluß der buddhistischen Laienethik erkennen. Um die Förderung und Propagierung des Dhamma, insbesondere der buddhistischen Lehre zu fördern, setzte er sogar eigens dafür bestimmte Beamte ein, die alle vom König angeordneten Maßnahmen durchführten oder überwachten. Besonders bemerkenswert ist auch die Missionstätigkeit, die sich sogar an die zeitgenössischen hellenistischen Herrscher richtete (von deren Reaktionen aber nichts bekannt ist), aber auch an die Regionen Südindiens und Sri Lankas. Diese südlich von Indien gelegene Insel, die mehrheitlich von Singhalesen bewohnt wird, hat wohl zur Zeit des Ashoka, der sich in seinen Inschriften immer Devānāmpiya nennt, den Buddhismus angenommen, zumal der damalige Herrscher einen ähnlichen Namen, Devānāmpiya Tissa, trug. Offensichtlich anders als im indischen Maurya-Reich, wo es trotz der bedeutenden Förderung des Buddhismus nicht dazu kam, daß dieser Staatsreligion wurde, identifizierte das Königshaus von Sri Lanka die buddhistische Religion und die singhalesische Nation als eine untrennbare Einheit, die sich insbesondere gegen die ebenfalls auf Sri Lanka lebenden Tamilen richtete.

1. Felsedikt des Maurya-Kaisers Ashoka

[A] Diese Schrift über den Dhaṃma ist auf Veranlassung des Königs Devānām Piya (D. P.) geschrieben worden:

[B] Hier darf kein Lebe(wese)n zu Opferzwecken getötet werden. [C] Noch auch dürfen Versammlungen abgehalten werden. [D] Denn viel Übel sieht der König D. P. in Versammlungen. [E] Es gibt aber auch gewisse Versammlungen, die vom König D. P. gutgeheißen werden.

[F] Früher wurden in der Küche des Königs D. P. täglich viele Hunderttausende von Tieren zur Bereitung von Fleischsoße getötet.

[G] Doch jetzt, da diese Schrift über den Dhaṃma geschrieben ist, werden nur noch drei Tiere getötet: zwei Pfauen (und) eine Gazelle, die Gazelle aber auch nicht regelmäßig.

[H] Aber auch diese drei Tiere werden in Zukunft nicht (mehr) getötet werden.

12. Felsedikt des Maurya-Kaisers Ashoka

[A] Der König D. P. ehrt alle Religionsgemeinschaften, Ordinierte oder Haushälter, mit Geschenken und Ehrungen verschiedener Art. [B] Nicht aber hält der Göttergeliebte Geschenke oder Ehrungen für so (wichtig) wie, daß Wachstum im Wesentlichen bei allen Religionsgemeinschaften sei.

[C] Wachstum im Wesentlichen aber ist vielfältig. [D] Dafür jedoch ist dies der Ausgangspunkt [eigentl.: die Wurzel], nämlich das Ansichhalten in der Rede, d. h. man soll weder die eigene Religionsgemeinschaft ehren, noch die fremde Religionsgemeinschaft tadeln, wenn kein Anlaß (dazu) besteht, oder (Ehrung ebenso wie Tadel) soll gemäßigt sein, wenn dieser oder jener Anlaß besteht.

[E] Aber gerade geehrt werden müssen fremde Religionsgemeinschaften in dieser oder jener Form. [F] Wenn man so handelt, fördert man in starkem Maße seine eigene Religionsgemeinschaft und nützt auch der fremden Religionsgemeinschaft. [G] Wenn man anders als so handelt, verletzt man einerseits die eigene Religionsgemeinschaft, andererseits schadet man auch der fremden Religionsgemeinschaft. [H] Denn wer immer die eigene Religionsgemeinschaft ehrt oder die fremde Religionsgemeinschaft tadelt — jeder [oder: alles] nur aus Zuneigung zur eigenen Religionsgemeinschaft, um (nämlich) die eigene Religionsgemeinschaft zu glorifizieren — auch (*ca*) der trifft wieder, wenn er so handelt, die eigene Religionsgemeinschaft in stärkerem Maße [scil. als die anderen].

An den heiligen Stätten des Buddhismus, aber auch an anderen Orten ließ Ashoka große, mit Ziegeln gemauerte Stūpas errichten, die für die Bevölkerung als sichtbare Zeichen der buddhistischen Religion dienten und Objekte der Verehrung wurden. Die Ashokalegende hat ihm die phantastische Zahl von 84 000 Stūpas zugeschrieben. Darüber hinaus breiteten sich die buddhistischen Gemeinden jetzt weit über die Grenzen Magadhas aus, in den Süden und Westen Indiens, aber auch in den Nordwesten bis hin nach Afghanistan. Dort hatte Ashoka Edikte in aramäischer und griechischer Sprache einmeißeln lassen, die sich an die dortigen Bevölkerungsgruppen wandten, ebenso wie die anderen in indischen Volkssprachen verfaßten Edikte, die über das ganze Reich verbreitet wurden. Das Errichten von großen und kleinen Felsedikten sowie Säuleninschriften hatte der Maurya-König offensichtlich von den untergegangenen persischen Achämeniden übernommen; dies wurde zunächst nicht fortgesetzt. Lediglich die in den folgenden Jahrhunderten in immer größerer Zahl von den Gläubigen errichteten Votivstūpas wurden mit kleinen Inschriften der Stifter versehen, die sich auf diese Weise religiöses Verdienst erwerben wollten. Jedenfalls erlebte der Buddhismus auch nach dem Ende des Maurya-Reiches eine große Blütezeit im eigentlichen Indien sowie in dessen Randgebieten, insbesondere auch im Gebiet der Indo-Griechen, die im heutigen Afghanistan und Pakistan herrschten. Bekannt ist der in einem nichtkanonischen Pāli-Text,

dem *Milindapañha* (Fragen des Menander) überlieferte Dialog zwischen dem König Menander (Milinda) und dem Mönch Nāgasena über das Wesen des Nicht-Ich (*anattā*).

Die Fragen des Königs Milinda an König Menander

Und der ehrwürdige Nāgasena wandte sich zum Könige und sprach: „Du bist, o König, fürstlichen Luxus und äußerste Bequemlichkeit gewöhnt. Wenn du daher zur Mittagsstunde im heißen Sande zu Fuße gehst und mit den Füßen auf den harten, steinigen Kiessand trittst, bekommst du wehe Füße, dein Körper ermattet, dein Geist wird verstimmt, und körperliche Schmerzgefühle machen sich geltend. Bist du denn zu Fuße gekommen oder mit einem Gefährt?“

„Nein, o Herr, ich bin nicht zu Fuße gekommen, sondern mit dem Wagen.“

„Nun, wenn du mit dem Wagen gekommen bist, o König, so erkläre mir denn, was ein Wagen ist! Ist wohl vielleicht die Deichsel der Wagen?“

„Nicht doch, o Herr!“

„Oder die Achse?“

„Nicht doch, o Herr!“

„Oder sind die Räder, oder der Wagenkasten, oder der Fahnenstock, oder das Joch, oder die Speichen, oder der Treibstock der Wagen?“

„Nicht doch, o Herr!“

„Dann sollen wohl diese Dinge, alle zusammen genommen, der Wagen sein?“

„Nicht doch, o Herr!“

„Oder soll etwa gar der Wagen außerhalb dieser Dinge existieren?“

„Nicht doch, o Herr!“

„Ich mag dich fragen, wie ich will, o König: den Wagen aber kann ich nicht entdecken. Soll etwa das bloße Wort ‚Wagen‘ schon der Wagen selber sein?“

„Nicht doch, o Herr!“

„Nun, was ist denn dieser Wagen? Eine Unwahrheit sprichst du, o König, eine Lüge, denn der Wagen existiert ja gar nicht. Du bist doch, o König, der oberste Herr über ganz Indien. Aus Furcht vor wem lügst du denn da? Hört mich an, ihr fünfhundert Griechen und zahlreichen Mönche! Dieser König Milinda behauptet, mit einem Wagen gekommen zu sein, doch auf meine Bitte hin, mir zu erklären, was ein Wagen ist, kann er mir einen solchen nicht nachweisen. Kann man so etwas wohl billigen?“

Aus einer antiken Quelle wissen wir, daß die sterblichen Überreste dieses Königs wie die des Buddha nach der Verbrennungszeremonie in acht gleiche Teile geteilt und in Stūpas beigesetzt wurden. Die Form des Stūpa nahm im Verlauf der Geschichte immer größere und unterschiedlichere Ausmaße an: Es gab halbkugelförmige, quadratische, gestufte und solche mit Bekrönungen (etwa Ehrenschirmen); zudem entwickelte sich an den Außenseiten ein reiches Bildprogramm: zunächst war es weitestgehend anikonisch und zeigte lediglich Symbole für den Buddha bzw. seine Lehre wie etwa das Rad der Lehre, den Bodhibaum, die Fußabdrücke des Meisters, einen Ehrenschirm, usw. Erst etwa seit der Zeitenwende werden die Darstellungen aus dem Leben des historischen Buddha und von Jātaka-Geschichten, d. h. Erzählungen aus den früheren Existenzen des Bodhisattva, häufiger. Eine besondere Rolle spielte dabei die nach der nordwestindischen Landschaft Gandhāra benannte Schule, deren Skulpturen stark von der hellenistischen, später dann von der römischen Kunst beeinflußt sind. Die Abbildungen des Buddha selbst in gewissen Stellungen bzw. Handgesten (*mudrā*) wie z. B. das Anrufen der Erdgöttin als Zeugin für die Erlangung der Erleuchtung, die belehrende Geste, die Geste der Furchtlosigkeit sowie die in Steinfriesen und später auch in der Malerei dargestellten Erzählstoffe bilden seither ungeachtet aller Veränderungen in den Kunststilen die Grundausstattung des buddhistischen Bildprogramms in allen Ländern, in denen die Lehre des Erhabenen heimisch geworden war. In den Ländern des Mahāyāna-Buddhismus trat dann noch die farbige Bilderwelt der zahlreichen Bodhisattvas und Buddhas und von deren Legenden hinzu.

Spätestens jetzt wird die Frage relevant, von wem welche Lehren wo verbreitet wurden. Obwohl sich schwer entscheiden läßt, wann es zur ersten Spaltung im Buddhismus in die sogenannte „Schule der Alten“ (Sthaviravāda, Theravāda) und die der Mahāsanghikas kam und wie weit zurück in die Geschichte des Buddhismus die grundsätzlichen Differenzen zurückreichen, darf man die Existenz dieser beiden Richtungen für die Zeit nach Ashoka doch als gegeben ansehen. Bisher ist hier vom Standpunkt der Sthaviravādins ausgegangen worden, der ein Selbst und eine Persönlichkeit ablehnt und dessen Ideal der sich selbst erlösende Arhat ist. Doch auch in ihrem Kanon finden sich dazu im Widerspruch stehende Begriffe von einer „Person" und einem „ewigen Bewußtsein", das das nicht-unbeständige Zentrum einer Person bildet und somit Qualitäten des *nirvāna* aufweist und somit in diametralem Gegensatz zu der Doktrin von der Unbeständigkeit aller Dinge außer dem Absoluten steht. Der unmittelbare Dissens zwischen Sthaviras und Mahāsanghikas entzündete sich an der Frage nach der Stellung des Arhat, der nach dem Sthavira-Konzept den Heilszustand endgültig erreicht hatte, während die Mahāsanghikas ihn weiterhin als unvollkommen ansahen, also als jemanden, der noch Zweifel haben konnte, nicht allwissend war, der durch erotische Träume Samenergüsse haben konnte, usw. Diese ihm unterstellten Unvollkommenheiten qualifizierten ihn in den Augen der Mahāsanghikas nicht gerade als die ideale Gestalt zum Erreichen des *nirvāna*. Ihr Ideal war der transzendente, allwissende und überweltliche Buddha, der den historischen Buddha auf magische Weise in diese Welt emaniert hatte; dessen *nirvāna* bedeutet darum nicht etwa ein endgültiges Verlöschen des Buddha, der als ewiges Wesen aus Güte ständig in Kontakt mit der hiesigen Welt steht. Außerdem wird das ganze Universum von unzähligen Buddhas bewohnt, deren Wirken überall zu spüren ist. Bei den Mahāsanghikas trat auch der Begriff der „Leere" in den Vordergrund, der bei den Sthaviras eher negativ zur Charakterisierung des Selbst benutzt wurde; hier hat er mehr die Konnotation von „Erfüllung" und wird bisweilen sogar mit dem Wesen aller Buddhas gleichgesetzt.

Hier künden sich völlig unterschiedliche Entwicklungslinien an, die in der Folgezeit zur Bildung einerseits der Hīnayāna- und andererseits der Mahāyāna-Schulen führten, also der Schulen des „kleinen" und denen des „großen" Fahrzeuges, wobei das pejorative *hīna*, „klein", von den Anhängern des Mahāyāna für die Sthavira-Schulen benutzt wird, also keine Eigenbezeichnung ist. Von den sogenannten achtzehn Schulen der Sthavira-Richtung sollen neben den Theravādins zwei kurz vorgestellt werden: einmal die Pudgalavādins oder „Personalisten", die entgegen der *anattā*-Lehre doch von einer letztendlichen Realität der Person (*pudgala*) ausgingen, einem nur von den Buddhas erkennbaren subtilen transzendenten Selbst; zum anderen die Sarvāstivādins, die lehrten, daß „alles existiert" (*sarvāsti*), d.h. auch Vergangenheit und Zukunft, weil sie sich in einer Kontinuität mit der Gegenwart befinden, ebenfalls der Raum und das *nirvāna*, denn sie sind in ihrem Wesen ewig existent, obwohl sie als Phänomene nur ganz kurz in Erscheinung treten.

Diese und auch die anderen Sthavira-Schulen außer den Theravādins sind untergegangen und sollen hier nicht weiter berücksichtigt werden. Im folgenden wird zunächst der Theravāda-Buddhismus auf Sri Lanka dargestellt, dann die Entwicklung des Mahāyāna und seine Ausbreitung nach Zentral- und Ostasien, an die sich die Geschichte der Schulen und des Kultus in China, Korea und Japan anschließen. Das weitere Schicksal des Buddhismus in Indien, die Entstehung des buddhistischen Tantrismus und schließlich die Buddhisierung Tibets sowie die Entwicklung der dortigen Schulen bilden einen weiteren Abschnitt. Tibet ist heute neben Sri Lanka und den hinterindischen Staaten Burma, Kamboja, Thailand und Laos das einzige rein buddhistische Land, während die Religion des Erhabenen in den Ländern Ostasiens und in Vietnam eine bedeutende Rolle spielt oder spielte, aber nie die dominierende Religion war. Im 19. Jahrhundert setzte dann eine neue Entwicklung ein, als der Buddhismus in Europa und Amerika bekannt wurde und in der Folgezeit auch unter den Angehörigen europäischer Nationen Anhänger gewann, eine Entwicklung, die besonders nach dem Zweiten Weltkrieg einen ungeheuren Aufschwung nahm.

1. Der Theravāda-Buddhismus in Sri Lanka

Wie bereits erwähnt, wurde der Buddhismus auf der Insel Sri Lanka durch den singhalesischen König Devānampiya Tissa (ca. 247—207 v. Chr.) eingeführt, der wohl von der Macht des dem Buddhismus zugeneigten indischen Monarchen Ashoka, der sich selbst Devānampiya nannte, so beeindruckt war, daß er dessen bevorzugte Religion annahm. Nach der Legende soll die Bekehrung durch einen Sohn oder Bruder Ashokas namens Mahinda veranlaßt worden sein. Unter Ashoka erlebte der Buddhismus nicht nur seinen großen Durchbruch, sondern veränderte auch äußerlich in vielerlei Hinsicht sein Gesicht. Während unter den Laienbuddhisten der Stūpa-Kult aufblühte, konnten sich die Mönchs- und Nonnengemeinden jetzt in festen Klöstern etablieren, die sie samt dazugehörigem Grundstück aufgrund von Stiftungen der Herrscher oder begüteter Laien erhalten hatten. Das war das Ende des Wandermönchtums und der Beginn festerer Organisationsstrukturen. Auch bot sich jetzt die Gelegenheit, in den neuen Klöstern Bibliotheksräume anzulegen und neben dem Kanon (der in den diversen Schulen recht unterschiedlich sein konnte) auch Kommentare zu verfassen und sogar andere, nichtbuddhistische Literatur zu sammeln. Dabei darf man nicht vergessen, daß die Schrift in Indien höchstwahrscheinlich erst unter Ashoka eingeführt worden war, alle früheren Überlieferungen also oral tradiert worden waren.

Es sind dies historische Voraussetzungen, die man bei der Verbreitung des Buddhismus auf Sri Lanka unbedingt berücksichtigen muß. Dazu kam, daß die Singhalesen selbst auf der Insel Einwanderer aus dem Norden Indiens waren, die die autochthone Bevölkerung, die im Dschungel wohnenden Väddās und das südindische Bauernvolk der Nāgas unterworfen und verdrängt hatten. Dauerhaft blieb jedoch der Konflikt mit den südindischen Tamilen, die selbst Herrschaften auf Sri Lanka errichteten und Hindu-Kulten anhingen. Daraus erklärt sich auch die Etablierung des Buddhismus als Staatsreligion und die Quasi-Identifizierung von Singhalesentum und Theravāda-Buddhismus. Bereits Devānampiya Tissa gründete Klöster und Heiligtümer und schuf jene engen Beziehungen zwischen dem Herrscher und dem Sangha, der jetzt zentraler organisiert war, was sich wie ein roter Faden durch die gesamte Geschichte Sri Lankas zieht. Anders als unter Ashoka, der auch die Rechte anderer Religionen respektierte, erfuhren diese in Sri Lanka Einschränkungen und Unterdrückung. So zerstörte z. B. König Vattagāmanī Abhaya (ca. 89—77 v. Chr.)

ein Jaina-Kloster und errichtete an seiner Stelle das Abhayagiri-Kloster, was dann eine Spaltung des Sangha zur Folge hatte, der bisher vom Mahāvihāra-Kloster beherrscht worden war. Im 4. Jahrhundert n. Chr. ließ König Mahāsena einen Göttertempel zerstören und setzte an dessen Stelle drei buddhistische Klöster. Andererseits bauten in späterer Zeit singhalesische Könige zahlreiche Hindu-Tempel.

Im 1. Jahrhundert v. Chr. (angeblich zwischen 35 und 32 v. Chr.) fixierten die Theravāda-Mönche Sri Lankas ihren Kanon, den nach der Pāli-Sprache sogenannten Pāli-Kanon bzw. Tipitaka („Dreikorb"), weil er aus drei Hauptabschnitten besteht: dem *Vinaya*, dem Abschnitt über die Ordensregeln, dem *Sutta* oder den Lehrreden und dem *Abhidhamma* oder Metaphysik und Dogmatik (mit Verteidigung des Theravāda-Standpunktes). Hier steht die Konzeption von dem sich selbst erlösenden Arhat im Vordergrund, der zum Erreichen dieses Ziels vorher Mönch gewesen sein muß. Dieser Kanon galt vielen europäischen Wissenschaftlern lange Zeit als dem frühen Buddhismus am nächsten stehend, ja bisweilen sogar mit diesem identisch. Diese These ist nicht mehr haltbar, vielmehr muß man davon ausgehen, daß sowohl der Pāli-Kanon wie auch das Schrifttum anderer Schulrichtungen älteres und jüngeres Textmaterial in sich bergen, so daß es sehr schwierig ist, zum Kern der vom historischen Buddha selbst verkündeten Lehre vorzustoßen.

In Sri Lanka entstand aber unter dem Schutz des singhalesischen Königtums ein mächtiger Sangha mit einer ausgeprägten Klosterkultur. Zunächst war die erste Hauptstadt Anurādhapura mit ihren Klöstern und zahlreichen Dagobas (der ceylonesischen Bezeichnung für Stūpa) Zentrum des Buddhismus. Aufgrund der Herausbildung miteinander rivalisierender Klöster kam es zur zeitweiligen Ordensspaltung in drei *nikāyas*. Diese wurde erst in der Polonnaruva-Periode unter König Parakkamabāhu I. (1153—1186) überwunden. Seitdem wurde der Mönchsorden in zwei Gruppen unterteilt: in diejenigen, die in den Dörfern wohnen, und denen, die im Walde leben. Der hierarchische Aufbau des Sangha war dann unter Parakkamabāhu II. (1236—1270) abgeschlossen und erhielt ein Oberhaupt, das den Titel Mahāsvāmin oder Nāyaka trug, seit dem 14. Jahrhundert den aus Hinterindien übernommenen Titel Sangharāja, „König des Sangha". An der Spitze der beiden Teilgruppen des Sangha stand ein Mahāthera. Diese und andere hohe geistliche Würdenträger wurden von der Ordensversammlung gewählt und vom König bestätigt. Mit der Zersplitterung der politischen Herrschaft in Sri Lanka verfiel dann im 15. Jahrhundert auch die Sangha-Organisation, so daß schließlich auch das Amt des Sangharāja nicht mehr besetzt wurde.

Aus dem bisher Gesagten geht hervor, daß der Mönchsorden (die Theravādins kennen keine Nonnen) in der Gesellschaft eine sehr starke Stellung hat. Seine Macht beruhte wirtschaftlich auf den großen Klostergrundherrschaften, die der Sangha als Privilegien von den Königen erhielt und die oftmals inschriftlich bestätigt wurden. Politisch hatten die Mönche durch ihr beispielhaftes Leben, zu dem sie die ganze Nation und vor allem den König zur Nachahmung aufforderten, großen Einfluß. Bisweilen mischten sie sich sogar in die Thronfolge ein. Gerade dies hatte aber im Laufe der Jahrhunderte eine Verweltlichung der in Klöstern lebenden Mönche zur Folge, die sich seit dem 15./16. Jahrhundert hauptsächlich als Landbesitzer betrachteten und sogar das Tragen der Mönchsrobe aufgegeben hatten. Sie hatten sogar Frauen und Kinder, so daß von einer Aufrechterhaltung der Ordensdisziplin überhaupt nicht die Rede sein konnte. Das asketische Ideal wurde nun nur noch von den im Wald lebenden Mönchen aufrechterhalten, die Askese und Meditation betrieben. Eine Erneuerung der Ordenstradition kam dann im 18. Jahrhundert aus den Ländern, die einst von Sri Lanka aus zum Theravāda-Buddhismus bekehrt worden waren, aus den Staaten Hinterindiens. Der älteste jener neuen Nikāyas (Ordensversammlung) ist der Siyam-Nikāya, der seine Tradition auf 1753 aus Thailand (Siam) nach Sri Lanka gekommene Mönche zurückführt. Die Könige von Kandy verfügten, daß alle Mönche diesem Nikāya angehören sollten, doch konstituierte sich 1803 im britisch beherrschten Gebiet ein burmesischer Nikāya, der Amarapura-Nikāya (benannt nach einer der burmesischen Hauptstädte). Im 19. Jahrhundert kam es während der britischen Herrschaft (die Engländer eroberten 1815 Kandy) zu weiteren Spaltungen der Orden, aber im letzten Viertel erfolgte eine Erneuerung des Buddhismus auf der Insel, nicht zuletzt durch die Unterstützung der westlichen Theosophen. Besonderes Verdienst kommt dabei Anagārika Dharmapāla (1864—1933) zu, durch dessen unermüdliche Anstrengungen zahlreiche buddhistische Schulen errichtet wurden. Dies zog auch einige Europäer wie die Deutschen Nyanatiloka und Nyanaponika sowie den Engländer Nyanamoli an, die zu Vollmönchen ordiniert wurden und sich nicht zuletzt durch ihre wissenschaftlichen Arbeiten einen Namen machten. Mit der Unabhängigkeit Sri Lankas 1948 sahen es führende Mönche als ihre Aufgabe an, Gemeinde und Laien politisch zu lenken: Dabei spielen die Propagierung des Singhalesischen als Nationalsprache und die Forderung nach einem buddhistisch-singhalesischen Nationalstaat keine zu unterschätzende Rolle.

Wie bei vielen buddhistischen Gemeinschaften spielt der Kult im Sangha nur eine geringe Rolle. Um so mehr Bedeutung hat er für die Laien, bei denen ja nach wie vor alte Glaubensvorstellungen weiterlebten, da ja eine eigentliche Konversion (wie etwa im christlichen Sinne durch Taufe und Glaubensbekenntnis sowie eine speziell christliche Erziehung oder im islamischen Sinne durch Bekenntnis und Annahme der vom Propheten vorgeschriebenen Rituale) gar nicht stattfand, abgesehen von der Formel des Zufluchtnehmens zu Buddha, Dharma und Sangha. Erwartet wurden eine Orientierung an den Laiengeboten und eine Unterstützung des Sangha. Das konnte den religiösen Bedürfnissen der Laien natürlich nicht genügen. Die Mönche predigten ihnen, waren bei Bestattungen zugegen und rezitierten regelmäßig bestimmte Abschnitte aus dem Kanon. Bereits im alten Indien war die Verehrung der heiligen Stätten sowie der Stūpas aufgeblüht. Auch auf Sri Lanka hatten sich natürlich heilige Stätten des Buddhismus entwickelt, vornehmlich in den jeweiligen Hauptstädten, d.h. in Anurādhapura, Polonnaruwa, Kotte und Kandy und schließlich auch in der heutigen Kapitale Colombo, aber auch an anderen Stätten wie z.B. Mihintale nahe Anurādhapura, wo die Bekehrung von Devānampiya Tissa erfolgt sein soll, oder der Felsen von Sigiriya oder die Kultstätte Dambulla oder die höchste Erhebung der Insel, der Adamspeak. Der Festkalender richtete sich nach den sogenannten Poya (Vollmonds)-Tagen des buddhistischen Kalenders: Wöchentlicher Feiertag ist der

Tag der Mondphasen, d.i. Neumond, zunehmender Mond, Vollmond und abnehmender Mond. Jede Vollmondnacht finden in allen Städten und Dörfern Prozessionen zu den buddhistischen Tempeln und Dagobas statt. Dabei werden dort Blumenspenden dargebracht und Räucherstäbchen abgebrannt, und die Laien rezitieren gemeinsam mit den Mönchen ausgewählte Verse aus dem Pāli-Kanon. Nicht selten nutzen die Laien das Hören des heiligen Wortes als Zaubermittel, das durch bloßes Lesen und Hören Segen bringt. Es gibt einen Pirit genannten Brauch, bei dem Laien eine gewisse Anzahl von Mönchen veranlassen, im Predigtraum eines Klosters längere Zeit Tag und Nacht ununterbrochen heilige Texte zu rezitieren, meist sieben Tage lang, wobei sich die Mönche einander ablösen, ohne daß eine Unterbrechung der Rezitation stattfindet, die die magische Wirkung vernichten könnte. Dort, wo die Mönche rezitieren, liegt eine Buddhareliquie, und das gesamte Gebäude ist von einem heiligen Faden, der vom Rezitationsort ausgeht und dorthin wieder zurückführt, umspannt. Die ganze Handlung endet mit einer Prozession und einem mythologischen Schauspiel.

Überhaupt ist der populäre Buddhismus sehr eng mit Volkskulten verwoben, die man als schamanistisch klassifizieren könnte, da die Priester (*kattandiya*) dieser Kulte auf die Gottheiten einwirken können. Die Verbindung zum Buddhismus besteht darin, daß die Dorfbewohner auch an den Riten des Buddhismus partizipieren und darüber hinaus in fast jedem buddhistischen Tempel ein Schrein für eine der Gottheiten (*devale*) reserviert ist, die für Gesundheit, Erfolg oder Abwehr von Übeln verantwortlich sind. Buddha wird in diesem Pantheon von Göttern, Dämonen und Teufeln nicht für ein menschliches Wesen gehalten, sondern für einen Gott, der im Himmel lebt. Mit Sakra, dem Oberhaupt der Götter und Teufel, wird er auf eine Ebene gestellt oder sogar höherstehend eingeschätzt. Unter diesen steht eine ganze Palette von Göttern, die auch aus dem hinduistischen Pantheon bekannt sind und Verehrung genießen, weil sie Macht über die bösen Mächte wie die Yaksas, Raksas, Pretas und Bhūtas besitzen. So hat der Volksglaube bis zu einem gewissen Grad den orthodoxen Buddhismus überwuchert, was sich auch bei vielen Festen ablesen läßt.

Einer der bedeutendsten Festplätze ist der Kelaniya-Tempel in Colombo, wo zu jedem Vollmondsfest eine riesige Menschenmenge vor allem vor dem Dagoba zusammenströmt, der auf einem Platz steht, den der Buddha bei seinen legendären Besuchen in Sri Lanka aufgesucht haben soll. Am Vollmondstag des Monats Vesak (Mai) ist der Kelaniya-Tempel Schauplatz des „Kelaniya Vesak Perahera", eines Festes, bei dem Geburt, Erleuchtung und endgültiges Nirvāna des Buddha gefeiert werden; außerdem soll an diesem Tag Vijaya in Sri Lanka gelandet sein und das singhalesische Königreich begründet haben. Andere wichtige Vollmondsfeste finden in den Monaten Duruthu (Januar/Dezember), Navam (gewöhnlich im Februar) und Poson (Juni) statt: Im Poson soll Mahinda die buddhistische Lehre nach Sri Lanka gebracht haben.

Eines der größten und farbenprächtigsten Feste überhaupt ist das von Buddhas Zahnreliquie in der ehemaligen Hauptstadt Kandy. Es handelt sich dabei um einen Augenzahn Buddhas, der nach der Verbrennung seiner Leiche aus der Asche entnommen und dem König von Kalinga (Orissa) geschenkt und von diesem in Dantapuri („Zahnstadt"), dem heutigen Puri, aufbewahrt worden sein soll. Von dort habe ihn der König Meghavanna (reg. ca. 309—322 n. Chr.) durch eine Kalinga-Prinzessin erhalten und nach Anurādhapura überführt. Die Verlegung der Hauptstädte hatte auch die Wanderung der Zahnreliquie zur Folge, bis sie dann nach Kotte kam. Die seit 1505 in Sri Lanka an der Küste als Kolonialherren auftretenden Portugiesen raubten die zu einem nationalen Heiligtum gewordene Reliquie, brachten sie nach Goa und ließen sie vom katholischen Erzbischof zu Pulver zerstampfen, die Reste verbrennen und die Asche ins Meer werfen. Die Buddhisten Sri Lankas behaupteten allerdings, dieser Zahn sei nur eine Nachbildung des echten gewesen. Daher wurde dieser Zahn in die neue Hauptstadt Kandy in den 1603 erbauten Tempel Dalada Maligawa, den sogenannten „Zahntempel", gebracht, der damit zu einem der bedeutendsten Zentren der gesamten buddhistischen Welt wurde. Der in einem Reliquienbehälter aufbewahrte Augenzahn von fünf Zentimeter Länge wird permanent mit Blumenopfern und Räucherwerk verehrt. Jedes Jahr findet im Monat Esala (Juli/August) der Esala Perahera statt, d. h. ein zehn Nächte bis zum Vollmondstag dieses Monats dauerndes Prozessionsfest, das 1774 von dem damals regierenden König Kīrtisiri Rājasingha (1747—1780) eingeführt wurde, um ein Fest von Hindu-Göttern zu überlagern. Die Zahnreliquie oder neuerdings eine Kopie wird von reichgeschmückten Prozessionselefanten unter Teilnahme nicht nur von Laien, sondern auch von Abordnungen aller Klöster durch die Stadt Kandy getragen. Diese Prozession ist ein großes Spektakel mit Tänzern, Fahnenschwingern, Trommlern, Exorzisten und Trägern von brennenden Kokusnußschalen, also ein großes Volksfest, das eigentlich nur wenig mit den Grundgedanken des Buddhismus zu tun hat.

An den Stätten des Buddhismus wie etwa Polonnaruwa und Dambulla befinden sich zahlreiche Buddha-Statuen, die noch heute zahlreiche Pilger anziehen, die auf diese Weise der buddhistischen Religion ihre Verehrung zollen. Herausragende Landschaften oder Berge spielen in allen Religionen eine bedeutende Rolle. So ist der Adamspeak für die Buddhisten der Ort, wo der Buddha bei einem seiner Besuche seine Fußabdrücke hinterlassen hat, während die Hindus hierin einen Fußabdruck Vishnus sehen und die Muslime glauben, Adam sei hierhin vom Erzengel Gabriel nach der Vertreibung aus dem Paradies gebracht worden.

Die buddhistische Religion ist also unter der singhalesischen Bevölkerung Sri Lankas fest verankert. Während sie bei den Laien stark volksreligiöse Züge trägt, welche aber von der Mönchsgemeinde durch Anteilnahme an deren Kult und Festen gefördert wird, folgt diese weitestgehend den mönchischen Idealen, jedoch mit einer starken Politisierung in der Neuzeit.

2. Die Entstehung und Ausbreitung des Mahāyāna-Buddhismus

Eines der wesentlichen Merkmale aller Schulen des Großen Fahrzeugs ist die völlig andere Konzeption eines Buddha und vor allem des Bodhisattva, der anstelle des Arhat das neue Ideal dieser neuen Strömung ist. Dies kündigte sich bereits in den Lehren der Mahāsanghikas an, die die Übernatürlichkeit und Ewigkeit des Buddha bzw. der unzähligen Buddhas hervorheben. Der Bodhisattva ist ein Wesen, das wie der Arhat oder der Paccekabuddha das Nirvāna erlangt hat, aber anders als diese das endgültige Eingehen in das Nirvāna (beim Tod) aufgeschoben hat und sich statt dessen aus Mitleid mit den Wesen immer wieder neu verkörpert. Denn durch diese immer neuen Verkörperungen sind sie in der Lage, andere Menschen aus dem Kreislauf der Wiedergeburten herauszubrechen, anders als die Arhats, die nur selbstsüchtig an das eigene Nirvāna dächten. Dies scheint der Nicht-Selbst-Lehre zu widersprechen, die ja keine Persönlichkeit anerkennt, sondern nur die Daseinsfaktoren (Pāli: *khanda*; Sanskrit: *skandha*). Doch die Vertreter des Mahāyāna argumentieren, daß dies die höhere Wahrheit sei, aber in der Welt der Phänomene darf man durchaus mit solchen Begriffen wie Wesen und Mitleid operieren, da man mit dieser Methode der Erlangung des Nirvāna förderlich ist: Das Ergebnis zählt, auch wenn es eigentlich keine Wesen gibt, die das Nirvāna erlangen können. Ein Bodhisattva ist mithin ein „Erleuchtungs-Wesen", das zum einen die Fähigkeit zu jener Weisheit besitzt, die keine Einzelpersönlichkeit kennt, zum anderen aber auch die dieser widersprechende Fähigkeit des Mitleids mit den Wesen. Zur Weisheit gehört aber die Erkenntnis, daß alle Dinge leer (*shūnya*), d.h. Nicht-Selbst sind. Die Leerheit (*shūnyatā*) entspricht aber ebensowenig wie das Nirvāna dem Nichts, sondern bildet ein Mittel zwischen Sein und Nichtsein. Die Aussagen „es ist" und „es ist nicht" werden beide als Extreme verworfen. Im eigentlichen Sinn kann man auch Nirvāna nicht „erlangen", sondern nur mit ihm identisch sein, ohne sich dessen unbedingt bewußt zu sein. Das führt auch dazu, Nirvāna und die diesseitige Welt (*samsāra*) als identisch anzusehen; die Identität muß nur erkannt werden.

Wer auf dem Wege ist, ein Bodhisattva zu werden, strebt danach, die sechs Vollkommenheiten (*pāramitā*), nämlich Geben, Sittlichkeit, Geduld, Energie, Meditation und Wissen zu beherrschen. Wenn der Weg zur Buddhaschaft beschritten wird, durchläuft er zehn Stadien (*bhūmi*), deren erste sechs mit den Vollkommenheiten korrespondieren, während ihn die letzten vier zu einem kosmischen Wesen machen. Dieses kosmische Wesen besitzt nach den Mahāyāna-Anschauungen drei Körper (*trikāya*): einen Erscheinungsleib (*nirmānakāya*), mit dem der Buddha auf dieser Welt auftritt, der aber kein natürlicher Körper, sondern vielmehr eine magische Erscheinung des Dharmaleibs (*dharmakāya*) ist, der sein eigentliches Wesen und seine eigentliche Substanz ist, die jegliche Dualität übersteigt. Der Genußleib (*sambhogakāya*) ist schließlich derjenige, mit dem in den himmlischen Regionen die Mahāyāna-Lehren verkündet werden.

Wie wurde aber das Auftreten neuer Lehren begründet, die unter historischem Blickwinkel betrachtet gar nicht auf den historischen Buddha zurückgehen können? Genau dies behaupten aber die Vertreter der Mahāyāna-Schulen, die das relativ späte Auftreten der Texte damit begründen, daß der Buddha zu seinen Lebzeiten nur ganz wenig Verständige gefunden habe, denen er diese Lehren verkünden konnte (so daß sie verborgen blieben und erst später ans Tageslicht kamen), während die meisten Mönche nur die geringere Wahrheit des Hīnayāna verstehen konnten. Somit gilt sehr oft der Buddha Shākyamuni als Verfasser dieser Texte, von denen die meisten wahrscheinlich in der Zeit zwischen etwa 100 v. Chr. und 100 n. Chr. entstanden sind. Die bedeutendsten unter ihnen sind die zahlreichen *Prajñāpāramitā Sūtras*, in denen der neue Weg zur Erlösung verkündet wurde, daneben das *Saddharmapundarīka-Sūtra*, das Sūtra vom Lotus des wahren Dharma, und das *Avatamsaka-Sūtra* sowie der *Vimalakīrtinirdesha*, dessen Held kein Mönch, sondern ein erleuchteter Familienvater ist. Daneben entstanden die vollständigen Buddhabiographien, etwa das *Buddhacarita* des Ashvaghosha (2. Jh. n. Chr.) oder der *Lalitavistara* und das *Mahāvastu*. Hier ist der Buddha von Beginn an ein übernatürliches Wesen, das präexistent in einem Himmel auf seine neue Wiederverkörperung wartet, dessen Geburt und sein ganzes Leben von wundersamen Ereignissen begleitet wird.

Hauptverbreitungsgebiet der Mahāyāna-Lehren in Indien waren einmal das Gebiet von Andhra, wo uns die Satavahāna-Dynastie in Amaravatī und Nagārjunikonda Stūpas mit vielen prächtigen Paneelen hinterlassen hat, auf denen Szenen aus dem Leben des Buddha überliefert sind, wahrscheinlich

Ursprungsland der Mādhyamika-Philosophie, und dann Nordwestindien, von wo sich das Mahāyāna dann in den Ostiran und nach Zentralasien ausbreitete. Der Protagonist der Mādhyamika-Schule ist Nāgārjuna, der wahrscheinlich im 2. Jahrhundert n. Chr. lebte, der die Lehre von der Leerheit (*shūnyatā*) systematisierte. Diese basiert darauf, daß nichts aus sich selbst heraus exisitiert, sondern immer nur in Abhängigkeit, daß alles relativ ist. Es gibt weder Sein noch Nichtsein. Wenn es demnach aber kein Entstehen noch Vergehen gibt, könnte nun jemand folgern, daß es auch keine „Vier Edlen Wahrheiten", keine Frucht böser und guter Taten, keine Buddhalehre und sogar keinen Buddha gebe. Nāgārjunas Antwort darauf ist die Lehre von den zwei Wahrheiten, einer konventionellen und einer höheren Wahrheit. Nur indem man sich die gewöhnliche Wahrheit stützt, kann man die höhere Wahrheit lehren, aber nur unter Zugrundelegung der letzteren kommt man zum Nirvāna. Diese philosophische Schule wird bisweilen auch als relativistisch oder gar nihilistisch bezeichnet.

Nāgārjuna, Aus den „Merkversen der mittleren Lehre"

Den Buddha, der das abhängige Entstehen verkündet hat als ohne Vernichtung und ohne Entstehen, ohne Aufhören und nicht ewig, ohne Einheit und ohne Mannigfaltigkeit, ohne Kommen und ohne Gehen, als das friedvolle Zurruhekommen der Vielfalt (*prapañcah*), ihn, den Trefflichsten der Lehrer, verehre ich.

1

Weder aus sich, noch aus anderem, noch aus beiden, noch ohne Grund sind jemals irgendwo irgendwelche Dinge entstanden.

2

Denn das eigene Wesen der Dinge ist in den Ursachen usw. nicht vorhanden. Wenn aber kein eigenes Wesen vorhanden ist, dann ist auch kein fremdes Wesen vorhanden.

3

Es gibt vier Ursachen, den Grund, den Anhaltspunkt, die unmittelbar vorhergehende und die bestimmende Ursache. Eine fünfte Ursache gibt es nicht.

4

Die Wirkung hat keine Ursache. Die Wirkung ist aber auch nicht ohne Ursache. Ebenso sind die Ursachen nicht ohne Wirkung, sie haben aber auch keine Wirkung.

5

Wovon das Entstehen eines (Dinges) abhängt, das gilt als seine Ursachen. Solange es aber nicht entsteht, wieso sollten sie solange nicht Nichtursachen sein?

6

Weder bei einem nichtseienden noch bei einem seienden Gegenstand ist eine Ursache am Platz. Denn wessen Ursache ist sie, wenn er nicht ist? Wenn er aber ist, wozu dient dann die Ursache?

7

Wenn weder eine seiende, noch eine nichtseiende, noch eine seiende und nichtseiende Gegebenheit entsteht, wieso ist dann ein hervorbringender Grund möglich?

8

Von der seienden Gegebenheit wird gelehrt, daß sie ohne Anhaltspunkt ist. Wenn sie aber ohne Anhaltspunkt ist, woher sollte dann ein Anhaltspunkt kommen?

Einen anderen Standpunkt nahm die sich seit dem 2. Jahrhundert n. Chr. herausbildende Yogacara- oder Vijñanavada-Schule ein. Durch yogische Meditation soll die verkehrte Sichtweise der Gedankenwelt geändert werden. Denn die Dinge existieren nur durch die Projektionen des Verstandes, weil alles Verstand oder Bewußtheit (*cittamātra*, „Verstand allein") ist. Die Erklärung für ähnliche Wahrnehmungen ganz unterschiedlicher Wesen liefert die Vorstellung von einem Speicherbewußtsein (*ālaya-vijñāna*), einer Art kollektivem Unbewußten, in dem alle Phänomene keimhaft gespeichert sind und ständig zur Manifestation drängen. Der Verstand hält diese flüchtigen Phänomene für real. Diese Illusion kann nur durch die Yogapraxis zerstört und damit das reine Bewußtsein (*vijñāna*) hervorgerufen werden. Hauptvertreter dieser Schule waren die im 4./5. Jahrhundert lebenden Brüder Asanga und Vasubandhu und der Logiker Dignāga.

Diese und andere philosophische Schulen konnten selbstverständlich kaum dazu dienen, die religiösen Bedürfnisse der einfachen Gläubigen zu befriedigen, denen ja der Bodhisattva als Helfer zur Seite stehen soll. Diese Heroen des Mitleidens wurden im Laufe der Geschichte in mehreren Figuren verehrt, die eigene Namen und Charaktere haben. Die drei wichtigsten sind Maitreya, Avalokiteshvara und Mañjushrī. Maitreya als der Buddha der Zukunft war schon im alten Buddhismus bekannt und hat seinen Aufenthaltsort wie vormals der historische Buddha im Tushita-Himmel. Sein Name bezieht sich auf die Liebe (*maitrī*) zu den Wesen, die Grundtugend der Bodhisattvas schlechthin. Er soll in ferner Zukunft aus dem Westen kommen. Avalokiteshvara ist der berühmteste aller Bodhisattvas; sein Name bedeutet wohl ungefähr „Der Herr, der [gnädig] herabschaut" und ist dem Buddha Amitābha zugeordnet. Seine Funktion leitet sich von mehreren hinduistischen Göttern, hauptsächlich Shiva, her. Aber er ist nicht nur der Retter aus dem Weltgetriebe, sondern er hilft auch in vielerlei Gefahren wie Brand, Seenot, Krankheit, schützt die Wesen vor Leidenschaften und kann auch bei unfruchtbaren Frauen Kindersegen bewirken. Sein Wohnsitz ist der mythische Berg Potalaka, nach dem später der Sitz des Dalai Lama, der eine Verkörperung Avalokiteshvaras ist, benannt wurde, der Potala-Palast in Tibet. Dargestellt wird er meist als junger Mann mit einem Lotus in der Hand, weshalb er auch den Namen Padmapāni („in dessen Hand ein Lotus ist") heißt, eine Figur, die auf vielen Gandhāra-Reliefs als Begleiter des historischen Buddha erschien. Der Bodhisattva Mañjushrī, „der von lieblicher Schönheit ist", ist dem Buddha Akshobhya zugeordnet. Er trägt eine fünfspitzige Krone, ist ebenfalls von jugendlicher Gestalt und gilt als Schutzpatron der Wissenschaften, weshalb er ein Buch oder ein Weisheitsschwert in der Hand hält. Später wurde er in China sehr bekannt und genoß insbesondere auf dem Wutai Shan („Berg mit den fünf Gipfeln") Verehrung, da dieser heilige Berg an seine Krone erinnerte. Andere Bodhisattva-Gestalten wie Samantabhadra, Kshitigarbha oder Vajrapāni sind nicht ganz so populär, jedenfalls nicht im indischen Kulturbereich; ihr Kult entfaltete sich später hauptsächlich in China und Japan.

Der volkstümliche Buddhismus war aber nicht nur an den Bodhisattvas interessiert, sondern kannte auch zahlreiche neue Buddhas neben dem historischen Buddha Shākyamuni und seinen legendären Vorgängern, die erst am Beginn der christlichen Zeitrechnung zum erstenmal auftauchen. Sie bewegen sich nicht in unserer Welt, sondern in mythischen Paradiesen, die viele Gläubigen als Orte für eine glückliche Wiedergeburt anstrebten, um dort die Gegenwart der Buddhas zu genießen. Der bekannteste dieser Buddhas ist Amitābha, „von unermeßlichem Glanz", oder Amitāyus, „dessen Lebensspanne unermeßlich ist". Er ist der Bewohner des im Westen gelegenen Paradieses Sukhāvatī („Land des Glücks"); diese Region ist von Licht überflutet, besitzt herrliche Blumen, schöne Bäume mit Singvögeln und klaren Seen mit Lotusblumen, in denen die Wesen in menschlicher Gestalt wiedergeboren werden. Alle Bewohner Sukhāvatīs sind unsterblich und erfreuen sich an den von Amitābha verkündeten Lehren, der von zwei Bodhisattvas, Avalokiteshvara und Mahāsthāmaprāpta („der große Macht erlangt hat"), umgeben ist. Um in Sukhāvatī wiedergeboren zu werden, ist es nicht nötig, Millionen von Existenzen zu durchlaufen und Verdienst anzusammeln, sondern es reicht aus, gelegentlich an Amitābha zu denken, so daß dieser in der Todesstunde herbeieilt, um einen sofort in sein Paradies zu führen. Möglicherweise liegt hier der Einfluß der hinduistischen Bhakti-Frömmigkeit vor, in der gläubiges Vertrauen in die Gottheit oder manchmal auch nur ihre bloße Anrufung genügen, um der Erlösung teilhaftig zu werden. Im Grunde genommen handelt es sich hierbei um eine völlige Umkehrung der ursprünglichen buddhistischen Ideen, wo der Weg zur Erlösung ein äußerst harter und mühsamer ist. Quasi ein Gegenstück Amitābhas ist Akshobhya, „der Unerschütterliche", der im Zentrum des östlichen Paradieses Abhirati wohnt. Ebenfalls dort wohnt Bhaishajyaguru, „der Lehrer der Heilmittel", der die Wesen allein schon dadurch rettet, daß sie seinen Namen hören.

Außer den Bodhisattvas und Buddhas kennt das Mahāyāna auch Götter und Göttinnen wie Indra, Brahmā oder Prajñāpāramitā, die personifizierte Vollkommenheit, die den Menschen beistehen sollen. Nach dem Verschwinden des Buddhismus auf dem indischen Subkontinent blühte dieser Bodhisattva- und Buddhakult in Ostasien auf, wie noch zu zeigen sein wird.

Über die Verbreitung der buddhistischen Lehre in Indien — sowohl der Hīnayāna- wie der Mahāyāna-Schulen — sind wir vor allem durch archäologische und epigraphische Zeugnisse und die Reiseberichte chinesischer Pilger unterrichtet. So schätzt Xuanzang (602—664), der seine Reise zwischen 629 und 645 unternahm, die Zahl der Mönche auf über 200 000, die in ungefähr 7000 Klöstern lebten, von denen ein Drittel aber bereits verfallen war. Das Ausmaß einiger dieser Klöster war riesig, sie besaßen große Liegenschaften, beherbergten mehrere hundert Mönche und waren Stätten nicht nur der Gelehrsamkeit, sondern auch großen Reichtums und sogar des Prunkes. Der Buddhismus hatte sich über ganz Indien ausgebreitet und stellte oft auch einen politischen und wirtschaftlichen Machtfaktor dar. Die vielfache Angleichung der Religiosität an konkurrierende hinduistische Strömungen — insbesondere wäre da das farbig ausgestaltete Pantheon von Bodhisattvas, Buddhas und Göttern zu nennen — überwucherte im Laufe der Jahrhunderte die eigentliche buddhistische Lehre und führte allmählich dazu, daß dem jeweiligen Sangha durch eine stärkere Hinwendung der lokalen Herrscher zu anderen Kulten die Unterstützung entzogen wurde. Auch viele Laien wandten sich den neuen aufstrebenden Religionen des Shivaismus und Vishnuismus oder anderen Kulten zu, so daß der Buddhismus zunächst in Südindien, später dann auch in Nordindien immer mehr ins Hintertreffen kam. Es gibt zwar auch für Südindien noch bis in das 13. Jahrhundert vereinzelte Nachrichten über buddhistische Aktivitäten, doch war seine Blütezeit dort lange vorüber.

Von der Glanzzeit des Buddhismus in Indien zeugen heute nur noch die Überreste der Klöster, die aus festem Baumaterial, d.h. Stein oder Backstein errichtet wurden. Die im Freien erbauten Klöster bestanden aus einem quadratischen Hof, um den ein Gang gebaut war, auf den die Zellen der Mönche mündeten, die an der Außenmauer lagen. Ein Saal, der zur Versammlung der Mönche diente, befand sich in der Mitte des Innenhofes; er war in der Regel nach allen vier Seiten vollkommen offen. Andere Gebäude wie Küche, Lagerräume,

Speisesaal und Toiletten befanden sich außerhalb dieses Gebäudekomplexes. In den großen Klosteruniversitäten kamen dann naturgemäß noch große Bibliotheksräume hinzu. Zu den Klosteranlagen gehörten auch Stūpas und rechteckige *caitya*-Hallen mit einer Apsis, in deren Mitte sich ein stūpaförmiger Bau erhob, der Reliquien oder Teile von kanonischen Texten enthielt. Im Laufe der Jahrhunderte entwickelte sich aus dem Caitya ein richtiger buddhistischer Tempel mit Vorhalle und Cella, in der sich Statuen des Buddha, von Arhats, Bodhisattvas, usw. befanden. Zum Andenken an den Bodhibaum hatte man in manchen Klöstern einen Pippal-Baum gepflanzt, der von Gittern mit Türen sowie Altären umgeben war. Alle diese Bauten, der Stūpa, der Caitya, der Tempel und die Umfriedung des Pippalbaumes waren mit Friesen, Skulpturen und Malereien geschmückt, die Szenen aus der Buddhalegende, den Jātakas oder auch dem Wirken der Bodhisattvas und kosmischen Buddhas darstellten. Da die Klöster auch zu Grundbesitzern mit Feldern, Dörfern, Viehherden und Sklaven geworden waren, mußten alle diese Besitztümer entsprechend verwaltet werden. Das führte zu einer Aufgabenverteilung unter den Mönchen und für die Bewirtschaftung der Güter und Geldgeschäfte sogar zur Inanspruchnahme von Laien. Die Klöster mit ihren zusätzlichen Kultbauten waren auch ein Anziehungspunkt für Laien, die sich durch Verehrung von Reliquien, Skulpturen und Bildern Verdienst erwerben wollten. Die kultischen Handlungen bestanden aus Grußen und Verneigen sowie dem Umwandeln des Objektes (häufig der Stūpa), ferner aus Opfergaben wie Blumen, wohlriechenden Essenzen, Öllämpchen, Fähnchen, Ehrenschirmen, Nahrungsmitteln, Kleidern sowie Musik und Tanz. Der chinesische Pilger Yijing berichtet gegen Ende des 7. Jahrhunderts, daß die Mönche Buddhabildnisse wie hinduistische Statuen behandelten, d. h. sie nachmittags badeten, salbten, parfümierten und mit Wasser besprengten, während dazu Frauen musizierten. Diese Statuen waren aus Gold, Silber, Kupfer oder Stein. Aber es existierten nicht nur Buddhastatuen im Tempel, sondern auch jeder Mönch hatte sein eigenes Buddhabildnis und verfuhr mit diesem ebenso. Dem Badewasser aber schrieb man magische Kräfte zu: es werde demjenigen, über dessen Kopf es gegossen werde, Glück bringen.

Heute kann man die Bedeutung, die der Buddhismus einst in Indien hatte, neben den religiösen Texten nur noch an archäologischem Material messen, d.h. an Stūpas, deren Friesen, Skulpturen und noch erhaltenen Kulthöhlen wie denen von Ajantā und Karle mit ihren Malereien. Lediglich die heiligen Stätten des Buddhismus wie Sarnath und Bodh-Gayā blieben auch nach dem Versiegen des Buddhismus Ziel von Pilgern aus den anderen buddhistischen Ländern Asiens. Bevor es dazu kam, entwickelte sich in Indien eine weitere schöpferische Neuerung innerhalb des Buddhismus, der Tantrismus.

3. Der Tantrismus

Wie bei den beiden anderen großen Strömungen des Buddhismus ist auch in der Tantrismus genannten Richtung das Erlangen des Nirvāna das zentrale Anliegen. Steht im Hīnayāna der sich selbst erlösende Asket und im Mahāyāna der aus Mitleid mit den Wesen in dieser Welt weiter wirkende Bodhisattva im Vordergrund, ist es hier das Ritual, d. h. die Anwendung kultischer Methoden und deren symbolische Bedeutung als Mittel zur Erlangung der Buddhaschaft. Die umfangreiche Literatur darüber wird als *Tantra* bezeichnet, was nichts anderes als Faden im Sinne von Leitfaden bedeutet (die indische Weberkaste heißt *tantrika*).

Basis der tantrischen Lehren ist die Mādhyamika-Lehre von der Leerheit (*shūnyatā*) aller Dinge: Wenn aber alles leer ist, dann ist auch alles identisch oder gleichwertig als Abbild der absoluten Realität, dem So-Sein (*tathatā*), der Nichtzweiheit (*advaita*). Dies muß als Wahrheit erkannt werden, und dieses Erkennen ist das eigentliche Erreichen des Heilszustandes. Zur Erreichung dieses Zieles wendet der Tantrismus neue Methoden an, d. h. Rituale, die oft seltsam, geheimnisvoll, absurd und sogar obszön anmuten. Weiteres Hilfsmittel ist eine Unzahl von Gottheiten, die ja letztlich nicht als real angesehen werden, weil alle Dinge der Welt Illusion (*māyā*) sind. Es spielt also gar keine Rolle, wie abwegig die angewandten Mittel für den konventionellen Betrachter erscheinen mögen, wichtig ist ihre Wirksamkeit in Bezug auf die Förderung des Erlösungsweges. Die Yogācāra-Lehre hatte die

Dinge dieser Welt auf das Denken zurückgeführt, d. h. auf die Kraft der Einbildung, die in der Lage ist, zwischen den entferntesten Ähnlichkeiten und merkwürdigsten Assoziationen in dieser Welt der Illusionen eine Beziehung herzustellen, die nutzbar gemacht werden können. Auf diese Weise wurden vom tantrischen Buddhismus viele kultische und magische Praktiken übernommen, die ursprünglich den alten Volksreligionen angehörten, außerdem schuf man aber noch unzählige neue Riten und Wundertaten. Häufig wandte man sie aber nicht nur an, um die Wesen zur Erlösung zu führen, sondern auch zur Erfüllung handfester irdischer Ziele. So nahmen die buddhistischen Mönche im Tantrismus die Stellung von Wundertätern (*siddha*) ein, die man aufgrund ihrer übernatürlichen Kräfte um Reichtum, Kinder, usw., aber auch um Schadenszauber bitten konnte. Da alles relativ ist, trifft dies auch für moralische Begriffe von Gut und Böse zu. Daher ist es nicht verwunderlich, daß berichtet wird, einige der Siddhas hätten schreckliche Verbrechen und wiederwärtige Untaten begangen, was nichts anderes als der eindeutige Beweis dafür ist, daß sie über jeglicher Moral stehen und die Erlösung tatsächlich erlangt haben. Das impliziert natürlich auch die Übertretung der fünf Gebote der frühen Buddhisten, nämlich die Verbote von Mord, Diebstahl, Geschlechtsverkehr, Lüge und Trunksucht. In der Praxis bedeutete das aber nicht, daß jene Meister ständig die Gebote der konventionellen Moral verletzten.

Ganz explizit bekennen sich die tantrischen Buddhisten zu einem sexuellen Symbolismus und lehnen im Gegensatz zu den alten Buddhisten das weibliche Element nicht ab, nicht zuletzt durch Einführung zahlreicher Göttinnen in das Pantheon. Da es zum Erreichen der höchsten absoluten Einheit notwendig ist, daß zwei sich ergänzende Elemente miteinander vereinen, etwa die Leere (*shūnyatā*) und das Mitleid (*karunā*), die Weisheit (*prajñā*) und die angewandten Mittel (*upāya*), und diese als jeweils männlich und weiblich angesehen werden, vergleicht man diese mit der sexuellen Vereinigung (*maithuna*). Das Glück des Heils (*mahāsukha*) hat seine Entsprechung im Glücksgefühl beim Geschlechtsverkehr.

Auch im tantrischen Buddhismus gibt es verschiedene Schulen. Die älteste davon ist das schon im 7. Jahrhundert bestehende Vajrayāna, das die Leere, die letzte Realität, die Nichtdualität durch den Donnerkeil (*vajra*) symbolisch darstellt. Abweichend davon erklärt das Sahajayāna, die höchste Wahrheit sei nur durch Intuition zu erlangen, ohne Leidenschaften und Instinkte zu unterdrücken, die vielmehr sublimiert werden sollen. Denn nur mittels der Kraft der Leidenschaft kann das Heil erreicht werden, so daß der sexuelle Symbolismus hier eine sehr starke Rolle spielt. Im 10. Jahrhundert entstand die Schule des „Rades der Zeit" (*kālacakra*), die einen aus sich selbst entstandenen Urbuddha (Ādibuddha) kennt, der auch Kālacakra genannt wird. In diesem System werden Weisheit und Leerheit mit der Zeit (*kāla*) gleichgesetzt, die Erlösungsmittel (*upāya*) mit dem Rad (*cakra*), das Körper des höchsten Buddha ist. Die Vereinigung von *kāla* und *cakra* ruft aber den *bodhicitta*, den „Gedanken an die Erleuchtung", hervor. Bemerkenswert ist außerdem, daß in den Texten dieser Schule schon Mekka und die Muslime erwähnt werden. In allen Schulen — von denen es noch zahlreiche weitere gab — spielen die für die rituellen Handlungen wichtigen Buddhas, Bodhisattvas, Götter, Genien und Dämonen und ihre Gefährtinnen (*shakti*) eine große Rolle.

Das Pantheon ist im tantrischen Buddhismus jedoch hierarchisch gegliedert: An der Spitze befinden sich die fünf höchsten Buddhas, die Jina (Sieger) oder Tathāgata genannt werden. Diese fünf Jinas sind Vairocana, Akshobhya, Ratnasambhava, Amitābha oder Lokeshvara und Amoghasiddhi, die die Regionen der vier Himmelsrichtungen und das Zentrum beherrschen und zudem den fünf Daseinsfaktoren, den fünf großen Elementen, den fünf Farben, usw. entsprechen. Sie existieren nur als Gesetzesleib (*dharmakāya*), in weit entlegenen Himmeln in permanenter Meditation versunken. Einige Schulen kennen noch einen über ihnen stehenden transzendenten Buddha, der bisweilen den Namen Ādibuddha oder Mahāvairocana trägt. Auf dem Borobodur in Java, einem der größten Monumente des Buddhismus, sind die fünf Jinas als Beherrscher der vier Himmelsrichtungen und des Zentrums repräsentiert. Ihnen sind wiederum fünf Shaktis, darunter Tāra und Prajñāpāramitā, zugeordnet. Aus den Jinas emanieren im Nirmānakāya die drei Vorläufer des historischen Buddha Shākyamuni, dieser selbst, und der zukünftige

Buddha Maitreya. Auch diese Buddhas haben ihre Entsprechungen in fünf Bodhisattvas.

Alle diese Jinas, Buddhas, usw. können ganz verschiedene Gestalten annehmen, von denen jede wieder einen speziellen Namen und eine ihr eigene Funktion hat. So gibt es wohlwollende Verkörperungen, aber auch schreckliche und zornvolle. Viele dieser Figuren stammen aus den indischen Volksreligionen, andere dem buddhistischen Legendengut, wieder andere sind Personifikationen geistiger Begriffe. Ähnlich verhält es sich mit den unzähligen Gottheiten sowie den Genien und Dämonen, die teilweise dem hinduistischen Pantheon entstammen, teilweise Weiterbildungen oder gar Neuschöpfungen sind. Auch solche Gestalten, die schlechte Eigenschaften oder Leidenschaften verkörpern, führen zum Erlösungsweg, da sie dazu dienen, eben diese negativen Erscheinungen zu bekämpfen und zu überwinden.

Wie die Hindus unterscheiden auch die buddhistischen Tantriker zwischen einem linkshändigen und einem rechtshändigen Tantra. Das linkshändige Tantra ist sehr stark sexuell gefärbt und wird deshalb auch Shaktismus genannt, eine Bezeichnung, die allgemein mit dem Shivaismus in Verbindung gebracht wird. Eine Shakti (das Wort bedeutet „Kraft", „Potenz") ist die schöpferische Energie einer Gottheit, die dann in der Personifizierung als seine Frau bzw. Gefährtin erscheint. Daher gilt auch für den linkshändigen Tantriker der Geschlechtsverkehr mit einer Frau als Vereinigung mit der Shakti und hat all die oben beschriebenen Konsequenzen für den Erlösungsweg. In einem der frühesten tantrischen Texte dieses Genres, dem Guhyasamājatantra, wird gelehrt, man solle allen sinnlichen Vergnügungen nachgehen, täglich Verkehr mit minderjährigen Mädchen einer verachteten Kaste haben, alle Arten verbotenen Fleisches essen und die Speise auch mit Schmutz und Urin vermischen. All dies soll nur der Überwindung des Ekels bzw. dem Absterben der sinnlichen Lust dienen.

Der rechtshändige Tantrismus, dessen bedeutendster Vertreter in der Frühzeit dieser Strömung der in Sri Lanka geborene Amoghavajra (705—774) ist, vermeidet dagegen alle erotischen Elemente und hält sich auch an die allgemein gültigen Moralvorstellungen; selbst der Magie wird lediglich symbolischer Wert beigemessen. Durch Amoghavajra fand diese Schule in China Verbreitung, dessen Staat eine strenge Zensur bei fremdländischen Texten ausübte und daher den linkshändigen Tantrismus offiziell überhaupt nicht gestattet hätte.

Jedenfalls haben alle tantrischen Schulen bestimmte Praktiken entwickelt, die den Gläubigen zum Heil führen sollen. Hier hat sich eine scharfe Trennung zwischen Eingeweihten und Nichteingeweihten herausgebildet. Während der historische Buddha des Pāli-Buddhismus seine Erkenntnis allen gepredigt hat, um damit auch alle in die Lage zu versetzen, ihr aus eigener Kraft zu folgen (wenn dies auch in der Praxis sich als äußerst schwierig erweist), geht der Tantrismus gerade vom Gegenteil aus: Man kann die Methoden, die zur Erlösung führen, nicht aus Büchern erlernen, sondern benötigt im Gegenteil einen geistlichen Lehrer, einen Guru (tibet.: Lama), dem man blind gehorchen muß, weil nur er allein in der Lage ist, uns in die tatsächlichen Geheimnisse einzuweihen. Gelehrt werden diese Mysterien nur kleinen Gruppen, die sich vorher einem Initiationsritus unterworfen haben. Von den zahlreichen angewandten Ritualen sind drei ganz besonders wichtig: 1. die Rezitierung von Zaubersprüchen (*mantra*), 2. rituelle Tänze und Handbewegungen (*mudrā*) und 3. die Identifizierung mit einer tantrischen Gottheit mit Hilfe einer speziellen Art von Meditation. Da die Menschen unterschiedliche spirituelle Fähigkeiten besitzen, kann nicht jeder alle Kategorien für seinen Heilsweg anwenden. Der Tantra-Weg ist nicht ganz ungefährlich, weil eine oberflächliche Beschäftigung mit ihm psychische Schäden hervorrufen kann. Daher sind alle Texte in einer rätselhaften, für den Laien völlig undurchsichtigen Sprache verfaßt, die erst durch die Belehrung eines Guru in ihrer wahren Bedeutung enthüllt werden. Die in die tantrischen Kulte Eingeweihten müssen schwerwiegende Gelübde auf sich nehmen, ihr Wissen nur an ernsthafte Schüler weiterzuvermitteln, damit Unberufene durch unvorsichtigen Umgang mit dem Ritual nicht zu Schaden kommen, aber auch die Lehren selbst nicht abgeschwächt werden.

Zentren des tantrischen Buddhismus waren die Landschaft Uddiyāna bei Kaschmir und vor allem Bengalen. Dazu ist zu bemerken, daß diese Gegenden bereits im 7. Jahrhundert im

Grunde genommen noch die einzigen Hochburgen des Buddhismus überhaupt in Indien waren, wie uns die chinesischen Pilger Xuanzang und Yijing glaubhaft bestätigen, die berichten, daß in den einstigen bedeutenden Regionen des Buddhismus wie Gandhāra oder Andhra die meisten Klöster verfallen seien. Unter der Pāla-Dynastie, die große Teile Bengalens, Bihars und Orissas beherrschte, blühten die großen Klosteruniversitäten wie z. B. Nālandā, von dem uns die chinesischen Pilger eine lebendige Beschreibung hinterlassen haben. König Dharmapāla gründete um 800 das große Kloster von Vikramashīla, das bald zum Mittelpunkt tantrischer Studien wurde und von dem ein bedeutender Schub zur Bekehrung Tibets ausging. Die buddhistische Kultur Indiens erlebte hier eine einzigartige Spätblüte, bis am Ende des 12. Jahrhunderts die muslimischen Eroberer Nordindiens, die zuvor die Hindus im Zweistromland von Ganges und Yamunā niedergeworfen hatten, Bengalen eroberten und die gutbefestigten Klöster stürmten und dem Erdboden gleichmachten. Dennoch genügt dies nicht, um das Verschwinden des Buddhismus befriedigend zu erklären, da die Hindus in den von den Muslimen eroberten Gebieten meist ihrer Religion verhaftet blieben, während Bengalen, genauer gesagt das heutige Bangla Desh, eine Hochburg des Islam ist. Als Erklärungen dienen zum einen das Verschwinden der eigentlichen Träger buddhistischer Kultur, der Mönche, zum anderen wird die Möglichkeit in Betracht gezogen, daß der Islam mit seinem sehr abstrakt wirkenden Gott für Anhänger des tantrischen Buddhismus, der so stark mit dem Begriff der Leerheit operiert, eine gewisse Attraktion darstellen konnte.

IV. Die Ausbreitung des Buddhismus nach Zentralasien und China

In den Jahrhunderten nach Ashoka hatte sich der Buddhismus im Nordwesten Indiens bis nach Afghanistan ausgebreitet. Der Einfall nomadischer Völker wie der Saken (seit 141 v. Chr.) und später der Kushānas hatte keine nachteiligen Auswirkungen auf die in diesen Gegenden existierenden Religionen, da sich die neuen Völker sehr rasch der Kultur ihrer neuen Heimat anpaßten. Bereits unter den Indogriechen hatte die buddhistische Klosterkultur ihre erste Blüte erlebt. In der Landschaft Gandhāra war die gräko-buddhistische (und später romano-buddhistische) Kunst entstanden, von der noch heute viele Stūpas mit narrativen Reliefs über die früheren Existenzen des Bodhisattva und das Leben des historischen Buddha zeugen. Auch die Herrscher der Kushānas, deren Reich sich zeitweise von Afghanistan bis nach Nordindien erstreckte, förderten den Buddhismus, aber auch andere Religionen wie den Hinduismus und den Zoroastrismus. Das trifft auch für den bedeutendsten Kushāna-Herrscher Kanishka (ca. 150–170 n. Chr.) zu, den die buddhistische Legendenbildung zu einer der großen buddhistischen Herrscherpersönlichkeiten gemacht hat. Er hat in der Tat den Buddhismus gefördert, aber ähnlich wie Ashoka auch die anderen Religionen nicht vernachlässigt. Auch nach dem Ende der Kushāna-Dynastie im 3. Jahrhundert blieb Afghanistan ein Zentrum des Buddhismus. Zwischen dem 3. und 5. Jahrhundert entstanden die berühmten Höhlenklöster von Bāmiyān mit den beiden 35 und 53 m hohen Kolossalstatuen des Buddha Shākyamuni. Erst im Verlauf der Ausbreitung des Islam seit dem 8. Jahrhundert wurde der Buddhismus allmählich aus Afghanistan verdrängt.

Zuvor hatten sich die buddhistischen Lehren aber in den östlichen Iran und nach Turkestan ausgebreitet, besonders in den Oasenstädten des Tarimbeckens, in Kashgar, Kucha, Khotan und Turfan, wo eine buddhistisch geprägte sogenannte

serindische (oder sino-indische) Mischkultur entstand, die z.T. auch noch hellenistisches und iranisches Erbe übernommen hatte. Erst im 19. Jahrhundert wurde diese hochstehende Kultur durch europäische und japanische Forscher dem Wüstensand entrissen: Dabei kam eine unerhört große Anzahl von Texten in allen auf den Karawanenwegen bekannten Sprachen zum Vorschein, aber auch Ruinen mit Malereien, die ebenfalls beredtes Zeugnis über den buddhistischen Einfluß geben. Diese Karawanenwege, über die der Handel zwischen dem Abendland, dem Iran, Indien, Zentralasien und China lief, sind allgemein als die Seidenstraßen bekannt, benannt nach einem der wichtigsten Exportartikel aus China. Auf diesem Wege — nur in umgekehrter Richtung — drang auch der Buddhismus in das Reich der Mitte ein, der Legende nach zuerst aufgrund eines Traumes des Han-Kaisers Liu Zhuang (Mingdi, reg. 57—75 n. Chr.), der ihn veranlaßte, in Zentralasien nach buddhistischen Missionaren zu suchen, die dann auch in die chinesische Hauptstadt Luoyang kamen und dort den „Tempel des Weißen Pferdes" (*Baimasi*) gründeten. Tatsächlich dürfte der Buddhismus kaum auf solch spektakuläre Weise nach China gekommen sein, sondern sich dort allmählich durch Kaufleute, Gesandte, Mönche und andere ausgebreitet haben, zunächst wohl hauptsächlich unter den Ausländern in der chinesischen Kapitale. Unter den Chinesen selbst konnte er jedoch zunächst kaum Erfolge verbuchen, weil er hier im Konfuzianismus auf eine Staatsideologie stieß, die das soziale Leben des ganzen Volkes regelte, indem es Pietät und Loyalität gegenüber Höhergestellten, angefangen vom Verhältnis Kind-Eltern über Untertan-Staatsbeamter bis hin zu Minister-Kaiser in den Vordergrund des ganzen Systems stellte, das auf einem genau festgelegten Sittenkodex basierte. Obgleich er auch Verbindung zu jenseitigen Mächten lehrte, etwa im Ahnenkult, war er im wesentlichen doch diesseitig geprägt und mißbilligte Lehren, die weltliche Bindungen zugunsten eines geistlichen Zieles aufgaben. Dazu gehört auch die konfuzianischen Vorstellungen zuwiderlaufende Tatsache, daß die buddhistischen Mönche nicht selbst für ihren Lebensunterhalt sorgten.

Neben dem Konfuzianismus, der hauptsächlich von den Gebildeten und überhaupt den staatstragenden Schichten als normierende Größe anerkannt wurde, existierte aber der Daoismus, so genannt nach dem *dao*, jener mystischen absoluten Größe, die nach dem Buche *Daodejing* (angeblich von einem Laozi, „Alter Meister" im 5./4. Jahrhundert v. Chr. verfaßt) unbeschreibbar und letztlich intellektuell nicht erfaßbar ist, sondern ähnlich wie das Nirvāna nur persönlich erfahren werden kann. Für die Daoisten war die soziale Welt mit ihrer ganzen Normenskala nichtig. Ihr Streben richtete sich auf die Propagierung eines einfachen Lebens im Einklang mit der Natur („wenn man Wasser mit der hohlen Hand schöpfen kann, bedarf man keines Bechers"). Ihr Ideal war *wuwei*, „Nichthandeln", d. h. kein Handeln gegen die Natur, sondern in Anpassung an diese. Im Verlauf der Entwicklung fanden magische und alchimistische Praktiken wie die des Goldmachens und der Lebensverlängerung Eingang in den Daoismus. In bestimmten buddhistischen Anschauungen und Praktiken sahen viele Übereinstimmungen mit dem Daoismus, so daß diese Affinität die Einführung des Buddhismus in bestimmten Kreisen begünstigte. Für die Daoisten war der Buddhismus zunächst eine neue Methode der Lebensverlängerung, denn nach diesem Verständnis starb der aus feinster Materie bestehende, vom Himmel in Empfang genommene Teil des Menschen nicht, sondern verkörperte sich nach dem Tod erneut und erhielt gemäß seinem vorherigen Leben Lohn oder Strafe. In dem Werk *Taipingjing* (Leitfaden zur Harmonie) wird die Geburt des Laozi auf eine so wunderbare Weise geschildert, daß eine Entlehnung aus buddhistischen Schriften naheliegt. Umgekehrt haben sich in Chinesisch verfaßte buddhistische Werke in Stil und auch im Inhalt an chinesische Klassiker angepaßt, so etwa das „Sūtra in 42 Abschnitten", das angeblich schon 67 n. Chr. von einem indischen Buddhisten in Luoyang verfaßt worden sein soll, tatsächlich aber aus späterer Zeit datiert.

Dennoch gewann der Buddhismus während der Späteren Han-Zeit (9—220 n. Chr.) unter Chinesen nur mühsam Anhänger. Der Ausländeranteil unter den Buddhisten in Chinas Hauptstadt Luoyang dürfte relativ hoch gewesen sein. Im Jahre 148 traf dort ein parthischer Missionar namens An Shigao ein, dem in der Zeit zwischen 168 und 188 der Kushāna Lokakshema folgte. Beide zeichneten sich vor allem als Übersetzer buddhistischer Texte in die chinesische Sprache aus, wobei sie sich einheimischer Kräfte bedienten, um einem literarischen Stil zu genügen. Zu diesem Zweck mußte auch ein spezielles chinesisches Vokabular entwickelt werden, um bestimmte Termini adäquat wiederzugeben. Bis in das 3. Jahrhundert hinein gab es aber noch keine Übersetzung der Ordensregeln, des Vinaya.

Nach dem Ende der Han-Dynastie begann in China eine Periode der politischen Zersplitterung, zunächst in drei Staaten, dann fielen seit dem Anfang des 4. Jahrhunderts im Norden Chinas Nomadenvölker ein und gründeten dort kurzlebige Dynastien. Gerade unter diesen Herrschern nichtchinesischer Herkunft und ihren Hofkreisen fand der Buddhismus größeren Anklang, nicht zuletzt wohl auch deshalb, weil man damit ein Gegengewicht gegen die konfuzianische Staatsphilosophie schaffen wollte. Zum anderen benutzten sie buddhistische Mönche weniger wegen ihrer spirituellen Lehren, sondern sahen in ihnen hauptsächlich Leute mit magischen Qualitäten. Das Erstarken des Buddhismus führte zu einem größeren Selbstbewußtsein gegenüber dem Daoismus, von dem man sich jetzt stärker abgrenzte. So bestritten die Buddhisten die daoistische Erzählung, Laozi sei in den Westen gegangen, um die Barbaren zu bekehren, womit eine Identität von Laozi und Buddha impliziert wurde. Im Jahre 340 wurde das Sūtra „Laozi bekehrt die Barbaren" als Fälschung angeprangert. Umgekehrt kreierten die Buddhisten jetzt eine Ashoka-Legende, nach der der König in China Zehntausende von Buddhareliquien verteilt habe.

Gerade in dieser Periode der vielen Staaten in Nordchina blieb die Verbindung mit Zentralasien bestehen, woher immer noch buddhistische Lehrer und Übersetzer nach China kamen. Sie übersetzten zahlreiche wichtige Schriften, die zu Grundtexten der sich herausbildenden einheimischen Schulen wurden, so das Saddharmapundarīkasūtra (Sūtra vom Lotus des wahren Dharma) bei der Tiantai-Schule, das darüber hinaus durch seine Lehre von dem Buddhafahrzeug, das allen Gläubigen die Buddhaschaft ermöglicht, zu einer der populärsten und am meisten verehrten Schriften des chinesischen Buddhismus wurde.

Ab dem 4. Jahrhundert läßt sich ein starkes Interesse der chinesischen Eliten an metaphysischen und philosophischen Fragen feststellen, was dazu beitrug, den Mahāyāna-Buddhismus und seine Lehre von der Leerheit für jene Kreise attraktiv zu machen. Von nun an rekrutierte sich der Orden mehr und mehr auch aus Mitgliedern prominenter chinesischer Familien. So breitete sich der Buddhismus dann allmählich in Südchina aus. Aber auch die Übersetzungstätigkeit buddhistischer Texte war nicht abgerissen. Einer der bedeutendsten Übersetzer war Kumārajīva aus Kucha oder Karashahr (344/50—413), der nacheinander in die Hände zweier sinisierter Kaiser nördlicher Staaten fiel. Der zweite von ihnen, Yao Xing (reg. 394—416), ein eifriger Buddhist, förderte Kumārajīva außerordentlich, indem er ihm ein Übersetzungsbüro einrichtete, wo er unter anderem den Vimalakīrtinirdesha und erneut das Saddharmapundarīkasūtra sowie viele andere Texte ins Chinesische übertrug. Unter Yao Xing — einem König tibetischer Herkunft — war in dessen Hauptstadt Chang'an die Zahl der Mönche und Nonnen bereits so stark angestiegen, daß er einen Mönch zum „Landesmönchsvorstand" (*guosengzheng*) und weitere zu Mönchskontrolleuren (*senglu*) ernannte, die gleichzeitig den Rang von Staatsbeamten hatten und daher auch Schutzwachen beanspruchen konnten. In diese Zeit fällt auch der Beginn des Interesses an den heiligen Stätten der Religion des Buddha in Indien. Mit Faxian begegnet uns der erste bekannte chinesische Mönch aus dem Südreich, der in das Heimatland des Buddhismus zog (zwischen 399 und 413), um dort nach Texten zu suchen.

Im Staat Wei (386—535), dessen Träger das ehemals nomadische Toba-Volk war, das zur Mitte des 5. Jahrhunderts ganz Nordchina geeint hatte, war der Buddhismus überaus erfolgreich. Er setzte sich sowohl auf dem Land wie in den neu errichteten Klöstern in den Städten durch. Um das Anwachsen der Zahl der ordinierten Buddhisten im Wei-Reich zu veranschaulichen, sei ein Vergleich gebracht: Im Jahre 477 gab es dort 6500 Klöster mit 77000 Mönchen und Nonnen, um 517 aber bereits 30000 Klöster mit 2 Millionen Mönchen und Nonnen. Daran hatte auch eine temporäre Buddhistenverfolgung eines konfuzianischen Ministers im Jahre 446 nichts ändern können. Von den vielen Tempeln ist nichts erhalten geblieben, da sie aus Holz erbaut waren, doch sind aus der Zeit der Toba-Wei die berühmten Höhlentempel von Yun'gang und Longmen (bei Luoyang) erhalten, die noch heute die Besucher durch ihre Skulpturen und Wandmalereien bestechen.

Die Erlösung im Paradies des Westens

„Das Leben wird nicht in einer einzigen Lebensspanne ausgelebt, es gibt unweigerlich seine Impulse weiter. Folgt man [der Lebenskette] zurück in die Vergangenheit, so kommt man an keinen Anfang, [und folgt man ihr in die Zukunft], so löst eine Generation die andere ab, und man findet nie ein Ende. ... Durch diese Grenzenlosigkeit des Raums, diese Unendlichkeit der Zeit wandert der Mensch in der Kette [der Inkarnationen], und er breitet sich in ihnen aus. [Schon früher] bestand kein Zweifel darüber, daß wir [nur] den Kontinent Chixian innerhalb der acht Pole bewohnen, nun aber wurde uns verkündet, daß 3000 Sonnen und Monde am Himmel stehen, daß 12 000 Welten [im Raum] verteilt sind, daß es so viele Weltzeitalter gibt wie Sandkörner im Fluß Ganges. ... Ein Herbsthaar und der blaue Ozean, in dem es treibt, sind noch [eher] miteinander vergleichbar als die [konfuzianische] Regeln, die sich mit den sozialen Beziehungen befassen: sie sind in ihrer Gestalt [so winzig] im Vergleich zu der [buddhistischen] ‚Großen Lehre', daß Worte den Unterschied nicht zu fassen vermögen. ... Die Leute sagen: ‚Wie fern, wie dunkel ist die Zeit vor dem „Gelben Kaiser"!' Aber von der Warte des ‚Himmlischen Weges' aus gesehen, geschah all das bloß gestern. Vom ‚Buch der Urkunden' heißt es, daß es um das Altertum wisse, und doch reicht es nicht weiter zurück als bis in die Zeit eines Yao und Shun, und der Inhalt der ‚Frühlings- und Herbstannalen' erschöpft sich in Berichten über [die Zeit] der Könige. Und dann erst die ‚Bücher der Sitte' und die ‚Bücher der Musik' für Wohlbetragen und Anstand, das ‚Buch der Lieder' und das ‚Buch der Wandlungen' für Unterhaltung und Erbauung! Wenn jetzt in dem endlosen Universum die 3000 Sonnen und Monde in ihrer Herrlichkeit aufleuchten und die Kette der 12 000 Welten klar vor Augen treten lassen, dann wird uns bewußt, daß all das, was der Herzog von Zhou und Konfuzius zu Papier gebracht haben, nur dem unartikulierten Schrei der Zwergstaaten nach einem Retter entspricht, [die im Märchen, auf den zwei Hörnern einer Schlange angesiedelt, miteinander kämpfen], daß sie aber keineswegs ausreichen, [die Probleme] auch nur eines einzigen Lebens zu lösen, während, was darüber hinausgehende Probleme angeht, [diese Heiligen] alles beim alten ließen und sich überhaupt nicht geäußert haben. Wenn ich unrecht habe, wieso kommt es dann, daß sie sich so wortreich gebärden hinsichtlich der körperlichen Existenz und so schweigsam hinsichtlich des Lebens der Seele nach dem Tode? ‚Besteige den Berg Meng, und der [Staat] Lu wird dir klein erscheinen; besteige den Berg Taishan, und die ganze Welt wird dir klein erscheinen' — dieses Sprichwort kennzeichnet gut die engen Grenzen dieser [Menschen]."

Inzwischen hatte der Buddhismus aber auch im Südreich Fuß gefaßt. Im Jahre 395 hatte hier auf Veranlassung des Gouverneurs von Hunan der „Dharma-Meister" Danyi zwei sich gegenüberliegende Klöster gegründet, von denen jedes zehntausend Wohnraumeinheiten hatte, d.h. es waren dort ständig zehntausend Mönche untergebracht, dazu kamen in der Regenzeit noch eintausend Wandermönche in zwei Unterklöstern. Daneben existierten zehn kleinere Lesehallen, Tempel und Kapellen. 53 Mönche waren permanent mit Predigten und Unterweisungen in den Lehrtexten beschäftigt. Außer den Mönchen gab es aber noch eine umfangreiche Dienerschaft, Klostersklaven und in die in der Umgebung wohnenden Laienanhänger, von denen viele Schuldner des Klosters waren, weil dieses ihnen gegenüber als eine Art Bank fungierte. Die Macht der buddhistischen Geistlichkeit zeigt sich auch in dem Streit, ob ein Mönch, der ja sein weltliches Dasein aufgegeben hatte, dem Kaiser noch Respekt zollen müsse. Diese seit 340 andauernde Auseinandersetzung zwischen dem Klerus und der weltlichen Macht wurde 404 durch ein Edikt geregelt, nach dem die Mönche dem Kaiser keine Reverenz erweisen müssen. Die Aufhebung dieses Ediktes 464 führte zu einem massiven Protest und zur Wiederherstellung des alten Zustandes im folgenden Jahr. Bei dem zwischen Daoismus und Buddhismus schwankenden Wei-Kaiser Toba Si (Taizong, reg. 409—423) umging der amtierende Mönchskontrolleur dieses Problem, indem er den Kaiser als „Buddha der Gegenwart" bezeichnete und damit den Buddha und nicht das weltliche Staatsoberhaupt verehrte.

Der erste Kaiser der südchinesischen Liang-Dynastie, Xiao Yan (Wudi, reg. 502—549), der ein glühender Buddhist war, wollte den Klerus seiner eigenen Kontrolle unterwerfen und plante, das Amt eines „Laienmönchsvorstandes" (*baiyisengzheng*) zu etablieren und dies selbst zu übernehmen. Diese Absicht, auch Kirchenoberhaupt zu werden, wurde ihm von dem buddhistischen Mönch Zhizang ausgeredet, der erklärte, ein Laie könne die Lehre des Buddha niemals völlig begreifen, und folglich dürften die Gesetze des Staates auch nicht auf Mönche angewandt werden. Xiao Yan hatte offensichtlich die Absicht, den Buddhismus in seinem Reich zur Staatsreligion zu machen, da nur er die Wahrheit besitze und alle anderen Lehren von Übel seien. Im Jahre 518 ließ er alle daoistischen Klöster und Tempel schließen und ordinierte Daoisten in den Laienstand zurückversetzen. Dieser Kaiser hatte bei den offiziellen Kulten auch die blutigen Opfer abgeschafft und war mehrmals als einfacher Mönch in das Kloster seiner Hauptstadt eingetreten, so daß seine Beamten gezwungen waren, ihn immer wieder „freizukaufen", d.h. dem Kloster aufwendige Schenkungen zu machen, damit er die Regierungsgeschäfte fortsetze. Einige der etwas skurril anmutenden Handlungen des Kaisers dürften aber doch den politischen Hintersinn gehabt haben, sich zum Oberhaupt aller Buddhisten zu machen und dadurch seinen Einfluß auch auf die nicht in seinem Reich lebenden Buddhisten auszudehnen.

Die offizielle Förderung des Buddhismus betraf aber nur die großen Klöster mit ihren Elitemönchen, die eng mit der politischen Elite verflochten waren. Die auf dem Land lebenden Mönche, die an kleinen Heiligtümern wirkten und mit dem einfachen Volk lebten, kannten sich mit dem buddhistischen Schrifttum und philosophischen Auseinandersetzungen kaum aus. Dieser volkstümliche Buddhismus verschmolz mit lokalen nichtbuddhistischen Kulten und religiösen Bewegungen. Im Vordergrund standen hier die Andachtsfrömmigkeit, der Exorzismus, der Ahnenkult sowie chiliastische Erwartungen, die auf das Erscheinen des zukünftigen Buddha Maitreya hofften, der ein Reich der Gerechtigkeit und des allgemeinen Wohlstands errichten werde. Solche Vorstellungen konnten leicht in das Fahrwasser messianischer Bewegungen geraten und zu politischen Aufständen führen. Bisweilen setzten sich Mönche als Verkünder oder gar Inkarnationen des Maitreya an die Spitze solcher Rebellionen, von denen der bekannteste der der „Mahāyāna-Rebellen" aus dem Jahre 515 ist, bei dem Töten von Menschen entgegen allen buddhistischen Lehren zur heiligen Pflicht erhoben wurde und die Anzahl der Getöteten den religiösen Rang festlegte. Alle diese Aufstände wurden letztlich blutig niedergeworfen, zeigen aber, wie weit die Vorstellungen von dem, was Buddhismus eigentlich ist, allein durch soziale Unterschiede auseinanderklaffen können.

Hatte der offizielle Buddhismus bereits in der Periode der Reichszersplitterung große Erfolge erreicht, die unter anderem in einigen Fällen schon dazu geführt hatten, daß Mönche bis in höchste Staatsämter aufgestiegen waren, die man bisher ausschließlich für Konfuzianer reserviert hatte, so vergrößerte sich sein Einfluß nach der erneuten Reichseinigung (589) unter den Dynastien Sui (581—618) und Tang (618—907) nochmals beträchtlich. Der Gründer der Sui-Dynastie, Yang Jian (Gaozu, reg. 581—604), der unter der Aufsicht einer buddhistischen Nonne aufgewachsen war, verkündete bei seinem Machtantritt programmatisch, er habe mit den Waffen eines Cakravartin, eines Weltenherrschers, die buddhistische Lehre ausgebreitet, verglich seine Waffen mit dem Weihrauch und den Blumen des buddhistischen Opfers, mit denen er aus dieser Welt das reine Land des Buddha machen werde. In die Reihe dieser politischen Propaganda gehörte auch die 584 gemachte Erklärung, er sei der Kaiser der gewöhnlichen Menschen, ein ihm bekannter Dharmameister (*fashi*) aber der Kaiser der Gläubigen: während dieser die Leute zum Guten bekehre, verhindere er selbst das Böse. Damit präsententierte sich der Kaiser gegenüber den Gläubigen im noch nicht unterworfenen Südreich als ein Herrscher, der seinen Krieg im Namen von Güte und Humanität führte. Im Grunde genommen wurden hier die Weichen für eine Buddhisierung des ganzen Reiches gestellt, und unter der Tang-Dynastie schien es eine Zeitlang so auszusehen, als sei diese nur eine Frage der Zeit. Doch letztlich erwies sich diese Religion wegen ihrer prinzipiellen Weltabgewandtheit als unfähig, die Macht im Staat zu übernehmen, wenngleich einzelne ihrer Vertreter hohe Staatsstellungen innehatten.

Im 7. Jahrhundert blühten aber die bedeutenden buddhistischen Schulen Chinas auf, von denen die heute noch existierenden vorgestellt werden sollen. Sie alle haben ihren Schwerpunkt auf einen bestimmten Aspekt der Lehre gelegt.

So ist Lüzong (Vinaya-Schule) die Schule der Ordensdisziplin, die auf die strikte Einhaltung der alten Mönchsvorschriften größten Wert legte. Sie wird auf Daoxuan (596—667) zurückgeführt. Noch im 20. Jahrhundert war bei den Mönchen ihres Zentralklosters Baohuashan etwas von der Strenge der äußeren Lebensführung zu verspüren, was sich insbesondere an den Speiseregeln zeigte.

Die idealistische Schule (Faxiang oder Ci'enzong) geht auf den berühmten Indienpilger Xuanzang (602—664) zurück, der sich sechzehn Jahre (629—645) außerhalb Indiens aufhielt, um die heiligen Stätten des Buddhismus in Indien und seinen Nachbarländern zu besuchen und nach heiligen Texten zu suchen, von denen er insgesamt 657 nach China mitbrachte. Seine Schule ist die chinesische Weiterentwicklung der Yogācāra-Schule, die die Lehre des *cittamātra* (siehe oben) propagierte.

Nicht mehr existent ist die Mizong oder Tantra-Schule, d. h. die Schule des rechtshändigen Tantrismus (siehe oben), die jedoch später in Japan eine Blüte erlebte, in China aber vom Lamaismus ersetzt wurde.

Die Xianshou- oder Huayan-Schule stützt sich auf das Avatamsakasūtra (chines. Huayanjing), das nur auf Unverständnis stieß, als der Buddha es seinen Zuhörern vortrug, so daß er diesen die Hīnayāna-Lehren mitteilte. Es entwirft eine kosmische Vision, wo alles alles durchdringt, wo sogar in den kleinsten Dingen über das Absolute meditiert werden kann.

Die Tiantai-Schule stützt sich auf das Saddharmapundarīkasūtra; der Name der Schule leitet sich vom Berg Tiantai her, wo ihr Gründer Zhiyi (538—597) lebte. Ihre Lehre kannte drei Ebenen der Wahrheit: 1. die Leerheit, 2. die Zeitlichkeit und 3. die Mittel. Obwohl die Dinge leer, haben sie doch eine zeitliche Existenz, die durch die Sinne wahrgenommen wird. Dieser Dualismus wird durch die Mittel bzw. die Mitte aufgehoben bzw. überwunden. Hier ist das Alltägliche so stark spiritualisiert, daß das Weltliche und das Spirituelle als Einheit angesehen wird.

Die Schule des Reinen Landes (Jingtu) hat das Sukhāvatīvyūhasūtra zur Grundlage ihrer Lehre gemacht. Sie verehrt Amitābha und sucht nicht unmittelbar das Nirvāna, sondern die Wiedergeburt im Westlichen Paradies oder „Reinen Land" des Amitābha, das auch Sukhāvatī heißt. Dahin gelangt man durch die Gnade Amitābhas, nicht durch eigene Anstrengung. Deshalb genügt es, den Namen Amitābhas (chines. Omitofo) zu rezitieren, um dieser Gnade teilhaftig zu werden. Eine weitere wichtige Gestalt ist der Bodhisattva Avalokiteshvara, auf chinesisch Guanyin, der in China dann zu einer weiblichen Figur wird. Sie ist die Milde und Hilfsbereitschaft in Person und Schutzpatronin gefährlicher Berufe wie dem des Schiffers und nimmt sich besonders der Frauen an, vor allem bei Kinderlosigkeit und Geburtsproblemen.

Die Chan- oder Meditationsschule sieht die Meditation (Sanskrit: *dhyāna*) als das Wesentliche an, die keine Hilfen wie Bücher, Lehren, Praktiken und Vorschriften in Anspruch nahm. Als Gründer der Chan-Schule gilt der Patriarch Bodhidharma, der im 6. Jahrhundert nach China gekommen sein soll und dabei zeitweise am Hofe des Liang-Kaisers Xiao Yan zubrachte. Gelehrt wurde das „Sehen in seine eigene Natur", eine „Innenschau", die der Meister seinem Schüler zu vermitteln suche, aber nicht durch intellektuelle Belehrung, sondern durch Intuition und unmittelbare Hinweise. Auffällig ist bei dieser Schule, daß die Mönche nicht von den Spenden der Laien leben, sondern selbst auf dem Feld arbeiten, um sich ihren Lebensunterhalt zu verdienen.

Während des gesamten 7. Jahrhunderts blühte nicht nur die buddhistische Klosterkultur, sondern auch eine buddhistisch geprägte Kunst, besonders in der Skulptur. Tausende von Tempeln und Klöstern erstreckten sich über das ganze Reich, angefangen von bescheidenen Provinzbauten bis hin zu den riesigen und prächtigen Anlagen. Wie viele Mönche und Nonnen es im China der Tang-Zeit gegeben hat, ist nur für das Jahr 729 belegt, in dem sich die Geistlichkeit registrieren lassen mußte: Die Zählung ergab 126 100 Mönche und Nonnen in 5358 Klöstern, und in der Folgezeit scheint der Klerus zahlenmäßig noch weiter angestiegen zu sein. Der buddhistische Orden spielte angeregt vom Mahāyāna-Ideal des Mitleids eine bedeutende Rolle beim Verrichten guter

Werke. Dies führte zur Errichtung vieler öffentlicher Wohlfahrtseinrichtungen auf Veranlassung von Klöstern und Laienorganisationen. Es entstanden Krankenhäuser, Armenapotheken, Armenhilfe und Verteilung von Essen im Falle von Hungersnöten. Oft übernahm der Klerus auch öffentliche Aufgaben wie den Bau von Straßen und Brücken, Rast- und Badehäusern, Brunnen und das Anpflanzen von Bäumen usw.

Zur Erbauung der Laien fanden in den klösterlichen Institutionen zahlreiche Tempelfeste wie das Laternenfest, das Fest von Buddhas Geburtstag (am 8. Tag des 4. Monats) und das Allerseelenfest statt, die Gelegenheit für große gemeinsame Feiern boten. Das Fest für alle Seelen mag auf den ersten Blick befremdlich erscheinen, weil der Buddhismus ja kein Selbst oder eine Persönlichkeit kennt. Aber daneben entwickelte sich die Vorstellung, daß Menschen nach ihrem Tod gemäß der begangenen guten und bösen Taten ein Schicksal im Jenseits erleiden, das sie auch in eine der buddhistischen Höllen führen kann. Durch die Feier für die abgeschiedenen Seelen sollen diese so schnell wie möglich über das Meer von Mangel, Hunger, Durst und Folter geführt werden. Wenn der Verstorbene zahlreiche und vor allem wohlhabende Verwandte hatte, die dem Toten auch zugetan sind, werden diese im Tempel gegen Entgelt individuelle Seelenmessen bestellen; dort oder in einer im eigenen Haus eingerichteten Andachtshalle singen dann die Mönche tage- oder gar wochenlang Messen, bis gewährleistet ist, daß die Seele des Toten glücklich alle Fährnisse hinter sich gelassen hat. Wenn die Toten aber nur arme Verwandte haben, zelebrierten die Mönche für deren Seelen eine allgemeine Feier für die abgeschiedenen Seelen, die sie so prächtig wie möglich gestalteten. Diese Feierlichkeiten nahmen damit den Charakter von großen Volksfesten an. Das Datum für ein solches Fest wurde rechtzeitig auf großen gelben Plakaten bekanntgegeben, auf denen man die Leute aufforderte, Namenslisten von den durch Ertrinken, Mord oder andere Unglücksfälle Umgekommenen zu erstellen sowie Gaben und Geld zu spenden. In den Städten werden die Fleischer angehalten, jegliches Schlachten und den Fleischverkauf einzustellen. Damit einher geht ein Aufruf zu allgemeinem Fasten. Das Fest findet an einem Teich oder am Flußufer statt, und dort errichtet man aus Papier große Figuren, die die Bodhisattvas, insbesondere Guanyin, darstellen, aber auch schreckerregende Tiergestalten, Unterweltsbüttel und eine ganze Palette von Folterszenen aus den buddhistischen Höllen. Diese Höllenvorstellungen leiten sich aus Beschreibungen der Jātakas, der Geschichten der früheren Existenzen des Bodhisattva, und allgemein indischen Jenseitsstrafvorstellungen her und wurden in China durch die dort übliche Folterpraxis bei Gericht grausig ausgemalt. Die Hauptveranstaltung dieses Allerseelenfestes (Sanskrit: *ullambana*, chines. *yunanbenhui*) findet auf einem offenen Platz statt, wo ein terrassenartiger Altar aufgestellt ist, die mit Weihrauchbehältern, Blumenvasen, beschriebenen Fahnen usw. besetzt sind. Ganz in der Nähe des Altars ist ein größeres Papierhaus mit fünf Kammern errichtet, in deren mittlerer sich zwei Bilder des Seelenfährmanns befinden, während in den anderen Räumen die Wartesäle für Männer und Frauen sind, die auf ihre Erlösung warten. In kleineren Papierhäusern stehen Figuren, die Essen und Kleider an hungrige und frierende Geister austeilen. Zu den Toten sendet man große Mengen von Geld in Form von gestempelten Papierzetteln sowie Gold- und Silberpapierbarren,die verbrannt werden. Jetzt wird das Jenseits davon unterrichtet, daß die Messe begonnen hat, indem man großes beschriebenes Papier und einen papierenen Reiter mit seinem Pferd, der als Herold fungiert, verbrennt. Dann werden von zahlreichen Mönchen am Altar Sūtras gelesen, die oft von ohrenbetäubender Musik begleitet sind, während man gleichzeitig Speiseopfer aus Reis, Tee, kleinen Kuchen usw. darbringt. Der leitende Mönch steht zwischen zwei anderen auf der mittleren Plattform des Altars mit einer Elfenbeintafel in der Hand, auf der untersten Plattform besorgen fünf Mönche das Messesingen: Aus dem Musikton kann man entnehmen, wie weit der Erlösungsprozeß vorangeschritten ist, wann man in die Unterwelt eingedrungen ist, wann der Weg durch den großen Blutsumpf gebahnt und wann die Folterkammern aufgebrochen sind. Zum Schluß der Feier um Mitternacht verkünden Fanfaren die endgültige Rettung der abgeschiedenen Seelen.

Neben diesen Großveranstaltungen gibt es an jedem 15. Tag des siebten Monats des chinesischen Mondkalenders (1994 fällt dieser Tag auf den 21. August, 1995 auf den 11.

September) ein sogenanntes „Geisterfest“, das demselben Zweck, nur in kleinerem Maßstab, dient. An diesen Spätsommerabenden kann man an den Flußufern ein geschäftiges Treiben mit Figuren, Altären und Räucherwerk beobachten. Der Brauch, kleine Leuchtboote auf dem Fluß treiben zu lassen, die dann die Sommernacht erleuchten, wird den westlichen Leser an die vielen Lampen bei Allerheiligen in seinem Kulturkreis erinnern. Diese Messe für die abgeschiedenen Seelen war in China im Prinzip schon lange bekannt, aber ihre spezielle Ausgestaltung und Förderung, vor allem aber ihre Einführung am Kaiserhof, geht auf den bereits oben erwähnten Yogācāra-Lehrer Amoghavajra (chines. Bukong, 705—774) zurück, der einiges bei dieser Zeremonie von den ebenfalls in der chinesischen Hauptstadt anwesenden nestorianischen Christen übernommen haben dürfte. Die Popularität dieses Festes erklärt sich aber auch daraus, daß sich die Gläubigen hier auch mit der konfuzianischen Tugend der kindlichen Pietät gegenüber den Eltern identifizieren konnten. Außerdem hatten in der Tang-Zeit die reichen Klöster, aber auch wohlhabende Laien in ihrer Umgebung Gelegenheit, ihre seltenen und kostbaren Schätze zur Schau zu stellen.

In jenen Tagen bekam auch die Feier des kaiserlichen Geburtstags einen buddhistischen Anstrich, was ein weiterer Hinweis auf den Einfluß der buddhistischen Religion ist. Bedeutsam ist im buddhistischen Festkalender das Laternenfest, das in der Mitte des ersten Monats des chinesischen Mondkalenders gefeiert wird, gewöhnlich während dreier Tage und Nächte vom 14.—16. dieses Monats (fällt 1995 auf den 23.—25. Februar). In der Tang-Zeit war es Brauch, die Tempel und die Straßen der Stadt während der drei Nächte der Festes mit Laternen zu erleuchten. In diesen Nächten durfte das Volk ausnahmsweise nachts aufbleiben, um zu feiern. Die Klöster mußten das Öl für die Lampen spenden. Der Geburtstag Buddhas wird in China entweder am 8. Tag des 2. Monats oder am 8. Tag des 4. Monats gefeiert. Das zweite Datum war in Indien üblich, wie uns der Mönch Faxian (siehe oben) im 5. Jahrhundert aus Bihar berichtet, an dem eine Prozession von Bildern der Buddhas und Bodhisattvas auf Gefährten stattfand, die reich geschmückt mit farbigen Figuren von Göttern waren. Die Gefährte selbst waren fünfstöckig und von Bambus zusammengehalten. In der Prozession gab es Sänger und Musikanten, die Blüten und wohlriechende Essenzen verstreuten. Da der Buddhismus aus Indien verschwunden ist, kann man sich von dem Gepränge eines solchen Festes nur ungefähr eine Vorstellung machen, wenn man zum Vergleich heutige Hindu-Feste heranzieht, etwa das des Gottes Jagannātha in Orissa. Offensichtlich ist dieses Fest, dessen Hauptbestandteil die Prozession der Buddhabilder ist, von den Chinesen übernommen. Schon in der Zeit der Toba-Wei-Dynastie fand dieses Fest auch lebhaften Zuspruch am Kaiserhof. Zu dieser Geburtstagsfeier gehörte auch die Zeremonie des Badens des Buddhabildes, was auf die Legende zurückgeht, daß die Götter den neugeborenen zukünftigen Buddha mit Strömen von Wassern übergossen hätten. Auch Reliquien des Buddha wie seine Knochen oder Zähne wurden bei dieser Gelegenheit als sichtbare Symbole des Buddha von den Gläubigen verehrt. In diesem Zusammenhang sei erwähnt, daß die Volksrepublik China im Jahre 1960 Sri Lanka als Zeichen der Freundschaft einen weiteren Zahn Buddhas (neben dem in Kandy verehrten) zum Geschenk machte. Gerade der Reliquienkult führte bei den alljährlichen Prozessionen unter den Chinesen zu Ausbrüchen religiöser Emotionen, die gerade von Konfuzianern mit zunehmender Mißbilligung beobachtet wurden. So war das Fest des Jahres 819 für den Konfuzianer Han Yu Anlaß zu einer scharfen Denkschrift gegen den Buddhismus. Von diesem Fest, an dem Prinzen, Herzöge, Aristokraten und das gemeine Volk teilnahmen, wird berichtet, daß einfache Leute aus Anlaß dieses Festes ihre Arbeit liegenließen oder ihre Köpfe und Arme verbrannten, was sie als Opfer für die Reliquie bezeichneten. Viele Bauern ließen die Frühjahrsaussaat im Stich und begaben sich zur Hauptstadt. Doch erfreute die Zeremonie sich auch nach der großen Buddhistenverfolgung von 844/45 noch großer Beliebtheit.

Eine besondere Förderin des Buddhismus war die Kaiserin Wu Zetian (reg. 690—705), eine Usurpatorin, die von den Buddhisten angeblich als Verkörperung des Buddha Maitreya angesehen wurde. Im Jahre 692 hatte sie für das ganze Reich ein Schlacht- und Fischfangverbot erlassen, was zu großer

Unruhe und Unzufriedenheit unter der Bevölkerung führte. Nach dem Tod des Mönches Huaiyi, ihres Günstlings, ließ das Interesse der Kaiserin am Buddhismus nach, und so hob sie das Verbot im Jahre 700 auf.

Schon immer hatten die Ausgaben des Staates für Tempel, Buddhastatuen, Landschenkungen usw. den Haushalt stark belastet, außerdem genossen die Klöster samt ihrer Liegenschaften und dem dazugehörigen Personal Steuerfreiheit. Vom 7. bis zur Mitte des 9. Jahrhunderts waren der Reichtum und die Macht des buddhistischen Klerus enorm angestiegen. Aber erst 844 gelang es der konfuzianischen Bürokratie, den Kaiser Li Yan (Wuzong, reg. 840—846) zu einem großen Schlag gegen die buddhistische Kirche zu bewegen. Es wurden 5 400 000 Hektar Klosterland und alles Privateigentum der Mönche und Nonnen eingezogen, ebenfalls gingen dem Klerus 150 000 Klostersklaven verloren. Mönche und Nonnen, die keinen Ordinationsausweis besaßen, wurden in den Laienstand zurückversetzt, insgesamt etwa 260 500 Personen. Von den Klöstern riß man 4600 ab und entfernte von den Statuen das Gold, das in die kaiserliche Schatzkammer gebracht wurde. In religiöser Hinsicht war der Buddhismus weniger betroffen, da die Ausübung der Religion nicht behindert wurde. Selbst die Enteignungen fanden nicht überall statt, so daß eine Anzahl von Klöstern in den Haupt- und den Provinzstädten erhalten blieb. Die Landenteignungen erfuhren dadurch eine Abmilderung, daß man Klöstern mit karitativen Einrichtungen wie Krankenhäusern 27 bis 54 ha Land zugestand. Bereits im Jahre 845 flaute die Verfolgung ab, und bald konnte die buddhistische Kirche sich wieder des Wohlwollens des Staates erfreuen, wenngleich sie nicht mehr ihre alte Machtstellung zurückerlangte.

Der Umschwung zuungunsten des Buddhismus erfolgte in den nächsten Jahrhunderten erst allmählich. Zu Beginn der Song-Dynastie (960—1279) war das Kaiserhaus den Buddhisten noch sehr freundlich gesonnen, doch nahmen antibuddhistische konfuzianische Denkschriften zu, und überdies nahm das Interesse der Gebildeten an der buddhistischen Lehre ab, so daß sowohl die Ordinierungen wie auch die Einkünfte der Klöster zurückgingen. Unter den Mongolen (sie beherrschten Nordchina seit 1215, das gesamte China von 1279 bis 1368), die sich mit dem tibetischen Buddhismus vertraut machten, erlebte der Buddhismus noch einmal eine kurze Blüte, wenngleich die Einheimischen davon weniger profitierten. Unter der Ming-Dynastie (1368—1644) leitete man restriktive Maßnahmen gegen Buddhisten und Daoisten ein. In jedem Kreis oder Militärbezirk durfte nur je ein daoistisches oder buddhistisches Kloster stehen. Private Ordinierungen waren streng untersagt, und die Einhaltung dieses Verbotes wurde von staatlicher Seite kontrolliert. Unter der mandschurischen Qing-Dynastie (1644—1912) setzten sich die Maßnahmen gegen buddhistische Klöster fort, die vieler Privilegien verlustig gingen und über einstmals erhaltene Rechenschaft ablegen mußten. Dazu gehörte es auch, den Erwerb von Ordinationsurkunden zu erschweren.

Im 19. Jahrhundert gerieten China, aber auch sein Buddhismus in einen kritischen Zustand. Das Reich wurde zunehmend von den europäischen Mächten bedrängt. Die buddhistische Lehre selbst hatte keinerlei neue Impulse erfahren, aber die Mönche dienten dem Volk weiterhin für die Ausübung gewisser Riten. Viele Laien waren sogenannte „Gelegenheits-Buddhisten", die sich nur dann dieser Religion erinnerten, wenn sie sie für Trauerfeiern oder ähnliche Anlässe nutzten. Sie ließen sich in der Regel überhaupt nicht auf buddhistische Lehren ein, sondern sahen in den Buddhas, Bodhisattvas und Gottheiten der buddhistischen Tempel nur eventuelle Helfer in den Nöten des täglichen Lebens. Unter diesen besaßen bestimmte Gestalten der Volksreligion eine besondere Anziehungskraft. Sehr populär waren Yama, der Unterweltsrichter, und die von ihm ausgehenden Qualen der buddhistischen Höllen. Ungebrochen war auch das große Ansehen der Guanyin (siehe oben), die zu einer Art buddhistischer Madonnenfigur wurde. Der Buddha der Zukunft, Maitreya, der in der Vergangenheit so oft als Hoffnungsfigur chiliastischer Bewegungen diente, mutierte im Volksbuddhismus zu einem exzentrischen Mönch des 10. Jahrhunderts namens Budai („Hanfsack"), der jetzt die Züge eines „lachenden Buddha" annimmt, der dickbäuchig und grinsend dargestellt wird (diese Figur ist auch im Westen sehr bekannt) und als Glücksbringer gilt. Fast jeder größere Tempel besitzt eine Halle der Luohan (das chinesische Wort für Arhat), in der bis zu 500 lebensgroße Statuen dieser ursprünglichen Schüler des Buddha aufgestellt sind.

Der Laie, der die Hilfe der buddhistischen Mönche in Anspruch nimmt, bringt gewöhnlich Opfer in Form von Reis, Früchten, Kuchen und Geld dar, ferner Kerzen für die Altäre und Räucherwerk für die dazu bestimmten Becken. Für eine Mönchsprozession muß er einen hohen Preis zahlen oder durch sonstige Leistungen sein Entgelt errichten. Es besteht auch die Möglichkeit, sich im Tempel ein Orakel zu holen. Beinahe auf jedem Altar liegen zwei halbrunde abgegriffene Holzstücke in Form einer Mondsichel, die der Gläubige nach Entzünden von Räucherkerzen dann durch den Rauch schleudert. Die Art der Lage dieser Holzstücke sagt schließlich etwas darüber aus, ob es für die angestrebte Sache günstig aussieht oder nicht. Man kann das Orakel auch durch das Ziehen von Losen befragen, die sich in jedem Tempel in Form von Holzstäbchen in Holzbüchsen befinden. Die darauf verzeichneten Nummern weisen dann auf bestimmte Orakelsprüche hin.

Um sich die Götter geneigt zu machen, empfiehlt sich auch eine Pilgerreise, meist zu den berühmten Stätten des Buddhismus in China. Viele nehmen die Beschwerlichkeiten einer langen Reise dafür in Kauf. Oftmals sind damit besondere Gelübde verbunden, z.B. sich nach jedem zehnten Schritt auf den Boden zu werfen und anbetend mit der Stirn den Boden zu berühren. Am Bestimmungsort besteht die religiöse Pflicht im Abbrennen von Weihrauchstangen vor jedem Götterbild, in dem man niederkniend fromme formelhafte Gebete spricht. Man kennt auch an solchen Orten den Devotionalienhandel. Die Mönche verkaufen zauberkräftige Bilder, Sprüche oder Symbole, die man besonders bei Krankheiten gern anwendet. Als verdienstvoll wird von den Laien auch der zeitweilige Verzicht auf Fleischgenuß angesehen. Um dieses Vorhaben besser durchführen zu können, begeben sich viele für eine gewisse Zeit als Gäste in einen Tempel und genießen dort die vegetarische Kost der Mönche. Der Verzicht auf den Fleischgenuß wird beim gemeinen Volk oft mit der Idee der Seelenwanderung verknüpft, da man nicht weiß, ob das zum Verzehr bereitete Tier in einer früheren Existenz nicht ein Freund oder Angehöriger war. Immer noch lebendig ist auch das Lesen von Seelenmessen, mit denen man die Seelen der Verstorbenen aus den Höllen erretten will.

Eine geistige Erneuerung des chinesischen Buddhismus kündigte sich zu Beginn des 20. Jahrhunderts an, und zwar als Teil der allgemeinen Bewegung zu nationaler Erneuerung. Getragen wurden diese Bestrebungen sowohl von Mönchen wie auch von gebildeten Laien, die darin unter anderem eine nationale Reaktion auf das Eindringen des Christentums in China sowie die allgemeine Ausbreitung westlicher Macht sahen. In diesem Zusammenhang suchte man den Kontakt zu anderen buddhistischen Ländern wie Japan, Ceylon oder Südostasien. Zu den Maßnahmen der Wiederbelebung des Buddhismus gehörten auch der Druck buddhistischer Schriften und Abhandlungen sowie die Gründung von Seminaren, die den Bildungsstand des Ordens heben sollte. Gleichzeitig hatte diese Bewegung auch gegen staatliche Übergriffe zu kämpfen, da sowohl die Beamten der Qing-Dynastie wie auch die der Republik versuchten, sich großer Teile des Klostergutes zu bemächtigen. Zum Teil wurde das damit begründet, daß man die Klöster als Schulen benutzen wolle. Um dem zu begegnen, richteten die Buddhisten dort jetzt selbst Seminare ein, die nicht nur die buddhistische Lehre vermittelten, sondern auch Naturwissenschaften, Geschichte und andere moderne Fächer unterrichteten. Eine solche Ausbildung half natürlich, den Buddhismus besser in der Öffentlichkeit vertreten zu können. Dennoch waren dies alles letztlich Defensivmaßnahmen, so auch die Gründung des „Chinesischen Buddhistenverbandes" im Jahre 1929. Nach der Machtübernahme der nationalistischen Guomindang-Regierung 1927 und insbesondere seit dem Chinesisch-japanischen Krieg (1937—1945) verschlechterte sich die Situation zusehends. Neben den Übergriffen der Regierung kam es vielerorts zur Verweigerung von Pachtzahlungen, nicht zuletzt aufgrund der erfolgreichen kommunistischen Agitation.

Die buddhistische Erneuerungsbewegung wurde hauptsächlich von begüterten Intellektuellen getragen und konnte angesichts der Bedeutung nationaler und sozialer Probleme Chinas keine Wirkung auf die große Masse des Volkes erzielen. Mit der Machtübernahme durch die Kommunisten unter Mao Zedong erlitt der Buddhismus einen weiteren schweren

Schlag. Hunderttausende von Mönchen und Nonnen wurden gezwungen, Laien zu werden, die Klöster wurden enteignet oder führten ein Schattendasein als vegetarische Restaurants oder Textilfabriken. Damit war der Religion weitestgehend die wirtschaftliche Grundlage entzogen, während die Kommunisten auf eine direkte Unterdrückung der Religion zunächst verzichteten. Dies änderte sich mit der Kulturrevolution (1965—1971/76), als die Roten Garden buddhistische Tempel und Heiligtümer stürmten und zerstörten. Erst seit 1976 zeichnet sich wieder eine etwas liberalere Politik ab, obwohl der ideologische Druck und der Mangel an Unterhaltsmitteln den Buddhismus in China weiter schwächen.

Eine besondere Entwicklung nahm der Buddhismus auf Taiwan (Republik China). Als die Ming-Dynastie von den Mandschus besiegt wurde (1644—1659), zogen sich viele Funktionäre des alten Regimes nach Taiwan in die Einsamkeit zurück und studierten dort buddhistische Schriften. Aber erst Ende des 19. Jahrhunderts entstanden Tempel und Klöster auf dem im Norden der Insel gelegenen Shitoushan („Löwenkopfberg"). Auch gegenwärtig ist die Zahl der Buddhisten im stark konfuzianisch geprägten Taiwan sehr bescheiden. Neben dieser orthodoxen Form des Buddhismus existiert ein Volks-Buddhismus, der sich „Religion der Vegetarier" (*zhaijiao*) nennt, eine Bewegung, die ihren Ausgang auf dem Festland hatte. Hier trifft im Grunde genommen dasselbe zu, was einst für den dortigen Buddhismus gültig war. Bei Angaben zum Anteil der Buddhisten an der Gesamtbevölkerung ist es nicht immer einfach, zwischen Orthodoxie, Volksreligion und „Gelegenheitsbuddhisten" zu unterscheiden.

V. Der Buddhismus in Korea

Der buddhistische Einfluß in den nordchinesischen Teilstaaten während der Periode der Teilung in Nord und Süd (317—589) führte auch zur Verbreitung des Buddhismus auf der koreanischen Halbinsel. Bekannt sind nur die Daten der offiziellen Einführung an den Königshöfen der drei miteinander rivalisierenden Reiche. In Paekche wurde er 384 durch eine Gesandtschaft aus Südchina bekannt, im nördlichen Koguryo machte ihn der König im Jahre 392 zur Staatsreligion, während er im politisch und kulturell zurückgebliebenen Silla erst 528 seinen Einzug hielt. Der Buddhismus vermittelte auch die Errungenschaften der chinesischen Kultur.

Seine Blütezeit erlebte die Religion unter der Vorherrschaft von Silla, das im 7. Jahrhundert zur dominierenden Macht in Korea aufgestiegen war. Die koreanischen buddhistischen Schulen orientierten sich im allgemeinen an ihren chinesischen Vorbildern. Eine große Anziehungskraft übte die Meditationsschule (chines. Chan) des Buddhismus auf die Koreaner aus, die von Sinhaeng (704—779) unter dem Namen Son auf der Halbinsel eingeführt wurde. Seit dieser Zeit unterschied man zwei Formen des Buddhismus: die „Fünf Lehren", womit fünf der traditionellen, aus China übernommenen Schulen gemeint waren, und die „Neun Berge", die sich auf die neun in Korea vorhandenen Son-Klöster bezogen. Aus der Zeit des Großreiches von Silla (668—935) sind bis auf den heutigen Tag vor allem aus der damaligen Hauptstadt Kyongju zahlreiche Heiligtümer wie etwa das Pulguk-sa (Buddhalandkloster) und der Höhlentempel Sokkur-am erhalten.

Auch im Reiche Koryo (918—1392), das bis 935/36 die ganze koreanische Halbinsel unter seiner Herrschaft vereinte, war der Buddhismus Staatsreligion. Der erste König Wang Kon (reg. 918—943) machte ihn zur Richtschnur seiner Regierung und empfahl ihn seinen Nachfolgern als Grundlage einer guten Regierung. Sein dritter Nachfolger Kwangjong (reg. 950—975) führte sogar im Jahre 958 Staatsexamen für Priester ein. Die Regierung gründete zahlreiche Tempel und Klöster und beschenkte sie mit steuerfreiem Land und Sklaven. Lehre und Kultus des Buddhismus zogen viele Angehörige des Adels an, aber auch unter der armen Bevölkerung waren die Bestrebungen groß, in den Mönchsstand zu treten, weil dies mit Befreiung von hohen Steuern und vom Militär- und Arbeitsdienst verbunden war. Dies trug zur Entfaltung auch der politischen Macht der Klöster bei, die sich zum Teil Mönchskrieger leisteten und in die Angelegenheiten des Staates eingriffen.

Der buddhistische Kanon wurde das erste Mal in der ersten Hälfte des 11. Jahrhunderts gedruckt, und zwar als magisches Mittel gegen die Einfälle der in Nordchina als Dynastie Liao regierenden ursprünglich nomadischen Kitan. Der zweite Druck geschah auf 81 258 Holzplatten während der Oberhoheit der Mongolen zwischen 1237 und 1251.

Im Jahre 1097 gründete Taegak Kuksa (1055—1101) die Ch'ont'ae- Schule, d. h. die koreanische Variante der chinesischen Tiantai-Schule, die sehr einflußreich wurde. Eine Folge davon war der Zusammenschluß der neun Son-Zweige zur Chogye-Schule, so daß von nun an von den „Fünf Lehren" und den „Zwei Sekten" die Rede ist.

Unter der Yi-Dynastie (1392—1910) wurde jedoch der Konfuzianismus zur herrschenden Staatslehre, was zu scharfen antibuddhistischen Reaktionen führte. Zuerst wurde die Steuerfreiheit der Klöster abgeschafft, dann faßte 1424 König Sejong (reg. 1419—1450) alle buddhistischen Schulen in zwei Schulen, der Sonjong (Meditationsschule) und der Kyojong (Schule der Lehre) zusammen, denen er 36 Tempel und einen stark reduzierten Grundbesitz zuwies. Erst mit dem Ende der Yi-Dynastie erlebte der Buddhismus eine gewisse Renaissance. Diese ging weniger auf die japanische Besatzung (1910—1945) zurück, die die Klöster durch Schenkungen und Privilegien erheblich förderte, um den Buddhismus auf diese Weise besser kontrollieren zu können. Die Erneuerung ging eher von intellektuellen Kreisen aus, die nach dem Zweiten Weltkrieg in Wettstreit mit den christlichen Kirchen trat. In eine andere Richtung bewegte sich der von San Soe-tae (1891—1943) begründete Won-Buddhismus. Nachdem er 1915 die „Große Erleuchtung“ erlangt hatte, gründete er 1924 eine neue Religionsgemeinschaft, die sich „Verein zum Studium des Buddha-Gesetzes“ nannte. Einziger Kultgegenstand dieser Gemeinschaft ist ein schwarzer Kreis auf einem weißen Feld, der den Dharmakāya, den kosmischen Buddhaleib symbolisiert. Richtige Besinnung und richtiges Benehmen sowie selbstloses Dienen für das Allgemeinwohl gelten als Betätigung in der buddhistischen Lehre. Die Gläubigen sollen 1. die Drei Studien, d. h. Geistesbildung, Studium der Tatsachen und richtiges Verhalten, 2. die Acht Artikel, d. h. Glauben, Aufmerksamkeit, Zweifel und Aufrichtigkeit als positive Qualitäten und Unglauben, Habsucht, Faulheit und Dummheit als negative Qualitäten erforschen. Unter der japanischen Besatzung konnte der Gründer nur geringe Erfolge verbuchen. Erst nach seinem Tod und dem Ende des Zweiten Weltkriegs konnte sich diese Gemeinschaft, die seit 1946 den Namen Won („kreisrund“) trug, ausbreiten. Sie hat es sich zum Ziel gesetzt, die buddhistische Lehre den Bedürfnissen der heutigen Menschen anzupassen. Die Won-Tempel liegen mitten in den Großstädten, und nach dem Verständnis seiner Anhänger ist der Buddhismus keine Mönchsreligion, sondern gleichermaßen für Mönche und Laien da. Die Mönche dürfen sogar heiraten, und im Kult spielen Frauen eine aktive Rolle. Die aus der Nicht Selbst Lehre abgeleitete Selbstlosigkeit schlägt in der Arbeit für das Allgemeinwohl nieder. Die Won-Buddhisten erbauten nach dem Zweiten Weltkrieg zahlreiche Schulen, Kindergärten und karitative Einrichtungen. Diese soziale Tätigkeit in Verbindung mit einer nach Innen gewandten Methode der Ruhe soll die Buddha-Natur in jeder Persönlichkeit entfalten. Auch andere buddhistische Schulen (von denen es jetzt 19 offiziell anerkannte gibt) bemühen sich um die Aktivierung der buddhistischen Laien und Anpassung an die moderne Entwicklung.

VI. Der Buddhismus in Japan

Im 4. Jahrhundert n. Chr. war der Buddhismus aus China nach Korea eingedrungen und neigte dort dazu, weitestgehend, insbesondere bei den Schulrichtungen, dem chinesischen Vorbild zu folgen. Eine Gesandtschaft des koreanischen Teilstaates Paekche führte den Buddhismus dann im Jahre 552 gegen den Widerstand mächtiger Hofkreise, die vor dem Zorn der einheimischen Ahnengötter (*kami*) warnten, am japanischen Kaiserhof ein. Nach der Errichtung eines Tempels und einer Buddhastatue brach tatsächlich eine furchtbare Epidemie aus, die viele Menschenleben kostete. Das hatte zunächst die Zerstörung des Tempels zur Folge, doch schon bald ließ Kaiser Kimmei (reg. 539—571) wieder zwei Buddhabildnisse schnitzen. In den nächsten Jahrzehnten trafen dann mehrere Mönche und eine Nonne in Japan ein, außerdem ein Bildschnitzer, ein Tempelarchitekt und buddhistische Texte und Statuen. Nach einigen Rückschlägen, die unter anderem durch Zweifel genährt worden waren, ob die neue Religion auch gegen Krankheiten helfe, konnte sich der Buddhismus aber als Hofreligion neben den einheimischen Kulten, denen man jetzt in Anlehnung an die Bezeichnung für die buddhistische Lehre (*butsudō*) den Namen *Shintō* gab, durchsetzen. Mit seiner Etablierung war ein Transfer weiterer chinesischer Kulturgüter wie der Schrift und des Verwaltungssystems verbunden.

Das bedeutet, daß der Buddhismus in Japan zunächst nur in Hofkreisen bekannt und von diesen angenommen wurde. Dabei spielten magische Aspekte eine große Rolle, da man sich von der neuen Religion Schutz des Landes, Regen, Erntesegen und Heilung bei Krankheiten versprach. Die einheimischen Natur- und Ahnenkulte wurden vom Buddhismus jedoch nicht verdrängt, sondern gingen mit fremden Religionen und Ideologien wie dem Konfuzianismus, dem Daoismus und dem Buddhismus bisweilen eine Symbiose ein. Die Kami sind alles andere als Wesen einer jenseitigen Welt, vielmehr wirken sie hier und sind in der Natur überall präsent. Diese Diesseitsbezogenheit der Japaner sollte sich auf die Rezeption des Buddhismus in Japan auswirken.

Bereits die Kaiserin Suiko (reg. 592—628) war eine gläubige Buddhistin, die sich kurz nach der Thronbesteigung von den Regierungsgeschäften zurückzog und diese ihrem Neffen Shōtoku (572—621) überließ, der unter anderem als Gründer des berühmten Hōryūji-Tempels in der damaligen Hauptstadt Nara gilt. Beeinflußt von buddhistischem wie konfuzianischem Gedankengut erließ er 604 eine Verfassung in 17 Artikeln, deren zweiter zur Verehrung des Triratna (Buddha, Dharma, Sangha) aufrief. Er begann 607 auch damit, Gesandtschaften an den chinesischen Kaiserhof zu entsenden. Dieser Brauch wurde bis zum Jahre 838 fortgesetzt und führte zu einem regen kulturellen Austausch mit dem Reich der Mitte. Aufgrund seines Wirkens als Politiker vertrat Prinz Shōtoku die Ansicht, auch Laien könnten die Erleuchtung erlangen, und propagierte ein Arbeiten für das Wohl der anderen. Von den ihm bekannten buddhistischen Schriften bevorzugte Shōtoku das Lotus-Sūtra (*Saddharmapuṇḍarīkasūtra*, japan. *Hokkekyō*), das in Japan besonders wegen seines mystischen und magischen Charakters geschätzt wird. Schon 623, etwas mehr als ein Jahr nach dem Tod des Prinzen, existierten in Japan 46 buddhistische Tempel, 816 Mönche und 569 Nonnen.

In der Folgezeit (der Asuka-Periode, 630—710) und besonders in der sogenannten Nara-Periode (710—784, benannt nach dem heutigen Namen der damaligen neuen Hauptstadt Heijō) etablierten sich sechs der bekannten chinesischen Schulen, darunter die Mādhyamika (Sanron)-, die Yogācāra (Hossō)- und die Vinaya (Risshū)-Schule, die an Bedeutung jedoch später hinter anderen Richtungen zurücktraten. Hervorheben sollte man die 754 von dem chinesischen Mönch Jianzhen (japan. Ganjin) in Japan eingeführte Risshū-Schule, weil durch sie die Ordinationsregeln für den buddhistischen Klerus genau festgelegt wurden. In jener Epoche erhielt der buddhistische Orden Steuerfreiheit, seine Tempel wuchsen durch ständige Landschenkungen an. Dafür war es die Aufgabe des Klerus, für das Wohl des Staates und seiner Bewohner zu sorgen. Auf diese Weise wurde der Einfluß des Buddhismus immer größer. Kaiser Shōmu (reg. 724—749), der sich selbst als Diener des Triratna bezeichnete, ließ in jeder Provinz einen Tempel für Mönche und einen für Nonnen erbauen. In Nara entstanden als Haupttempel dieser Mönchsklöster der Tōdaiji („Großer Tempel des Ostens") mit einer Statue des Buddha Vairocana in vergoldeter Bronze und als Haupttempel der Nonnenklöster der Hokkeji („Tempel der Dharmablüte"). Die „Große Buddhahalle" des Tōdaiji, in der sich der „Große Buddha von Nara" (*Nara-no Daibutsu*) befindet, ist wohl heute das größte Holzgebäude der Welt. So wie Vairocana Symbol für das gesamte Universum ist und inmitten einer 1000blättrigen Lotusblume sitzt, bei der jedes Blatt eine Welt bedeutet, so sah sich dieser Kaiser an der Spitze eines zentralistisch regierten Staates, der den alten Geschlechterstaat ablösen sollte.

Außerhalb des höfischen bzw. staatlichen Buddhismus entwickelte sich eine von diesem recht verschiedene Laienreligiosität. Zum einen wurde diese angeregt durch solche Persönlichkeiten wie den ursprünglich zur Hossō-Schule gehörenden Mönch Gyōgi (668—749), der durch das Land reiste und gemäß der Mahāyāna-Doktrin vom Mitleid mit allen Wesen nicht nur die buddhistische Lehre verkündete, sondern sich engagiert am Bau von Straßen, Brücken und Dämmen beteiligte. Von den Behörden wurden seine Aktivitäten mit Mißtrauen betrachtet, so daß man ihn 717 unter der Herrschaft von Kaiserin Genshō (679—748; reg. 715—724) anklagte, aufrührerische Tendenzen im Volk zu schüren. Kaiser Shōmu berief ihn dann jedoch nach Nara, damit er an den staatlichen Großvorhaben mitwirke. Seinem Vorbild des Wirkens unter der einfachen Bevölkerung folgten viele Laien (japan. *ubasoku*, von Pāli *upāsaka*), und es fand unter diesen Nachahmer in Form von nicht ordnungsgemäß ordinierten Priestern, die zum Wohle der Notleidenden auf dem Lande umherreisten und ihren Buddhismus mit daoistischen und schamanistischen Elementen vermischten. Es war die Mischung aus harter Askese, Magie und tätiger Hilfe, die diese Form des Buddhismus, der nicht mit Kritik am Hofbuddhismus sparte, so populär machte. Aber auch der offizielle Buddhismus integrierte die einheimischen *kami*, die als Gottheiten angesehen wurden, die der Erlösung bedürfen und denen daher in ihren Tempeln kleine buddhistische Schreine errichtet wurden. Zum anderen wurden sie in buddhistische Schutzgottheiten umfunktioniert und erhielten ihrerseits in buddhistischen Tempeln eigene Schreine. Die Sonnengöttin Amaterasu, Ahnherrin der japanischen Kaisersippe, soll bei der Errichtung des Vairocana in Nara gefragt worden sein, ob sie etwas dagegen einzuwenden habe. Sie verneinte dies mit dem Hinweis, sie selbst sei eine Verkörperung dieses Buddha.

Die Erlösung

Lasset euch selbst nur los, lasset los
All das vierfach Große
Und saget ihm ab!
Trinkt und eßt, wie es euch gefällt,
Inmitten der Natur des
Vollkommenen Nirvaña!
Vergänglich ist die Welt.
Nichts ist Alles, und
Alles ist vollendetes Nichts.
Das ist Buddhas vollkommenes Erleben.

Ich verstehe den Kern der Wahrheit
Und finde so, ohne zu suchen, stets
Das Losungswort für sie.
Weisheit und Schau, beide sind klar
In mir und vollkommen.
Drum bleibe ich nicht kleben
Am leeren Nichts.
Nicht nur ich, sondern alle Buddhas,
Die unzählbar sind wie der Sand des Ganges,
Sind gleichgerichtet im Kern.

Gehen ist Zen,
Sitzen ist auch Zen.
Rede ich, schweige ich,
Ruhe ich, eile ich:
Dem Wesen nach ist alles
Das Unbewegte.

Drohen mir Speer und Schwert,
Mir zuckt keine Wimper.
Schleicht Gift heran,
So bin ich nicht bange.
Seitdem mein Lehrer
Den Nentô-Buddha hatte erblicken dürfen,
War er geduldig und blieb ein Einsiedler
Einst, unabsehbare Zeit lang.

Wie oft bin ich wiedergeboren,
Wie oft wieder gestorben!
Unaufhörlich und unermeßbar
Dauerte mir mein Leben und Tod.
Doch, seit ich das Ungeborene
Blitzlings erlebte,
Frage ich nichts mehr nach Glück und Unglück.

In der zweiten Hälfte der Nara-Zeit, in der mehr weibliche als männliche Kaiser regierten, wurde der buddhistische Klerus in Gestalt des Mönches Dōkyō am Kaiserhof übermächtig. Im Jahre 764 fand ein Machtumschwung statt, der erneut die Kaiserin Shōtoku (717—770) an die Regierung brachte, die bereits früher (749—758) unter dem Namen Kōken geherrscht hatte. Während ihrer zweiten Thronperiode (764—770) wurde ihr Günstling Dōkyō Ministerpräsident. Diese klerikale Herrschaft endete nach dem Tod der Kaiserin mit der Verbannung des Mönches. Um sich der starken Präsenz des Klerus zu entziehen, verlegte Kaiser Kammu (reg. 781—806) die Hauptstadt 784 nach Nagaoka, 794 dann nach Heian („Frieden"), dem heutigen Kyōto. Zwar wurden auch dort zwei offizielle Tempel, der Saiji („Westlicher") und Tōji („Östlicher") erbaut, um den Schutz des Reiches zu gewährleisten, doch hatte sich der Kaiserhof jetzt vom Einfluß der „sechs alten Schulen" gelöst. Damit schien die politische Bedeutung des Buddhismus zunächst geschwunden zu sein, doch etablierten sich bald zwei neue Schulen auf den Bergen Hiei und Kōya in der Umgebung von Heian, die von Saichō (Dengyō Daishi, 767—822) nach dem Vorbild der chinesischen Tiantai-Schule begründete Tendai und die von Kūkai (Kōbō Daishi, 774—835) eingeführte esoterische Shingon-Schule. Beide Mönche waren Teilnehmer einer großen Gesandtschaft an den chinesischen Kaiserhof im Jahre 804 und brachten von dort viele Lehrtexte mit. Saichō und seine Nachfolger orientierten die Tendai-Schule nicht nur am Tiantai-Buddhismus, sondern auch an der Meditationsschule (Chan), der Schule des Wahren Wortes (Zhenyan/Shingon) und der Schule des Reinen Landes. Der Berg Hiei wurde in der Folgezeit zu einem der größten Klosterkomplexe des Landes mit etwa 3000 Tempeln und Hallen. Hier entwickelte sich auch nach dem Zerfall der kaiserlichen Zentralmacht zusammen mit dem Auftreten regionaler weltlicher Fürsten ein Kriegermönchtum, das oft militärisch in die große Politik eingreifen sollte. Kūkai war in China auf Huiguo (746—805), den siebten Patriarchen der Schule des Wahren Wortes (Zhenyan), getroffen, der noch während dessen Aufenthalts starb, so daß Kūkai als achter Patriarch installiert wurde. Bemerkenswert ist, daß sowohl Saichō wie Kūkai sich eng mit dem Staat verbanden und bei der Erfüllung ihrer Aufgaben esoterische Praktiken anwandten (824 und 827 gelang es Kūkai mittels esoterischer Riten, Regen zu erzeugen). Mag auch die esoterische Lehre sehr kompliziert erscheinen, in Japan liegt ihr die Ansicht zugrunde, daß die diesseitige Welt, in der der Mensch lebt, höchst real ist. Es geht nicht mehr darum, sein eigenes Ich oder die Welt zu fliehen, sondern sie zu bejahen und in ihr sich selbst als Buddha zu erkennen. Dies geschieht durch die Ausübung bestimmter ritueller Praktiken, durch die der Gläubige zur Einsicht kommt, daß er mit dem All eins ist.

Schon im 9. Jahrhundert kam es innerhalb verschiedener Tempel der Tendai-Schule zu offenen Rivalitäten und in deren Gefolge zu bewaffneten Auseinandersetzungen zwischen eigens aufgestellten Armeen aus Mönchskriegern (*sōhei*). Hierbei spielte das Kloster auf dem Hiei-Berg die prominenteste Rolle, dessen Armee aufgrund der Nähe zur Hauptstadt politisch-militärischen Druck ausüben konnte, so etwa im Jahre 1039, als sie Heian besetzten. Nicht selten setzten die Mönchskrieger dabei die Statue einer Shintō-Gottheit ein, die mit einem Buddha oder Bodhisattva identifiziert wurde, und verhinderten auf diese Weise jegliche Gegenwehr kaiserlicher Truppen. Immer waren es Auseinandersetzungen zwischen dem Staat und einem ganz bestimmten Tempel bzw. zwischen verschiedenen Tempeln, die durchaus der gleichen Schule angehören konnten. Hier zeigt sich ein weiteres Charakeristikum des japanischen Buddhismus: Der Gläubige gehört in erster Linie zu einem Tempel im ganz konkreten Sinne, nicht so sehr einer bestimmten Schulrichtung an.

Im höfischen Buddhismus spielte inzwischen der Ästhetizismus eine immer größer werdende Rolle. Die Dramatik der großen Riten, prächtige Roben und der wohltönende Gesang (*shōmyō*) regten zum Entstehen des *Nō*-Theaters an. Auch die Malerei wurde von dieser höfischen Kultur stark beeinflußt. Gleichzeitig verbreitete sich in der späten Heian-Zeit eine volkstümliche Verehrungsform des Buddhismus in Form des Amida-Kultes, aus dem später die Schule des Reinen Landes (*Jōdo-shū*) hervorgehen sollte. Einer der wichtigsten Protagonisten dieser Richtung war der Mönch Kūya (903—972), der die erlösende Kraft des Buddha Amida (Amitābha) unter dem einfachen Volk propagierte. Wie bei der chinesischen Form dieser Schule steht auch hier das gläubige Vertrauen in Amida, das sich bereits in dem bloßen Anrufen seines Namens in der sogenannten *nembutsu*-Formel „Verehrung dem Buddha Amida" (*Namu Amida Butsu*) zeigt, im Vordergrund. Dadurch wird der Gläubige in seinem Paradies des Westens (Sukhāvatī, japan. Jōdo) wiedergeboren. Diese Namensanrufung führte dann der Mönch Ryōnin (1072—1132) in ritueller Form in den Tendai-Buddhismus ein. Aber auch bei Hof war der Amida-Glaube verbreitet. Fujiwara Michinaga (966—1027), als Regent (997—1017) zeitweise mächtigster Mann des Landes, praktizierte das Nembutsu nach eigenen Angaben mehr als 100 000mal täglich. Er stiftete auch den prächtigen Hōjō-Tempel in Heian, in dessen Amida-Halle er mit Schnüren in der Hand, die ihn mit neun vergoldeten Statuen dieses Buddhas verbanden, starb. Dieser Brauch wurde dann im Volk allgemein üblich: Der Sterbende erhielt das Ende einer Schnur in seine Hand, während das andere Ende mit der Hand einer Statue oder eines auf einem Gemälde abgebildeten Amida verbunden war.

Gegen Ende des 11. Jahrhunderts zerfiel die Macht der kaiserlichen Zentralregierung zusehends, während sich in den

Provinzen die Familien des Militäradels (*buke*) verselbständigten und in blutigen Kriegen bekämpften. Der Machtkampf endete vorläufig 1185 mit dem Sieg der Familie Minamoto, die weit entfernt in einer östlichen Provinz in der Stadt Kamakura eine sogenannte „Zeltlagerregierung" (*bakufu*) errichtete und 1192 vom Kaiser den Titel *Shōgun* („Militärmachthaber", „Generalissimus") verliehen bekam. Die nun folgende Epoche ist als Kamakura-Zeit (1185—1333) bekannt, in der nacheinander die Familien der Minamoto, der Hōjō und kaiserliche Prinzen bzw. deren Regenten die zentrale Macht in Japan ausübten, jedoch ohne jemals alle anderen Kriegersippen effektiv kontrollieren zu können. In dieser Zeit entstanden einige der noch heute auch zahlenmäßig bedeutenden Sekten. Zunächst sind es die Schulen des Amidismus, die einen großen Zulauf erhielten. Der Amida-Kult war ja schon in der Heian-Zeit populär gewesen, doch jetzt gründete Genkū (1133—1212), auch bekannt unter seinem posthum verliehenen Namen Hōnen Shōnin, im Jahre 1198 die „Schule des Reinen Landes" (*Jōdo-shū*). Da er wie viele andere glaubte, seit dem Jahre 1052 sei die Endzeit (*mappō*) hereingebrochen und daher Befreiung aus eigener Kraft (*jiriki*) kaum noch möglich, verkündete er als Erlösungsweg die völlige Hingabe (*tariki*) an den Buddha Amida. Trotz grundsätzlicher Anerkennung aller Mahāyāna-Lehren beschränkte sich seine religiöse Praxis auf den felsenfesten Glauben an Amida und die Namensanrufung (*nembutsu*), die allein schon die Wiedergeburt in Sukhāvatī bewirke. Wegen seines durchschlagenden Erfolges in allen Bevölkerungsschichten wurde die neue Schule von den alten Nara-Sekten und der Tendai-Schule angefeindet und Hōnen zeitweise verbannt. Sein Hauptschüler war Shinran Shōnin (1173—1262), der noch stärker den Gnadencharakter der Amida-Lehre betonte und die *nembutsu*-Formel nicht als religiöse Praxis zur Wiedergeburt im Westlichen Paradies definierte, sondern als bloßen Ausdruck des Dankes an Amida. Er wurde zum Begründer der „Wahren Schule des Reinen Landes" (*Jōdo-shinshū*), deren wichtigste Neuerungen die Verwerfung magischer Praktiken, das Leugnen der Wirksamkeit ethischen Handelns und die Aufgabe der Ehelosigkeit waren. Shinran selbst heiratete und gab damit dem Amida-Buddhismus die entscheidende Wendung zur

Laienreligion. Diese Schule ist noch heute die zahlenmäßig stärkste in Japan.

Diesem Andachtsbuddhismus diametral entgegengesetzt ist die Lehre des *Zen* (Sanskrit: *Dhyāna*, chines.: *Chan*), die das Prinzip der Erleuchtung aus eigener Kraft (*jiriki*) mittels Meditation propagiert, durch die dann spontan der Augenblick der Erleuchtung (*bodhi*, japan.: *satori*) kommt. Die erste regelrechte Zen-Schule Japans begründete der Tendai-Mönch Eisai (1141—1215), der sich auf zwei Reisen nach China (1168 und 1187—1191) mit der Lehre und Praxis des chinesischen Meisters Linji (japan.: Rinzai) vertraut machte. Nach Japan zurückgekehrt, gründete er die Rinzai-Schule des Zen und sah sich bald der Feindschaft der Tendai-Mönche ausgesetzt, so daß er sich nach Kamakura begab, wo seine einfache und harte Praxis unter der aufstrebenden Kriegerklasse großen Anklang fand. Die Zen-Lehren versetzten den Krieger (*bushi*, *samurai*) in die Lage, dem Tod mit Gleichmut ins Auge zu sehen, die von der Meditationspraxis geforderte Disziplin förderte den Kampfgeist und spezielle Kampftechniken wie die Schwertfechtkunst und das Bogenschießen. Unter den Nachfolgern Eisais wurden die Praxis des Stellens scheinbar paradoxer Fragen (*kōan*, „Meditationsthema"), bestimmte Körperhaltungen, darunter auch die Praxis des Sitzens (*zazen*) und sogar ritualisierte tägliche Tätigkeiten (wie das Einnehmen von Mahlzeiten) kultiviert, die alle dazu dienen sollten, den Zustand der Erleuchtung zu fördern. Während Eisai aber doch Kompromisse mit den Herrschenden schloß, lehnte dies Dōgen (1200—1253), der Gründer der Sōtō (chines. Caotong)-Schule des Zen, vollkommen ab und zog sich in eine abgelegene Provinz zurück. Er lehrte, nicht das Erwachen sei das Ziel, sondern das Üben des Zenweges, d. h. daß das Erwachtsein selbst beständig geübt werden muß. Die enge Verbindung der Rinzai-Mönche mit der Militärregierung führte dazu, daß der von 1246 bis 1256 als Shōgunregent (*shikken*) fungierende Hōjō Tokiyori (1227—1263) im November 1256 abdankte und Abt eines Klosters in Kamakura wurde.

Getragen von der Endzeitvorstellung seiner Zeit verkündete der im Tendai-Buddhismus aufgewachsene Nichiren (1222—1282), daß die höchste Wahrheit im Lotus-Sūtra (japan. *Myōhō-renge-kyō*) zu finden sei, seine Lektüre in dieser schlimmen Zeit aber besonders für den einfachen Menschen zu schwierig ist. Der Titel des Lotus-Sūtra allein umfasse schon dessen gesamten Inhalt. Es genüge bereits „Verehrung dem Lotus-Sūtra" (*Namu-Myōhō-renge-kyō*) auszusprechen, um sich in den Zustand des Erwachtseins des Buddha Shākyamuni (also des historischen Buddha) zu versetzen, der spontan zum richtigen moralischen Verhalten führe. Dabei war der historische Buddha aber durchaus eine mystische Größe, die alles durchdringt. Nichiren bekämpfte auf das Heftigste die Amida-Schulen, die er als unjapanisch einstufte und die die Regierung daher beseitigen müsse. Seine 1253 gegründete Schule hat fanatische und extrem nationalistische Züge, da er von Japan aus die Lehre des Lotus-Sūtra verbreiten und die Regierung dafür instrumentalisieren wollte, die seinen Aktivitäten aber mißtrauisch gegenüberstand und ihn zeitweise verbannte. Sein permanenter Kampf gegen andere Schulen führte schließlich zu seiner Verurteilung zum Tode, deren Vollstreckung er nur mit knapper Not entging. Nach weiterer Verbannung konnte er dann seinen Haupttempel auf dem Berg Minobe nah des Fuji errichten.

In der Kamakurazeit waren die wichtigsten Schulen entstanden, deren Bedeutung auch heute noch nicht geschwunden ist. Nach einer Periode des erneuten Zerfalls der Zentralgewalt unter dem Shōgunat der Ashikaga (1336—1573) wurde Japan durch drei aufeinanderfolgende Militärmachthaber politisch geeint. Der erste von ihnen, Oda Nobunaga (1534—1582), brach die militärische und politische Macht der buddhistischen Schulen, insbesondere die der Tendai auf dem Hiei, unter deren Mönchen er ein Massaker anrichtete. Mit der Errichtung der Tokugawa-Shōgunats (1603—1868) begann eine strenge Kontrolle des Buddhismus. Es war verboten, neue Schulen oder einen Tempel zu gründen, ohne dafür eine besondere staatliche Erlaubnis zu haben. Jeder Haushalt mußte sich bei einem Tempel registrieren lassen, um den Nachweis zu führen, daß man nicht der christlichen Religion angehöre, die als fünfte Kolonne der Portugiesen betrachtet wurde. Die Furcht vor ausländischer Intervention hatte zur hermetischen Abriegelung Japans von außen geführt, die Furcht vor erneuter Zersplitterung und Bürgerkrieg zur Errichtung eines Polizeistaates, der das gesamte Leben reglementierte.

Die Neuzeit begann mit der gewaltsamen Öffnung Japans durch eine amerikanische Flotte im Jahre 1853 und dem Sturz der Tokugawa sowie der Restauration der Kaisermacht 1868. Unter Kaiser Meiji (1868—1912) wurden der Shintō zum Staatskult erhoben und der seit 1300 Jahren in Japan heimische Buddhismus als Fremdreligion eingestuft und als solche verfolgt. Diese Verfolgungen hatten 1871 ihren Höhepunkt und gipfelten in der Zerstörung buddhistischer Tempel und Kultgegenstände. Doch schon 1875 gewährte die neue Regierung allen Religionen, darunter auch dem lange verbotenen Christentum, Glaubensfreiheit. Im Zuge der allgemeinen Modernisierung Japans, insbesondere auch auf dem Gebiet der Naturwissenschaften und der Technik, erschienen vielen Reformern die buddhistischen Lehren nicht mehr zeitgemäß. Andere beschäftigten sich durch ihren Kontakt mit dem Westen und seinen wissenschaftlichen Methoden mit den Quellen des Buddhismus und den Sprachen Pāli und Sanskrit, in denen zumindestens einige Texte des japanischen Buddhismus ursprünglich verfaßt worden waren, die aber in Japan bislang nur durch Übersetzungen aus dem Chinesischen bekannt waren. Gerade das Aufkommen rationalistischer Anschauungen wirkte sich auf die buddhistischen Lehren in zweierlei Hinsicht aus: Zum einen sahen sie sich solchen Denkstrukturen wie der Doktrin von der Leerheit (*shūnya*) bestätigt, zum anderen erschien die Karman-Lehre von den unzähligen Wiedergeburten mit den Erkenntnissen der modernen Wissenschaft nicht vereinbar. Die nun einsetzende Entmythologisierung sah den Amida-Glauben mit seinem westlichen Paradies jetzt nicht mehr als wortwörtlich zu nehmende Wirklichkeit an, sondern als ein „Ideal", eine „geheiligte Traumwelt", als ein „Mittel" (Sanskrit: *upāya*, japan.: *hōben*) zum Erfassen der Realität. Im Rückgriff auf die ursprünglichen buddhistischen Lehren wie die von den „Vier Edlen Wahrheiten" wird andererseits der wissenschaftliche Charakter der Lehre des Buddha hervorgehoben, der sich von den Schöpfungsmythen der Offenbarungsreligionen völlig unterscheide. Der japanische Buddhismus in all seinen Spielarten hatte schon in der Vergangenheit stark auf das Diesseits gerichtete Züge. Bereits in der Tokugawa-Zeit war eine spezifische Arbeitsethik unter den Zen-Buddhisten entwickelt worden, die jede Berufstätigkeit als eine buddhistische Übung ansah. Auch der Amidismus verdammte keineswegs die Laien, die Berufe ausübten, bei denen getötet wurde (Schlächter, Fischer, Jäger, Krieger, usw.), da alle von der Gnade Amidas abhängig waren. In der modernen Industriegesellschaft Japans nimmt die auf das soziale und ökonomische Leben der Laien bezogene Ethik einen noch größeren Stellenwert ein, und nicht nur die Buddhisten, sondern auch andere Religionsgemeinschaften bemühen sich, dem Rechnung zu tragen. Andererseits läßt sich in der neuesten Zeit gleichsam als Gegenbewegung dazu wiederum ein Zug zum Jenseitigen feststellen. Dieses Element ist aus der unter der ländlichen Bevölkerung verbreiteten Religiosität sowieso nicht verschwunden.

Nach den schweren Schlägen zuerst der Verfolgung und Konfiszierung in der frühen Meiji-Zeit, sodann der Konfrontation mit dem Modernismus, nahmen zu Beginn des 20. Jahrhunderts buddhistische Erneuerungsbewegungen einen lebhaften Aufschwung. In der Zeitspanne, in der Japan sich durch Industrialisierung und militärische Expansion in das Konzert der Großmächte einfügte, erfuhr die Nichiren-Schule eine Neubelebung, zunächst durch Takayama Chōgyū (1871—1902), einen Bewunderer Nietzsches, der wie der mittelalterliche Meister chauvinistische Ideen propagierte und im Lotus-Sūtra ein allseitiges Heilmittel sah. Dieser nationalistisch geprägten Religiosität folgte dann die 1914 von Tanaka Chigaku gegründete Nichiren-Bewegung Kokuchūkai. In den dreißiger Jahren des 20. Jahrhunderts waren Anhänger dieser Vereinigung in politische Gewalttaten verwickelt, die die Regierung zu einem noch expansiveren Kurs zwingen sollten. So war Inoue Nisshō (1886—1967) Berater eine Gruppe radikaler Marineoffiziere, die am 16. Mai 1932 den Premierminister Inukai Tsuyoshi (1855—1932) ermordeten. Ein weiterer Nichirenist, Kita Ikki (1883—1937), war in die Ermordung des ehemaligen Premierministers Takahashi Korekiyo (1854—1936) am 26. Februar 1936 verstrickt und wurde deshalb hingerichtet. Nach dem Ende des Zweiten Weltkriegs paßte sich die Bewegung der neuen Situation an und stellte nun das Glück der Menschen und den Weltfrieden in den Mittelpunkt ihrer Bestrebungen. Dennoch blieben die Grundüberzeugungen Nichirens, Japan sei das auserwählte Land, das einen Menschheitsauftrag habe, bestehen.

Die zweite Nichiren-Bewegung, die 1917 von Fujii Nichitatsu (1884—1985) gegründete Nihonzan Myōhonji, war ursprünglich ebenfalls extrem nationalistisch ausgerichtet und verkündete die Verbreitung des japanischen Buddhismus in ganz Asien und seine Rückkehr nach Indien, doch vollzog sich in ihrem Gründer während des Zweiten Weltkrieges beim Erfahren der von der japanischen Armee begangenen Kriegsgreuel eine Wendung zum radikalen Pazifismus und zur Ablehnung allen Tötens, obgleich er nun für sein Auftreten ins Gefängnis mußte. Heute ist sie die einzige Nichiren-Bewegung, die total pazifistisch ausgerichtet ist. Einzige Kultübung ist das Rufen des Namens des Lotus-Sūtra, wobei ständig rhythmisch eine Trommel geschlagen wird, die ihren Anhängern als Friedenstrommel gilt. Ein weiteres äußeres Merkmal dieser Bewegung ist der Bau von Friedenspagoden nicht nur in Japan, sondern auch in Ländern, wo sich diese Lehre augebreitet hat.

Ebenfalls am Nichiren-Buddhismus orientiert ist die von Kubo Kakutarō (1890/92—1944) und seiner Schwägerin Kotani Kimi (1901—1971) 1925 ins Leben gerufene Reiyūkai-Bewegung, die neben dem Lotus-Sūtra die Ahnenverehrung in den Vordergrund rückte. So führen alle Kultstätten der Reiyūkai Totenregister und pflegen täglich einen Totendienst, der den Schutz der Geisterwelt sichert und dadurch Frieden und Wohlfahrt der Welt bewirkt. Besonderes Anliegen dieser Laienorganisation sind die Verbundenheit mit den Armen und die tätige Hilfe für diese. Von ihren Anhängern wird tägliche aktive religiöse Betätigung in Form von Gebetsübungen verlangt, die sie aus einem „Blauen Lehrbuch" entnehmen, das eine Sammlung von Texten aus dem Lotus-Sūtra und anderen Lehrtexten enthält. Ein weiteres Kennzeichen moderner Volksreligionen ist die Errichtung von Zentren. Auch die Reiyūkai konnte 1964 ein solches auf der Halbinsel Izu am Tōkasa-Berg für den Buddha Maitreya (Miroku) einweihen, dessen Kolossalstatue der Hauptverehrungsgegenstand ist. Dieses Zentrum ist gleichzeitig Wallfahrtsort und Meditationsort für die Gläubigen, darunter besonders junge Menschen.

Auch die Shingon-Schule ist mit neuen Bewegungen vertreten, die sowohl die esoterischen Lehren und Riten verbreiten wie auch den Menschen Befreiung nicht nur von der menschlichen Existenz bringen, sondern auch von den Kümmernissen des Alltags, für die tätige Hilfe angeboten wird.

Eine Abspaltung der Reiyūkai ist die Bewegung Risshō Kōseikai („Organisation zur Bildung von Rechtschaffenheit und freundlichen Beziehungen"), die 1938 von Frau Naganuma Myōkō (1899—1957) und Niwano Nikkyō (geb. 1906) gegründet wurde, aber erst 1948 ihre offizielle staatliche Anerkennung erhielt. Danach folgte ein Jahrzehnt des Aufbaus, in dem die Zahl der Gläubigen allmählich zunahm und neben der Propagierung des Lotus-Sūtra vor allem in den Sektoren Ausbildung, Sozialhilfe und Verbreitung eigener Publikationen gearbeitet wurde. In den sechziger Jahren konnte diese Bewegung Zulauf aus allen Schichten der Bevölkerung, auch von Arbeitern, erhalten. Sie betonte jetzt die Persönlichkeitsentfaltung, die durch den Bau von Kirchen und Andachtsstätten gefördert wurde, an denen man Gläubige zu Lehrkräften ausbildete. Im März 1964 weihte man im Bezirk Nakano (bei Tōkyō) eine monumentale „Große Kulthalle" mit einer riesigen Buddhastatue ein. Dort finden seitdem die Massenveranstaltungen dieser Glaubensgemeinschaft statt. Niwano beruft sich auch auf das Lotus-Sūtra, strebt aber gleichzeitig einen Rückgriff auf das, was er als Urbuddhismus versteht, an. Bei ihm ist die Unbeständigkeit der Dinge kein Grund zur Weltflucht, sondern im Gegenteil ein Ansatz zu einer positiven Weltsicht. Das Leid und die Vergänglichkeit der menschlichen Existenz können durch persönliche Anstrengung überwunden werden. Wenn sich alle darum bemühen, tritt langfristig eine Harmonie ein, die schließlich zum Weltfrieden führt, ein Thema, das in seinen Buchveröffentlichungen (die seit einiger Zeit auch in deutscher Sprache erscheinen) immer im Mittelpunkt steht. Besonderen Wert legt er auf Persönlichkeitsbildung, die er mit dem buddhistischen Heilsweg verbindet, der in dem Beschreiten des edlen achtgliedrigen Pfades und der sechs Vollkommenheiten besteht. Dazu gehört die Überwindung des angeborenen Egoismus, die sich in allgemeinen Lebensregeln niederschlägt, die aus vielerlei östlicher und westlicher Literatur sowie eigenen Erfahrungen zusammengetragen sind. Um Glück zu erlangen, muß der Mensch die Dinge objektiv ansehen und wenig materielle, aber viele geistige Wünsche haben. Letztlich erreicht man dies durch Vertrauen auf das absolute Wesen, ganz gleich ob es sich dabei um Buddha oder Gott handelt. Durch Gruppengespräche (*hōza*) soll die Persönlichkeitsbildung gefördert werden. Diese finden regelmäßig als offizielle Zusammenkünfte statt, bei denen sich die Mitglieder auf Gesprächsgruppen verteilen. Die Gespräche dienen dazu, begangene schlechte Taten zu offenbaren und zu bereuen, aber auch die intimsten Gedanken darzulegen, was zur Tilgung der Sünden (*sange*) und zur Reinigung des Herzens führt, wodurch man zu guten Taten angespornt wird. Risshō Kōseikai betreibt keine aktive Politik und ist insofern keinem politischen Lager zuzurechnen, ermahnt aber ihre Mitglieder zur Erfüllung staatsbürgerlicher Pflichten, insbesondere der Wahlpflicht.

Ganz im Gegensatz dazu ist die Bewegung Sōka Gakkai eine Vertreterin des politischen Buddhismus. Ihr Gründer Makiguchi Tsunesaburō (1871—1944) war ursprünglich Schullehrer und trat erst 1928 einer relativ unbedeutenden Nichiren-Sekte namens Nichiren Shōshū („Wahre Schule Nichirens") bei und gründete 1930 die Sōka Kyōiku Gakkai („Wissenschaftliche Gesellschaft für werteschaffende Ausbildung"), deren Bezeichnung gleichzeitig Programm ist. Er schuf eine neue Wertetheorie, an deren erster Stelle die Nützlichkeit steht, gefolgt von dem Guten als Wert für das Individuum und das Gute als das für die Gemeinschaft Nützliche. Diese Wertelehre verband er mit dem Lotus-Sūtra und propagierte beide mit fanatischem Eifer bei allen Schichten des Volkes. Dennoch belief sich die Anhängerschaft der Bewegung im Jahre 1941 lediglich auf 3000 Personen. Sie erregte kurz darauf im Zweiten Weltkrieg das Mißfallen der Regierung, da sie sich nicht mit anderen bestehenden Religionsgemeinschaften zusammenschloß und sich entschieden der Teilnahme an Shintō-Riten widersetzte. Daraufhin wurden Makiguchi und 21 seiner Anhänger im Juli 1943 verhaftet, aber nur der Führer der Bewegung und zwei seiner Schüler blieben bei ihrer Verweigerungshaltung. Im November 1944 starb Makiguchi in Haft, der ebenfalls inhaftierte Toda Jōsei (1900—1958) kam kurz vor Kriegsende frei und wurde sein

Nachfolger. Dieser ließ die Wertetheorie zugunsten des Lotus-Sūtras und der Gestalt Nichirens zurücktreten und nannte seine Bewegung fortan nur noch Sōka Gakkai („Wissenschaftliche Gesellschaft zum Werteschaffen"). Sie wandte sich gegen die im Nachkriegsjapan stärker auftretenden Linkstendenzen und verkündete dem Volk als Heilmittel die Religion, und zwar die einzig wahre Religion Nichirens, die sich in der Sōka Gakkai manifestiert habe. Denn alles Unglück rühre von den falschen Religionen und Ideologien, nur die Anrufung des Namens des heiligen Sūtra bringe das Heil. Die neue Religion erlebte durch jährliche Kongresse und Sommerkurse im Haupttempel Taisekiji, durch Schaffung von Zweigstellen und die Veröffentlichung einer Monatszeitschrift einen raschen Aufstieg. Als Toda 1951 Präsident der Sōka Gakkai wurde, brachte er das Propagandabuch *Shakubuku Kyōten* heraus, indem die Methode des *shakubuku* dargelegt ist, d.h. ein scharfes, aggressives Vorgehen, das den Irrtum der fremden Lehren zerstört und zum Folgen zwingt und auf Nichiren selbst zurückgeht. Die Werbung neuer Mitglieder hat nur dann Aussicht auf Erfolg, wenn sie sich als rational erweist. Dabei spielt die Betonung von diesseitigen Werten eine große Rolle, wozu Gesundheit, Gelderwerb, geschäftlicher Erfolg, Schutz vor Unfällen, usw. gehören. Die Werbemethoden des *Shakubuku* sind äußerst umstritten. Die Werber erforschen zuerst die Lebensumstände der zu werbenden neuen Mitglieder, versuchen deren Schwachpunkte herauszufinden und setzen dort an, um „den Irrtum zu brechen" und die falschen Ansichten zu widerlegen. Geradezu verrufen ist aber die „Strafandrohung" (*batsuron*), die man z. B. bei einer von einem Umglücksfall getroffenen Familie anwendet, indem man dieser noch weitere, schlimmere Schicksalsschläge androht, falls sie sich nicht sofort zum richtigen Nichiren-Glauben bekehren. Allerdings geschieht die Anwendung dieser Methode unter den Auspizien des Mitleidens, da man durch *Shakubuku* nur die Irrenden der Wahrheit zuführen will, mit anderen Worten: sie zu retten beabsichtigt. So stieg die Zahl der bekehrten Haushalte von 5728 im Jahre 1951 auf 765 000 im Jahre 1957 an. Der Sōka Gakkai haftete in dieser Zeit der Ruf besonderer Gefährlichkeit an, der noch durch den Einstieg in die Politik verstärkt wurde. Nach dem Tode

Todas übernahm Ikeda Daisaku (geb. 1928) im Jahre 1960 die Präsidentschaft der Sōka Gakkai und erreichte 1962 sein erstes großes Ziel, die Mitgliederschaft auf 3 Millionen zu erhöhen. Als verlängerter Arm der Sōka Gakkai bildete sich 1964 die religiös-politische Partei Kōmeitō („Partei für saubere Politik"), die sich aber 1970 formal von der religiösen Bewegung trennte. Ikeda begann mit einer völligen Neuorientierung seiner Bewegung, die auf eine Öffnung gegenüber der Gemeinschaft des Volkes und die ganze Menschheit abzielen. Im Jahre 1975 dehnte die Organisation ihre Aktivitäten weltweit durch die Gründung von Sōka Gakkai International aus, die Dialoge mit den Führern der Welt und herausragenden Intellektuellen führte und sich um Kulturaustausch kümmerte. Wegen seines Eintreten für den Weltfrieden erhielt Ikeda 1983 den UN-Friedenspreis.

Nach anfänglichen Rückschlägen zu Beginn der Modernisierung Japans belebte die Auseinandersetzung mit der westlichen Zivilisation, dem Rationalismus und Säkularismus und der neuen gesellschaftlichen Situation den Buddhismus und ließ neue Bewegungen entstehen, die sich den neuen Gegebenheiten anpaßten und gleichzeitig an alte japanische Traditionen anknüpften.

Zu den Traditionen gehören auch die zahlreichen Feste Japans, von denen nur einige einen rein buddhistischen Charakter haben, wie auch umgekehrt viele ursprünglich nichtbuddhistische Feste vom Buddhismus mitgeprägt sind. Nach der Einführung des europäischen Kalenders fallen die meisten Feste auf ein fixes Datum. Am 8. April wird in ganz Japan der Geburtstag des historischen Buddha mit Prozessionen zu den Tempeln, wo seiner Statue Hortensientee geopfert oder von den Teilnehmern des Festes getrunken wird. Dieses Fest wird an einigen Orten auch Hana Matsuri („Blumenfest") genannt. Kleine Schreine mit Statuen des Buddha Shākyamuni werden mit Lotusblumen geschmückt. Das Fest entwickelte sich mit der fortschreitenden Einführung der buddhistischen Lehre in Japan. Am gleichen Tag feiert man auch den Buddha Yakushi (Bhaishajyaguru, der Medizinbuddha). Dieses geht auf die Tage der Einführung des Buddhismus in Japan zurück, als ihm in der damaligen Hauptstadt Heijo (Nara) ein Tempel (Yakushiji) mit einer vergoldeten Bronzestatue erbaut wurde. Heute findet man über das ganze Land verstreut Yakushi-Heiligtümer (Yakushi-dō). Diesen erweist man in weißer Kleidung Verehrung, doch wird diese allgemein als „Bergwandern" (*yamayuki*) bezeichnet, weil die Yakushi-Schreine oft auf Hügeln in der Nähe von Dörfern errichtet wurden. In einigen Dörfern zieht man neue Kleider an, bevor der Hügel am Morgen bestiegen wird. Dort bricht man Glyzinenzweige ab und bringt sie nach Hause, um sie am Familienaltar zu opfern. Das hat natürlich nur wenig mit Buddhas Geburtstag zu tun, sondern hängt mit der Ahnenverehrung zusammen, weil man glaubt, die Seelen der Ahnen einer jeden Familie wohnen auf einem Berg. Am Neham-Fest (15. Februar) feiert man die Erleuchtung Buddhas und am Rōhatsu (8. Dezember) seinen Eingang in das Parinirvāna. Ein bedeutendes buddhistisches Fest ist das „Totenfest" oder „Fest für die abgeschiedenen Seelen" (*bon* oder *obon*), das in den großen Städten nach dem europäischen Kalender vom 13. bis 16. Juli gefeiert wird, während die Feiern auf dem Lande etwa einen Monat später stattfinden, manchmal sogar erst Anfang September. Das Wort „Bon" leitet sich von der Bezeichnung Urabon-e her, das eine phonetische Wiedergabe des Sanskrit-Wortes Ullambana (siehe oben) ist. An diesem Fest ist es üblich, daß die Priester und Nonnen eines Tempels sich zu den Häusern der Gemeindemitglieder begeben und vor den Gräbern der Familienvorfahren oder dem Hausaltar Sūtras rezitieren, um auf diese Weise für die Erlösung der Seelen der Abgeschiedenen zu beten. Bei dieser Zeremonie wird der sogenannte Bon-Fisch (*bon-sakana*) gereicht, das ist roher Fisch, weil der Buddhismus eine zum Vegetarismus hin orientierte Religion ist und den Genuß von Fleisch möglichst mied. Es ist in japanischen Haushalten allgemein üblich, während der Durchführung buddhistischer Zeremonien nur rein vegetarische Mahlzeiten (*shōjin ryōri*) anzubieten und alles, was nach Blut schmeckt, vom Tisch zu verbannen. Eigentlich erstreckt sich dieses Verbot auch auf den Fisch, doch setzt man sich gerade über dieses gern hinweg, ein deutlicher Hinweis darauf, daß die Ursprünge dieses Festes nichts oder nur wenig mit der buddhistischen Religion zu tun haben. Das zeigt sich ganz besonders daran, daß zu diesem Fest, daß auch Allerseelenfest (*tama matsuri*) genannt wird, die kaiserliche Familie zum großen

Schrein von Ise, ihrem Ahnenschrein, einem Shintō-Heiligtum, reist und den Ahnen dort ihre Verehrung erweist. An Tama Matsuri lädt jede Familie die Seelen der Toten zu sich nach Hause ein, um Riten für die Erlösung ihrer Seelen durchzuführen. In der Nacht auf den 13. Juli wird eine Zeremonie zum „Empfang der Geister“ veranstaltet, am 16. Juli werden sie verabschiedet. Am Beginn der Feierlichkeiten gehen die Familienmitglieder mit Laternen zu den Gräbern ihrer Angehörigen, um deren Geister sicher in ihr Haus zu geleiten. Zur Verabschiedung der Seelen am Abend des 15. oder am Morgen des 16. Juli setzt man in Strohbehälter verpackte Geschenke in ein fließendes Gewässer oder in das Meer. Neben diesen mehr oder weniger buddhisierten Festen, zu denen auch allgemeinere wie die Feier der Tag- und Nachtgleichen und das Vertreiben der bösen Geister (*setsubon*) gehören, feiert der Zen-Buddhismus die Jahrestage ihrer großen Meister wie Bodhidharma (5.Oktober), Linji/ Rinzai (10. Januar), Daito (22. November), Dōgen (28. August) und Keizan (15. August). Die Jōdo Shinshū begeht am 21. Mai die Geburt von Shinran Shōnin, die Erinnerung an seinen Tod variiert von Tempel zu Tempel zwischen dem 16. Januar und dem 16. November.

Ein Großteil des Kultus spielt sich natürlich in den buddhistischen Tempeln ab. Ein Tempelbezirk liegt in einem rechteckigen Innenhof, in den man durch ein Torhaus gelangt. In der Mitte des Hofes liegt das Kultgebäude, während sich im Hintergrund und an den Seiten Wohnräume, Wirtschaftsgebäude und kleinere Heiligtümer befinden. Die wichtigsten Kulträume sind eine Haupthalle (*hondō*) und eine Halle zur Verehrung des Sektengründers oder eines anderen hervorragenden Heiligen (*soshidō*). In den großen Tempeln existieren außerdem noch besondere Hallen für Buddhas, Bodhisattvas oder Gottheiten, besonders für Amida und den weiblichen Bodhisattva Kannon (chines. Guanyin, siehe oben). Diese Hallen sind im Innern gewöhnlich so angelegt, daß derjenige Teil, in dem die Götterbilder stehen, vom übrigen Raum durch eine Schranke getrennt ist, die der Laie beachten muß. Hinter der Schranke stehen ein oder mehrere Altartische und auf ihnen die in Altarhäuschen untergebrachten Götterstatuen. Zur weiteren Ausstattung des Altarraumes gehören Seidenstickereien, bronzene Lotusblumen, Räuchergefäße, Laternen, Gemälde, usw. In dem den Laien zugänglichen Teil, der gelegentlich durch Säulenreihen in mehrere Schiffe zerlegt ist, befinden sich viele Votivgaben wie Gemälde, Schnitzwerk, Laternen, usw. In größeren Tempeln gibt es noch eine besondere Halle für die Aufbewahrung von Weihegeschenken (*emadō*) sowie einen Holzturm, in dem die große Hauptglocke aufgehängt ist, ebenfalls ein besonderer Turm für die große Pauke. Zu einem Tempelbezirk gehört üblicherweise ein mit Lotusblumen zugewachsener Teich, der von Fischen und Schildkröten bevölkert wird und über den eine Brücke führt. In der Regel gehört zu einem Tempel eine fünf- oder siebenstöckige Pagode in chinesischem Stil, wie überhaupt die Tempelanlagen in Japan nach chinesischem Muster erbaut sind (auf eine Beschreibung der chinesischen Tempel wurde im Hinblick auf die japanischen und die Tatsache, daß der Kultus in der Volksrepublik China weitestgehend zum Erliegen gekommen ist, verzichtet). Eine spezifisch japanische Einrichtung sind die drehbaren Bücherschreine (*rinzō*), kleine Holzhäuschen, die sich um eine senkrechte Achse drehen lassen. Im Innern befinden sich Schriften des buddhistischen Kanons, und es gilt als verdienstvoll, den Behälter mit allen Schriften mehrmals zu drehen, was dem Lesen der Texte gleichkommt. Die Erfindung dieser drehbaren Bibliotheken wird einem chinesischen Buddhisten des 6. Jahrhunderts zugeschrieben. Wie in Tibet (siehe unten) gibt es hier auch Gebetszylinder, die in Japan jedoch keine Gebetsformeln enthalten. In Tempelnähe kann man meist eine große Anzahl steinerner und bronzener Laternen sehen. Dabei handelt es sich um Weihegeschenke, die die Form eines Gehäuses mit einer gitterartig durchbrochenen Wandung haben, wo zu bestimmten Anlässen Lichter angezündet werden. Häufig erreichen diese Gehäuse eine Höhe von zwei bis drei Metern.

Es würde zu weit führen, auch nur einen Bruchteil der berühmten Tempelanlagen Japans aufzuzählen, von denen einige wichtige bereits in der Darstellung der Entwicklung des Buddhismus in Japan genannt wurden. Zwei monumentale Buddhastatuen sollen aber nicht unerwähnt bleiben: der sogenannte Daibutsu in Kamakura aus dem 13. Jahrhundert, eine

Darstellung des Buddha Amida mit einer Höhe von über 15 Metern, ein Werk von beeindruckender Schönheit, und der künstlerisch nicht so bedeutsame Buddha Vairocana im Tōdaiji in Nara mit einer Höhe von über 16 Metern. Zu den Gestalten der großen Buddhas und Bodhisattvas gesellen sich an prominenter Stelle auch die zehn Höllenherrscher, deren oberster Emma-ō ist, eine phonetische Wiedergabe des indischen Unterweltsgottes Yama(rāja). Der in China als Höllenfürst regierende Dizang (Sanskrit: Kshitigarbha) ist in Japan die beliebte und sehr verehrte Gestalt des Jizō. Er ist eine milde, barmherzige Gottheit, die besonders Kindern in der Unterwelt zu Hilfe kommt, wenn diese dort von einer Hexe gequält und zu endloser Arbeit gezwungen werden. Im modernen Japan hat er seine Hilfsfunktion noch erweitert, da sich an ihn Frauen, die ihre Kinder abgetrieben haben, wenden, da diese Seelen ihm stark am Herzen liegen. Auf den ersten Blick mag eine solche Haltung als paradox erscheinen, da das buddhistische Gebot von der Vermeidung des Tötens auch einer Abtreibung entgegensteht. Unter dem Blickwinkel der karmischen Verstrickung ist es aber in erster Linie wichtig, daß die Seele nicht leidet, weshalb die Frauen den Jizō um Beistand bitten, auch im Hinblick auf die eventuell drohende Rache der Seele des abgetriebenen Kindes, das als „Wasserkind" bezeichnet wird. Von den Schülern des historischen Buddha sind in Japan Ānanda (Anan) und Kāshyapa (Kasho) besonders beliebt, außerdem die Gruppe der Arhants (Rakan), unter denen Pindola herausragt, den der Buddha einst für eine Sünde strafte, der vom Volke aber als jemand, der Krankheiten abwehrt, verehrt wird. Gebrechliche reiben den Körperteil seiner Statuen, an dem sie selbst leiden, und hoffen dadurch, ihr Leiden zu beenden. Eine ursprünglich hinduistische Gottheit, die in den japanischen Buddhismus aufgenommen wurde und große Verehrung genießt, ist Fudo, der wahrscheinlich dem indischen Shiva entspricht. Er ist von wildem und zornigem Aussehen, hat manchmal ein schwarzes Gesicht, hält in der Rechten ein Schwert und in der Linken einen Strick, während im Hintergrund Flammen züngeln. Der Volksglaube sieht in ihm einen himmlischen Buddha und identifiziert ihn mit Dainichi (Vairocana). Auch andere Hindu-Gottheiten wie etwa der elefantenköpfige Ganesha, der die Weisheit repräsentiert, tauchen auf japanischen Altären auf. Auch aus dem Shintō-Glauben sind Gestalten in den japanischen Buddhismus eingeflossen, z. B. der Kriegsgott Hachiman.

Beim einfachen Volk bedeutet Buddhismus in erster Linie das Vollbringen äußerer Leistungen (*hōben*), wozu Anbetung in Tempeln, Rezitieren heiliger Formeln, Geldopfer, Anhören von Predigten, Unterstützung der Mönche, Vermeiden von Fleischnahrung, Schenkungen und Wallfahrten zu heiligen Orten gehören. Manche dieser Leistungen muten geradezu kurios an. So hat man im großen Tempel von Nara eine der das Dach tragenden Holzsäulen durchbohrt, so daß ein großes Loch entstanden ist, durch das sich Gläubige hindurchzwängen, was als verdienstvolles Werk gilt. Ebenfalls ist es ein Verdienst, in völliger Dunkelheit dreimal einen Gang entlangzugehen, der unter dem Hauptaltar des größten Tempels in Nagano verläuft. Oftmals sind viele dieser Übungen nicht mehr in jedem Fall Glaubensgut, sondern zählen eher zum Brauchtum, das gepflegt wird, zumal sich die buddhistischen Lehren inzwischen dem Einfluß des Modernismus gestellt und unterzogen haben. In keinem anderen Land, in dem der Buddhismus heimisch wurde — sieht man von jüngsten Entwicklungen in Europa und Nordamerika ab (wobei man sich vielleicht noch streiten kann, ob er dort bereits heimisch geworden ist) —, scheint mittlerweile der Volksbuddhismus als echte Massenreligion neben dem intellektuellen Buddhismus so an Boden verloren zu haben wie in Japan.

VII. Der tibetische Buddhismus

1. Tibet

Keine andere Form des Buddhismus ist in den letzten Jahren so stark in das Bewußtsein des Normalbürgers in Europa und Amerika eingedrungen wie der tibetische. Dazu haben nicht zuletzt zwei Filme beigetragen, die beide die Reinkarnationslehre in den Vordergrund ihrer Handlung gerückt haben: „Little Buddha" und „Living Buddha". Der erste ist ein Spielfilm, in dem nach der neuen Inkarnation eines verstorbenen Lama gesucht wird, im zweiten stellt man die jetzt neun Jahre alte Wiederverkörperung eines 1981 im Exil zu Chicago verstorbenen inkarnierten Lama vor. Diese Filme sind aber nur die letzten Ausläufer einer Entwicklung, die mit der Flucht zahlreicher Tibeter, darunter auch vieler Geistlicher, nach Indien und von da aus nach Europa und Amerika nach dem Aufstand des Jahres 1959 gegen die Chinesen ihren Anfang genommen hatte. In ihren neuen Heimatländern gründeten sie Institute, Tempel und Zentren, die im Laufe der Zeit auch Westler anzogen, die teilweise eigene Zentren des tibetischen Buddhismus errichteten, der auf diese Weise besonders in Erscheinung trat. Dies trifft hauptsächlich für Europa zu, da in Amerika auch viele andere Schulrichtungen, etwa aus China und Japan, existieren. Die Vielfalt der in Tibet entstandenen Schulen geht auf eine lange geschichtliche Entwicklung zurück.

Tibet, eines der höchstgelegenen Länder der Erde, das von riesigen Gebirgsketten umgeben ist, war bis zum 7. Jahrhundert n. Chr. fast völlig von der Außenwelt abgeschlossen. Zwar hatten tibetische Völker außerhalb des eigentlichen Tibet in der Zeit der Zersplitterung Chinas (317—589) einige der nordchinesischen Dynastien gebildet (siehe oben), doch erst Srong-btsan-sgam-po (reg. ca. 620—649) einte die tibetischen Nomadenvölker in einem Reich und machte Tibet damit zu einer gefürchteten Militärmacht. Auf ihn geht die erste Einführung des Buddhismus in Tibet zurück, doch spielten dabei eher politische als religiöse Gründe eine Rolle. Der Überlieferung nach hat der König sowohl Kontakte nach Indien wie nach China gepflegt und eine nepalesische und eine chinesische Prinzessin geheiratet. Letztere mit dem Namen Wencheng war eine Tochter des berühmten Tang-Kaisers Li Shimin und soll ebenso wie die Nepalesin (deren Geschichtlichkeit umstritten ist) neben anderen Kulturgütern auch den Buddhismus nach Tibet gebracht haben. Srong-btsan-sgam-po ließ an wichtigen Punkten des Reiches buddhistische Tempel erbauen, jedoch keine Klöster. Im Grunde genommen bedeutete das nichts anderes, als daß der Buddhismus nur den Rang einer Hofreligion einnahm, da die Bevölkerung weiterhin den alten Kulten anhing. Der chinesische Pilger Hueichao berichtet noch im Jahre 727, daß es im Lande Tibet keine Klöster gebe und die Lehre Buddhas nicht bekannt sei. Der zu dieser Zeit herrschende König Khri-lde-gtsug-brtsan (704—755) heiratete wiederum eine chinesische Prinzessin und soll auch neue Tempel gegründet haben. Aber in dieser Zeit trafen dann auch Mönche aus Zentralasien ein, was dann eine heftige Reaktion tibetischer Adliger hervorrief. Wie in Japan zur Frühzeit des Buddhismus war der Ausbruch einer Epidemie Anlaß, dafür die Fremden und ihre Religion verantwortlich zu machen und sie auszuweisen. Die historischen Nachrichten sind nicht immer verläßlich und zum Teil durch spätere Traditionen entstellt. Es scheint aber, daß unter König Khrisrong-lde-brtsan (756—797) trotz Widerstandes bestimmter Adelskreise wieder an die alte Politik der Beziehungen zu den buddhistischen Ländern angeknüpft wurde. Dabei gab es offensichtlich Unstimmigkeiten darüber, welchen Buddhismus man annehmen bzw. fördern solle, den chinesischen oder den indischen. Das Motiv des Exorzismus spielt dabei eine bedeutende Rolle. Nachdem bereits ein chinesischer Mönch in Tibet weilte, holte man aus Indien Shāntarakshita, den Abt des Kloster Nālandā, der aber der feindseligen Dämonen nicht Herr wurde und daher riet, aus Indien den tantrischen Meister Padmasambhava kommen zu lassen. Seine ganze Persönlichkeit ist von Legenden überwuchert, die besonders seine magischen Künste hervorheben, mit denen er schließlich die

Dämonen bezwang. Es ist überhaupt nicht gesichert, ob er zur Zeit des Baus des berühmten Klosters Samye (vielleicht 779) noch in Tibet weilte oder bereits wieder abgereist war. Die späteren tibetischen Hagiographien schildern nur den triumphalen Sieg der Anhänger Padmasambhavas, tatsächlich dauerte der Machtkampf zwischen den verschiedenen Schulrichtungen noch weiter an, da auch die Vertreter des chinesischen Chan-Buddhismus wieder auf den Plan treten, die wohl erst im 9. Jahrhundert endgültig unterlagen. Jedenfalls begann schon zu dieser Zeit eine erste Übersetzungsarbeit von wichtigen buddhistischen Texten. Aus Edikten des Königs Khri-srong-lde-brtsan geht hervor, daß sich die Verbreitung des Buddhismus vorerst auf die wesentlichsten Lehren beschränkte. Dazu gehören die Verehrung der Bodhisattvas, der Pratyekabuddhas und der Arhats zusammen mit den Buddhas; ferner sind Wiedergeburten in den Höllen, die Lehre vom Entstehen in Abhängigkeit, die Vier Edlen Wahrheiten und die Lehren des Nāgārjuna Bestandteil des Glaubensgutes.

Unter König Ral-pa-chan (815—838) gewann dann die tantrische Richtung des Buddhismus immer mehr an Boden, und zwar ganz besonders auch unter der einfachen Bevölkerung, weil Magie, Exorzismus und die Fülle der Rituale deren religiösen Bedürfnissen entgegenkamen, da sie hier ihren eigenen religiösen Praktiken sehr verwandte Züge entdeckten. Gewiß hat der Buddhismus aus der einheimischen Bon-Religion sowohl Gottheiten wie Riten übernommen und diese buddhisiert. Mönche aus Adelskreisen wurden zu Ministern berufen und nahmen einen hohen Rang direkt neben dem König ein. Die Klöster waren abgabenfrei und erhielten Land und Bauern als Pächter zur Verfügung gestellt. Diese Besitztümer fielen unter das Immunitätsrecht, d.h. die weltliche Regierung hatte nicht nur jegliches Verfügungsrecht aufgegeben, sondern auch die Jurisdiktion den Klöstern unterstellt. Ferner bekamen die Mönche Butter, Papier, Tusche und Salz für ihren Bedarf. Auch in der Politik wurde die Geistlichkeit aktiv, so etwa beim Aushandeln des Friedensvertrages zwischen Tibet und China im Jahre 822, an dem auf beiden Seiten Mönche beteiligt waren. Der Tradition nach soll König Ral-pa-chan den buddhistischen Mönchen sehr ergeben gewesen sein, was den Widerstand adliger Kreise hervorrief, die ihn schließlich im Jahre 838 ermordeten. Ihm folgte sein älterer Bruder Glang-dar-ma auf dem Thron (838—842), der die buddhistische Religion verfolgte, indem er die Mönche laisierte oder aus Tibet vertrieb und Tempel und Statuen zerstören ließ. Nach der Überlieferung wurde dieser König im Jahre 842 von einem buddhistischen Mönch ermordet, was man noch heute in den Klöstern mit den sogenannten „Schwarzhut-Tänzen" feiert. Da Mord bekanntermaßen ja eine der schwersten Verfehlungen im Buddhismus ist, rechtfertigt man diese Tat damit, daß der König damit vor weiteren Untaten bewahrt worden sei, die ihn nach seinem Tod unweigerlich in die Hölle geführt hätten.

Mit der Ermordung Glang-dar-mas endeten die tibetische Königsherrschaft und das tibetische Großreich, das sich nun in zahlreiche Einzelfürstentümer auflöste. Der Buddhismus scheint als organisierte Religion verschwunden zu sein. Konkrete Aussagen lassen sich allerdings kaum machen, da es für die Zeit bis etwa 1000 n. Chr. kaum verläßliche Nachrichten über Tibet gibt. Wahrscheinlich wird der Buddhismus nicht völlig untergegangen sein, doch war sein Einfluß wohl eher bescheiden. Im Grunde genommen mußte das Bekehrungswerk ein zweites Mal begonnen werden, und diese Wiederherstellung des Buddhismus heißt in der tibetischen Tradition auch die „Zweite Ausbreitung der Lehre". Ausgangspunkt waren drei kleinere Königreiche in Westtibet, deren Könige sich von der Großreichsdynastie herleiteten. Als herausragende Persönlichkeiten für die Erneuerung der Lehre gelten der König von Purang, Ye-shes-od, und der Mönch und Übersetzer Rin-chen-bzang-po (958—1055), der zum Studium buddhistischer Lehren nach Kashmir entsandt worden war. Dort machte er sich mit den Mahāyāna-Lehren und den Regeln der Ordenszucht gründlich vertraut und stellte diese bei seiner Rückkehr nach Tibet wieder her. Hier trat er als Gründer von Tempeln und vor allem als Übersetzer von Texten (insgesamt sagt man ihm 158 nach) hervor. Eine weitere Neubelebung erfolgte durch die Einladung des bengalischen Gelehrtenmönches Atisha (982—1054), die mehrmals von Byang-chub-od, dem Neffen und Nachfolger von Ye-shes-od, an diesen ergangen war. Im Jahre 1042 leistete Atisha dieser endlich Folge und traf mit Rin-chen-bzang-po zusammen. Ihn wie dessen Schüler Brom-ston (1008—1064) unterrichtete Atisha in tantrischen Lehren, die er damit aus den großen Klosteruniversitäten Bengalens nach Tibet verpflanzte. Andererseits empfahl er die Verehrung des Bodhisattva Avalokiteshvara (tibet.: Chenrezi) und betonte die Wichtigkeit des langen und beschwerlichen Bodhisattva-Weges. Um jede willkürliche Auslegung der heiligen Schriften zu vermeiden, gab man jetzt der Lehrautorität des Meisters (Guru, tibet.: Lama) den Vorrang vor den Texten. So soll jedenfalls Atisha geantwortet haben, als ihn Brom-ston danach befragte. Denn nur die unmittelbare Belehrung der Jünger durch einen Meister stellt die richtige Auslegung der Schriften sicher und das echte Verständnis hinter dem Wortlaut. Eines der wichtigsten Ziele war die Herausbildung etablierter Schulen. Gegen Ende seines Lebens begab sich Atisha dann noch nach Zentraltibet, wo er 1054 in Netang starb. Mittlerweile hatte das Interesse an tantrischen Übungen dazu geführt, daß der Tibeter Mar-pa (1012—1096) nach Bihar gereist war, um dort von dem indischen Siddha Nāropa mit einem Tantrismus vertraut zu werden, der Yogakräfte und bestimmte Arten und Weisen der Meditation bevorzugte. Der nach Tibet zurückgekehrte Mar-pa führte nach außen das Leben eines Familienvaters, doch für einen Kreis eingeweihter Schüler war er ein vollendeter tantrischer Meister. Sein berühmtester Schüler war Mi-la-ras-pa (1052—1135), der seine Yoga-Übungen in der Bergeinsamkeit des Himāyala praktizierte. Beide Lehrer waren nicht ordiniert und dennoch wie Mar-pa Gründer einer Schule (Kagyüpa) oder erste in einer Traditionskette, die später zu einer Klostergründung führte.

Lampe für den Weg zur Erleuchtung

[5—8] Man soll die Menschen als drei [Gruppen zugehörig] kennen, weil es geringe, mittlere und vorzügliche gibt. Ihre charakteristischen Eigenschaften, [die] ganz klar [sind], will [ich] nach der Unterscheidung der einzelnen [Gruppen] beschreiben.

[9—12] Die Menschen, die mit allen möglichen Mitteln eigennützig nur die Freuden des Weltenlaufes suchen, die soll [man] als die untersten verstehen.

[13—16] Die Menschen, die den Freuden der Welt den Rücken kehren und [in ihrem] Charakter abgewendet von sündhaften Taten nur die eigene Ruhe anstreben, die soll [man] die mittleren nennen.

[17—20] Die Menschen, die aufgrund des Leidens in [ihrem] eigenen Daseinsstrom vor allem wünschen, daß das Leiden der anderen [Lebewesen] völlig vergehen [möge], das sind die vorzüglichen.

[21—24] Diesen heiligen Lebewesen, die den Wunsch nach der vorzüglichen Erleuchtung hegen, will [ich] die rechte Methode erklären, die von den Lehrern dargelegt ist.

Im Zuge der zweiten Bekehrung bildeten sich in Tibet die verschiedenen Schulen heraus, die ihre Ursprünge alle auf tatsächliche oder (mythische) Meister in Indien zurückführten und dabei gleichzeitig eigene Schwerpunkte in den von ihnen vertretenen Lehren betonten. Jede dieser Schulen gründete im 11. und 12. Jahrhundert Zentralklöster und in der Folgezeit weitere Zweigklöster. Brom-ston, der Hauptschüler Atishas, gründete im Jahre 1056 nördlich der alten Hauptstadt Lhasa das Kloster von Reting und begründete die Kadampa-Schule („die an Regeln gebundene Schule"), die sich streng an die Gebote des Vinaya hielt, d. h. das Verbot von Geschlechtsverkehr, berauschenden Getränken, Reisen und

Geldbesitz. Die Mönche führten ein zurückgezogenes Leben, das ganz dem Studium der heiligen Texte und der Meditation geweiht war. Die Kadampa-Schule erkennt sieben Grundelemente als konstituierend für ihre Lehre, nämlich die drei Teile der Sammlung der Buddha-Lehre (Tripitaka), den Buddha Shākyamuni, den Bodhisattva Avalokiteshvara, als dessen Inkarnation Brom-ston gilt, seine weibliche Energie (Shakti), die Göttin Tārā und als eine besondere Schutzgottheit den „Religionskönig" Acala. Diese Schule ging später in der reformierten Lehre der Gelugpa auf, deren inkarniertes Oberhaupt, der Dalai Lama, eine Verkörperung des Avalokiteshvara ist.

Die Kagyüpa-Schule („Schule der tradierten Gebote") führt ihre Tradition auf die indischen Meister Nāropa und Tilopa zurück, Mahāsiddhas, die Erfahrungen in den unterschiedlichsten Yoga-Praktiken hatten, auf denen der Schwerpunkt liegt. Zu den „Sechs Lehren des Nāropa" gehört auch der mystische „Hitze-Yoga", den Mi-la-ras-pa dünngewandet praktizierte, als er sich im eisigen Himālaya-Gebiet aufhielt, aber auch der Yoga des Bardo, d. h. des Zwischenstadiums zwischen Tod und erneuter Wiederverkörperung. Der bedeutendste Schüler von Mi-la-ras-pa, Gam-po-pa (1079—1153), erlernte in seiner Jugend Medizin und wurde nach dem Tode seiner Frau Kagyüpa-Mönch. Seine unmittelbaren Schüler sind die Gründer der vielen Kagyüpa-Unterschulen. In der Vergangenheit spielten die von Phag-mo-gru-pa (1110—1170) und Gom-pa (1116—1169) gegründeten Schulen eine gewisse Rolle. Heute verfügt die Unterschule der Karmapa noch über großen Einfluß, deren Hauptkloster Tsurphu 1189 errichtet worden war. Sie hat nicht nur in Zentral-, sondern auch in Osttibet eine große Anhängerschaft, wohin der Karmapa (bisweilen auch der Schwarzhut-Lama genannt) häufig in Begleitung einer bewaffneten Reiterei zu reisen pflegte. Die geistlichen Führer dieser Schule werden wie auch der Dalai Lama nach dem Wiederverkörperungsprinzip ausgewählt. Da ein spirituell fortgeschrittenes Wesen wie der Karmapa sich freiwillig dafür entscheiden kann, nach seinem Tode auf die Welt zurückzukehren, hinterläßt er gewöhnlich ein Schreiben, in dem er Anweisungen gibt, die seine neue Existenz betreffen. Das Auffinden der 17. Reinkarnation des Karmapa, die 1985

geboren und 1992 inthronisiert wurde, ist das Thema des Films „Living Buddha". Solche Wesen, die man als willentliche Reinkarnationen identifiziert, nennt man Tulku.

Eine Schule, die in einer bestimmten Epoche auch politisch mächtig war, ist die der Sa-skya-pa, die von Brog-mi (992–1072) begründet wurde. Der Name dieser Schule ist nach dem Kloster Sa-skya („Fahle Erde") westlich von Shigatse benannt, das 1073 der Schüler Brog-mis, Kon-mchog-rgyal-po errichtet hatte. Brog-mi verbrachte selbst viele Jahre in Indien und stützte sich in den tantrischen Lehren auf das Hevajratantra, einen Text mit sexueller Symbolik, der stellvertretend für andere tantrische Schriften kurz vorgestellt werden soll. Das Hevajratantra beginnt mit einem Dialog zwischen dem Buddha als Vajrasattva („Diamantwesen") und einem Bodhisattva Vajragarbha („Diamantschoß"). Der Buddha befindet sich im Zustand der geschlechtlichen Vereinigung mit seiner „Diamantfrau"; Diamant (*vajra*) bedeutet „unterschiedslos", und Hevajra wird erklärt als die Vokativform *he,* die das Mitleid symbolisiert, plus Diamant, der die Erkenntnis bedeutet. Mit diesem Bild soll der Praktizierende zur Meditation des Durchdringens der Weltgegenden mit Wohlwollen, Mitleid, mitfühlender Freude und Gleichmut geführt werden, dem dann die über die Leerheit folgt. Danach soll der Praktikant (*yogin*) sich selbst mit Heruka (einem Synonym für Hevajra) identifizieren, der in einem Gehäuse, das nur von einem Netz aus Diamanten besteht, auf einer Leiche sitzt (was die zusammengesetzten Dinge symbolisiert), vor sich die Sonne und verschiedene mystische Silben, die im Raum wahrgenommen werden. Dies alles soll er in seinem Herzen verinnerlichen. Bei ihm befinden sich acht Göttinnen, von denen er eine, die leidenschaftliche Dombī (der Name weist auf die verachtete Musiker- und Schausteller-Kaste der Dom[b]as hin; vom Wort *Ḍom[b]a* ist das Wort für die bei uns früher als Zigeuner bezeichneten Roma [*Ṛoma*] abgeleitet) umarmt. Er selbst hat die Gestalt eines 16 Jahre alten jungen Mannes. Statt Dombī kann er auch seine „Erkenntnis" in Gestalt der Vajravarāhī („Diamant-Eberin") umarmen. Er wird von den Göttinnen und anderen Wesen eingeweiht, und es werden „Diamantenlieder" gesungen, die hauptsächlich metaphorisch Essen, Trinken und Geschlechtsverkehr beschreiben.

Diese Vorgänge werden dann kurz in ihrem philosophischen Gehalt erläutert: Die Realität (*tattva*) hat kein sichtbares Objekt oder einen Seher, kein Denken und keinen Denker, keine Entfaltung und keinen, der etwas entfaltet, alles sind nur Hilfsmittel auf dem Weg zum Heil. Die Beschreibung fährt dann mit dem Praktikanten fort, der in ein Tigerfell gekleidet ist und zahlreiche symbolische Schmuckstücke trägt; er soll nachts unter einem Baum auf einem Leichenplatz oder in einem Tempel der „Mütter" (das sind Muttergottheiten) oder auf einem abgelegenen öden Platz meditieren. Nachdem er „Wärme" (d.h. Kraft durch Konzentration) entwickelt hat, soll er sich ein schönes „Diamanten"mädchen aussuchen und mit ihr die Übung (*caryā*) vollziehen, zu der auch Tanzen und „Diamantengesänge" gehören. Dadurch soll der Praktikant „Begierde", Täuschung, Angst, Zorn, Scham aufgeben, aber auch die (geistige) Schläfrigkeit, er soll bei Speise und Trank keine Unterschiede machen, nehmen, was kommt, und nicht darüber nachdenken, ob es wünschenswert oder nicht ist. Jetzt ist er befreit von Gelübden, Gesängen, Meditation, usw. Er wandelt nun voll von Mitleid und fährt mit der „Übung" (wohl der eines Bodhisattva) fort. Es gibt verborgene Zeichen zur Identifizierung von Initianden (*yogins* und *yoginīs*), d. h. sich einander entsprechende Partner für die Riten. Interessanterweise folgt nun eine Liste von Zentren dieser rituellen Übungen, darunter auch Uddiyāna, die Heimat Padmasambhavas, Kalinga (Orissa), aber auch die Insel Sumatra, wo das im 7. und 8. Jahrhundert existierende Reich Shrīvijaya ein Zentrum des tantrischen Buddhismus gewesen war. Danach wird die Übung im Detail beschrieben. Zunächst wird ein Diagramm in eine Einfriedung einbeschrieben. Der Praktikant meditiert jetzt über ein weibliches Geschlechtsorgan im Raum und entwickelt in ihm ein Rad (als Diagramm). Im Zentrum dieses Rades befindet sich ein Leichnam (wahrscheinlich die Daseinsfaktoren), auf dem fünfzehn *yoginīs* sitzen, die um ihre Hüften Tigerfelle geschlungen haben und Menschenschädel (Symbole für die Vorstellung vom Existenten und Nichtexistenten) und Messer (Symbol für das Abschneiden von Fehlern wie z. B. Stolz) halten. Dann befindet sich das weibliche Geschlechtsorgan (in Vereinigung), genannt „Weisheit" in den „Lotussen" (*yoginīs?*), und das entwickelte „Rad" wird Glückseligkeit genannt. Die sexuelle Erregung und Erfahrung jedes Partners (in der Symbolsprache die Flüssigkeiten, die in den Körpern der beiden hervorgerufen wurden) symbolisieren das Denken an die Erleuchtung. Dieses von beiden erfahrene „natürliche" Denken an die Erleuchtung wird auf den beiden Ebenen der Wahrheit erklärt: Die Flüssigkeiten sind die Erscheinung auf der verborgenen Ebene, die Glückseligkeit oder Freude ist auf der höchsten Ebene (Auslöschung, Erleuchtung). Die Frau symbolisiert Erkenntnis (*prajñā*) und der Mann die „Mittel" oder das Mitleid. Alles ist relativ und letztlich identisch, weil es in der Realität keinen Dualismus gibt. Dieser ist auch aufgehoben bei der geschlechtlichen Vereinigung von *yogin* und *yoginī*, denn im Augenblick höchster Glückseligkeit gibt es keine Differenzierung mehr. Nach der Einweihung in das Ritual wird der Praktikant mit den Regeln für sein künftiges Leben vertraut gemacht: Er soll „Leben nehmen", „lügen", „stehlen" und „nach den Frauen anderer streben". Das bedeutet nichts anderes als das konsequente Weiterdenken in der Nichtdualität, denn er rettet dadurch alle Leute (die es tatsächlich aber nicht gibt), er nimmt die Liebesflüssigkeit einer Frau (die es nicht gibt, aber die Weisheit symbolisiert), er trachtet nach einem schönen Mädchen, das nichts anderes als sein „Nicht-Ich" ist. Dieses Tantra mit seinen realistischen Einzelheiten scheint „reale" Übungen, tatsächliche rituelle geschlechtliche Vereinigung und Orgien zu implizieren. Obwohl der Text selbst immer wieder betont, daß all dies imaginär ist, Meditation ist und sich die ganze Zeit über nur mit dem Erleuchtungsziel beschäftigt, darf man die völlige Zweideutigkeit eines Universums nicht vergessen, in dem Seelenwanderung Auslöschung ist. Welcher Unterschied besteht zwischen einer „ausgelebten" Orgie in einer eingebildeten Wiederverkörperung und einer eingebildeten Orgie? Das berührt letztlich die Frage, ob es sich bei der ganzen Sexualsymbolik immer nur um Symbolik handelt oder nicht bisweilen doch um ausgeübte Praktiken, wobei umgekehrt nicht der falsche Schluß gezogen werden darf, diese Praktiken ständen im Vordergrund und das Ziel, der Erlösungsweg, sei nur vorgeschoben. Dem Leser möge dieser relativ lange Exkurs immerhin einen Eindruck von den Inhalten der so oft erwähnten tantrischen Rituale geben, bei denen die Sexualität nur eine Komponente bildet, wie ja auch schon hier an dem Auftreten eines Leichnams ersichtlich wird.

Charakteristisch für die Sa-skya-pas ist unter anderem, daß ihre Äbte heiraten durften. So war der zweite Abt Sohn des ersten, während später häufig ein Neffe seinem Onkel nachfolgte. Der Sa-skya-Abt Kun-dga-nying-po (1092—1158) bemühte sich besonders um den Zyklus um Hevajra, der die Schutzgottheit der Sa-skya-Schule ist. Sein Nachfolger Sodnam-tse-mo (1142—1182) ordnete und klassifizierte die Tantratexte systematisch. Im 13. Jahrhundert gelang es den Sa-skya-pas dann, die politische Hegemonie über Tibet zu erringen. Sa-skya Pandita (1182—1251), das Oberhaupt (1216—1251) der Schule, ging im Jahre 1244 an den Hof des mongolischen Fürsten Godan, der von ihm die Unterwerfung Tibets forderte und ihn dafür 1249 zum Regenten des Landes einsetzte. Die Wahl eines Geistlichen zur Ausübung weltlicher Herrschaft ist nicht weiter verwunderlich, da sich nach dem Zusammenbruch des Großkönigreiches nur wenige weltliche Königreiche bildeten, während im Zuge der Klostergründungen des 11. bis 13. Jahrhunderts diese gleichzeitig durch den Besitz umfangreicher Ländereien auch weltliche Herrschaft begründeten. Der Neffe und Nachfolger Sa-skya Panditas, Phags-pa (1235—1280), konnte sogar das Vertrauen des mongolischen Großkhans Qubilai (reg. 1260—1294) gewinnen, weil er im Wettstreit mit Daoisten und nestorianischen Christen durch Anwendung magischer Kräfte den Sieg errang. Qubilai, der auch über China herrschte, führte den tibetischen Buddhismus am Kaiserhof ein und gewährte den Klöstern Tibets Abgabenfreiheit. Zwar erhielt Tibet mit den Sa-skya-pas wieder eine einheitliche politische Führung, doch war diese bis zur Etablierung der Herrschaft der Dalai Lamas nie gänzlich unangefochten. Qubilai ließ sich von Phags-pa in die buddhistische Lehre einführen und erhielt auch Unterweisungen im Hevajratantra. Phags-pa soll auch den heiligen Berg Wutaishan (siehe oben) im Westen Chinas besucht haben, wo Manjushrī außerordentlich verehrt wurde, der mit der Sa-skya-Tradition eng verbunden war. Mit dem Sturz der Mongolendynastie in China 1368 schwand auch der politische Einfluß der Sa-skya-pa-Hierarchen, deren bisherige Machtstellung von den Phag-mo-gru-pa eingenommen wurde.

Von ganz anderem Charakter ist die Schule der Nying-ma-pa („Schule der Alten"), die keine organisierte Hierarchie besitzt und sich auf Padmasambhava zurückführt, den man als Verkörperung des Avalokiteshvara ansah. Ihm werden zahlreiche Werke zugeschrieben, die er oder seine Schüler versteckt haben sollen, damit sie später in ruhigeren Zeiten entdeckt und verbreitet werden. Solche Schriften tragen den Namen *Terma*, ihre „Entdecker" heißen *Terton*. Diese behaupten häufig, diese Schriften nicht nur gefunden, sondern auch ins Tibetische übersetzt zu haben. Andere Schulen feindeten die Nying-ma-pas deshalb an und warfen ihnen Betrug vor. Obgleich eine ganze Reihe der „gefundenen" Texte mit Sicherheit erst später verfaßt wurde, so scheinen ihre Lehranschauungen, die solche Schriften wie das Guhyasamāja- und das Hevajra-Tantra als neu zurückweisen, auf einen alten Kern zurückzugehen. Nach den Nying-ma-pa-Lehren gibt es insgesamt neun Fahrzeuge, auf denen man das Heil erlangen kann. Die ersten drei wurden vom Erscheinungsleib (Nirmānakāya), also dem historischen Buddha, verkündet, nämlich 1. Das Fahrzeug der Jünger (Shrāvaka), die

die Arhatschaft erlangen, 2. Das Fahrzeug der Pratyekabuddhas und 3. Das Fahrzeug der Bodhisattvas, die der Lehre von den pāramitās („Vollkommenheiten") folgen. Die folgenden drei Fahrzeuge gehen auf den Genußleib (Sambhogakāya) des Buddha Vajrasattva zurück und heißen Kriyā, Upāya und Yoga, Bezeichnungen für die drei niederen Tantrakategorien, deren Lehren noch keine erotische Komponente enthalten. Die letzten drei Fahrzeuge werden vom Dharmakörper (Dharmakāya) des Ādibuddha Samantabhadra offenbart und heißen Anuyoga, Mahāyoga und Atiyoga, d.h. sie enthalten die Lehren des höchsten Tantra, des Anuttara, das in anderen Schulen nicht unterteilt ist. Welches Fahrzeug man benutzt, hängt letztlich von den spirituellen Fähigkeiten ab. Vielen gilt der Gu-ru Chos-dbang (1212—1273), dem viele Schriftfunde gelangen, als der eigentliche Organisator der Nying-ma-pa-Schule.

Bei der Vorstellung dieser wichtigsten Schulen der zweiten Bekehrung vor der Reform der Ge-lug-pa wurden schon mehrfach Begriffe wie Lama und Tulku verwandt, populär wird der tibetische Buddhismus auch oft Lamaismus genannt, während seine sonstigen Bezeichnungen zwischen Vajrayāna („Diamantfahrzeug"), Mantrayāna („Fahrzeug der magischen Sprüche") und Tantrayāna („Tantrafahrzeug") differieren. Nicht jeder Mönch ist ein Lama. Der Mönchsstand selbst zerfällt in zwei Gruppen: Einmal gibt es die Novizen (Getsul), die die niederen Weihen empfangen haben, und dann die Vollmönche (Gelong). Alle Schulen befolgen bei der Mönchsweihe die Pratimoksha-Vorschriften; lediglich die Nying-mapas halten sie nicht unbedingt für verbindlich. Erst später kann man dann den Weg des Mahāyāna oder der Tantras beschreiten. Im Prinzip sind auch überall die Vinaya-Regeln gültig, doch bisweilen in sehr modifizierter Form, pflegten doch etwa die Sa-skya-Mönche zu heiraten. Der Mönch ist verpflichtet, sich an die auch sonst im Buddhismus für den Klerus verbindlichen zehn Gebote zu halten, d. h. die fünf auch von den Laien zu befolgenden und weitere fünf: nur zu erlaubter Zeit zu essen; nicht an Lustbarkeiten wie Tanz, Gesang und Schauspielen teilzunehmen; sich nicht zu schmücken, auch nicht mit Kränzen oder Parfüm; in keinem hohen oder breiten Bett zu schlafen; kein Geld oder andere

Wertsachen anzunehmen. Doch all diese ursprünglichen Gebote wurden in Tibet durch tantrische Praktiken überlagert. Einem Kloster steht ein Abt (Khan-po) vor, ein Amt, das schon in der Königszeit eingeführt worden war. Sofern sie nicht über besondere Qualitäten verfügen, folgen diese Mönche aber alle nur der Lehre und vor allem einem Lehrmeister. Nur ein Lehrmeister (Sanskrit: Guru, tibet.: Lama) ist in der Lage, die Lehre gemäß der Tradition zu vermitteln und in seinen Schülern das mystische Erleben zu wecken. Das Verhältnis eines Lehrers zu seinem Schüler ist enger als das eines Vaters zu seinem Sohn. Wichtig ist hierbei die Fortführung der Traditionskette, denn wenn diese abreißt, ist das geschriebene Wort ohne Wert, ja es kann sogar verderblich sein, da die richtige Anleitung fehlt. Da der Lama also für den tibetischen Buddhismus als Übermittler der Lehre eine zentrale Bedeutung hat, rechtfertigt sich für diese Richtung die Bezeichnung Lamaismus.

Ganz besonders heiligmäßige Persönlichkeiten aus Tibet, indische Heilige (auf die jede Schulrichtung sich beruft) und vor allem Bodhisattvas, die alle nicht mehr dem Kreislauf der Wiedergeburten unterliegen, stellen aus Mitleid mit den nicht erlösten Wesen den endgültigen Eingang ins Nirvāna zurück, um sich als Tulkus, als „wiedergeborene Lamas", erneut zu verkörpern. Diese Lehre war schon im Mahāyāna entwickelt worden, doch konkret angewandt wurde sie erst im Lamaismus. Der zweite Schwarzhut-Karmapa Karma Pakshi (1204—1283), Vorsteher des Klosters Tsurphu, der wegen seiner magischen Fähigkeiten berühmt war, verkörperte sich nach seinem Tod in Rangchung Dorje (1284—1339) wieder, der dann der dritte Karmapa wurde. Auf diese Thematik wird im Zusammenhang mit den Dalai Lamas nochmals ausführlich eingegangen.

Religiöse Texte aus Indien sind schon früh ins Tibetische übertragen worden. Eine Gesamtübertragung der als kanonisch angesehenen Literatur erfolgte im 14. Jahrhundert unter dem auch als Historiker des Buddhismus hervorgetretenen Bu-ston (1290—1364) und Tshal-pa Kunga Dorje (1309—1364). Dabei sind zwei große Textgruppen zu unterscheiden: Die eine ist der Kanjur, die Übersetzung der dem Buddha selbst zugeschriebenen Lehren, die andere der Tanjur, die Übersetzungen der Auslegungen der Lehre, d.h. von Kommentaren, Unterweisungen, und neugeschaffene Texte zum Mahāyāna- und Tantrayāna-Buddhismus, aber auch das Schrifttum, das nicht unmittelbar etwas mit dem Buddhismus zu tun hat wie Werke zu Medizin, Grammatik, Astronomie oder auch zur Liebeswissenschaft (Kāmasūtra). Kanjur und Tanjur wurden seitdem mehrfach in Blockdruckausgaben an verschiedenen Orten Tibets, später auch Chinas, herausgebracht, die keineswegs völlig identisch sind. Ein Blockdruck ist ein aus Holz geschnitzter Druckstock, der in einem Kloster hergestellt und dort aufbewahrt wird. Insgesamt besteht das gesamte Textkorpus von Kanjur und Tanjur aus über 300 Bänden mit mehr als 4500 Einzelwerken. Sein besonderer Wert liegt darin, daß es viele Texte enthält, deren Sanskrit-Originale verloren gegangen sind. Andererseits kann man — wenn das Sanskrit-Original noch existiert — häufig feststellen, daß einige Übersetzungen recht frei sind bzw. auf Mißverständnissen beruhen.

Der Niedergang der weltlichen Macht der Sa-skya-pa in der Mitte des 14. Jahrhunderts (der letzte „Vizekönig" Kunga Gyaltsen II. wurde 1358 abgesetzt) hatte zwar den Aufstieg der Phag-mo-gru-pa (1350—1564) zur Folge, doch übten auch sie nur eine Oberhoheit über Tibet aus, da es ihnen nicht gelang, die mit ihnen im Wettstreit stehenden anderen geistlichen Herrschaften politisch zu dominieren. Zwischen diesen Theokratien fanden auch immer wieder Machtkämpfe statt, die teilweise kriegerisch ausgetragen wurden. In diese Zeit fällt die Gründung der letzten großen Schule des tibetischen Buddhismus, der Ge-lug-pa („Schule des Tugendweges"), die von Tsong-kha-pa (1357—1419) begründet wurde, der zunächst der Kadampa-Schule angehörte und Mönchsideale wie den Zölibat und die Alkoholabstinenz vertrat. Insofern war er weniger „Reformator" (wie er oft charakterisiert wird) als „Restaurator", nämlich der Vinaya-Regeln und der Lehren der Mahāyāna-Philosophen Nāgārjuna, Asanga und Dignāga, die er in seinem Werk Lam-rim-chen-mo („Große Darlegung des Stufenweges") zusammenfaßte. Im Jahre 1408 führte Tsong-kha-pa im Jo-khang-Tempel von Lhasa das Fest Mönlam Chenmo ein, in dem immer wieder neu Tibet dem Buddhismus übergeben wurde. Ein Jahr später gründete er in der Nähe Lhasas das Kloster Ganden. Als seine Schüler dann immer zahlreicher wurden, errichteten diese die Klöster Drepung (1416) und Sera (1419). Trotz seiner Betonung des Vinaya und der Mahāyāna-Lehren verfaßte er auch Kommentare zu tantrischer Literatur und räumte dem Studium des Tantra auch in seinen Klöstern durchaus einen Platz ein. Andererseits scheint die Hervorhebung der Ordenszucht auch eine Reaktion auf den Mißbrauch bestimmter tantrischer Praktiken gewesen zu sein. Die Ge-lug-pa-Schule war zunächst vor allem in Zentraltibet vertreten. Dort machte der Neffe Tsong-kha-pas, Gedüngrub (1391—1475), der der dritte Nachfolger seines Onkels als Abt von Ganden (1438—1475) wurde, das Kloster Drepung mit 1500 Mönchen zum größten in ganz Tibet und gründete 1447 das Kloster Tashilhunpo. Wie die Karmapas wurden auch die Nachfolger von Gedüngrub zu inkarnierten Lamas, deren neue Existenzen man in einem nach dem Tode des Amtsinhabers geborenen Kind fand. Dies war bei den Ge-lug-pa Gedün Gyatso (1475—1542), der den Titel Gyalba („Sieger") trug. Seine Wiederverkörperung Sodnam Gyatso (1543—1588) traf 1578 am See Koko nor mit Altan Khan, dem Herrscher des mongolischen Stammes der Tümed (reg. 1542—1582), zusammen. Er bekehrte diesen und den ganzen Stamm zum Buddhismus, was in der Folgezeit dazu führte, daß die Mongolen alle treue Anhänger der Ge-lug-pa-Schule wurden. Altan Khan verlieh im Gegenzug dem Sodnam Gyatso den mongolischen Titel „Dalai Lama" („Ozean-Lama"), der posthum auch auf Gedüngrub und Gedün Gyatso übertragen wurde, so daß man Sodnam Gyatso als dritten Dalai Lama zählt. Die religiös-politische Verbindung mit den Mongolen sollte für das weitere Schicksal der Ge-lug-pa und Tibets überhaupt bestimmend werden. Nicht von ungefähr inkarnierte sich der vierte Dalai Lama Yontan Gyatso (1589—1617) in einem Urenkel Altan Khans. Doch erst der fünfte Dalai Lama Ngawang Lozang Gyatso (1617—1682) konnte die politische Macht der Ge-lug-pa über ganz Tibet etablieren. Er nahm dazu die Hilfe von Gushri Khan, des Herrscher der mongolischen Qoshoten (reg. 1636—1655), die sich in der Gegend um den See Koko-nor (Nordost-Tibet) angesiedelt hatten, in Anspruch. Den Ge-lug-pa war nämlich in Gestalt des hauptsächlich die Kar-ma-pa unterstützenden Königs von Tsang, Kar-ma Tan-kyong (reg. 1621—1642), ein mächtiger Gegner entstanden, der auch unter mongolischen Fürsten einige Verbündete hatte. Doch in den Jahren 1637—1642 besiegte Gushri Khan alle seine und des Dalai Lama Gegner und eroberte 1642 schließlich Shigatse, den Sitz des Königs von Tsang, den er hinrichten ließ. Der Qoshotenherrscher rief sich jetzt selbst zum König von Tibet aus, übergab aber dann die politische und geistliche Macht dem Dalai Lama, der in die Geschichte als der „Große Fünfte" eingegangen ist. Die politische Macht aller anderen Schulen, besonders der Kar-ma-pa, die ihr Hauptbetätigungsfeld nach Osttibet verlegen mußten, wurde stark beschnitten. Gleichzeitig integrierten die Ge-lug-pa unter Federführung des Dalai Lama viele Lehren anderer Schulen in ihr eigenes Lehrsystem. Vor allem die Nying-ma-pa-Schule wurde begünstigt und ihr bisher eher bescheidenes Kloster Mindoling zu einer großen Anlage ausgebaut. Inzwischen hatten 1644 in China die Mandschuren unter dem Klan Aisin Gioro ihre Dynastie Qing (1636—1912) begründet, die bis 1659 ganz China unterwarf. Um zu den neuen Herren Chinas gute Beziehungen herzustellen, reiste der Dalai Lama 1653 auf Einladung des Kaisers Fulin (Shunzhi, reg. 1643—1661) nach Beijing, wo er wie ein benachbartes Staatsoberhaupt auftrat. Er machte jetzt endgültig die alte Königsstadt Lhasa zum Mittelpunkt seiner Herrschaft. Aufgrund eines angeblich alten Textes, der während seiner Herrschaft ans Tageslicht kam, wurde offenbart, daß der Dalai Lama nicht nur die Inkarnation seiner Vorgänger sei, sondern außerdem die des Bodhisattva Avalokiteshvara. Deshalb nannte er die neu erbaute Residenz Potala nach Pātala, dem Himmel des Avalokiteshvara. Zur gleichen Zeit erklärte man den Panchen Lama, den Abt des Klosters Tashilhunpo, zu einer Wiederverkörperung des Buddha Amitābha. Der fünfte Dalai Lama war äußerst prunkliebend und an äußerer Machtentfaltung interessiert. Er schuf auch das Amt eines Regenten (Desi), das er 1679 Sanggye Gyatso (1653—1705) übergab, der vielleicht sein leiblicher Sohn war, was ein Zeichen dafür wäre, daß er es mit dem Zölibat nicht so genau nahm. Dieser hielt den Tod des „Großen Fünften" (1682) dreizehn Jahre lang geheim, hatte aber gleichzeitig in Tshangyang Gyatso (1682—1705) einen neuen Dalai Lama gefunden, der jedoch dem mönchischen Leben abhold war und für seine nächtlichen Streifzüge durch Lhasa, die meist Liebesabenteuern galten, berühmt war. Trotz großen Druckes ließ er sich nicht dazu bewegen, die Gelübde abzulegen. Neben diesen Problemen erschütterten neue politische Konstellationen die erst eben gewonnene Machtstellung der Dalai-Lama-Herrschaft. Der Qoshotenherrscher Lhazang Khan (reg. 1703—1717) sah sich durch die aufstrebende Macht der mongolischen Dzungaren bedroht und verbündete sich daher mit dem mandschurisch-chinesischen Kaiserhaus, während der Regent mit den Dzungaren paktierte. Dadurch brüskierte er die Qoshoten, die seinerzeit wesentlich zur Etablierung der Macht des fünften Dalai Lama beigetragen hatten. Diese marschierten in Tibet ein, plünderten Klöster und stürzten den Regenten 1705 von einem Felsen. Der sechste Dalai Lama wurde gefangen fortgeführt und starb 1706. Ein von Lhazang hastig ausgewählter neuer Dalai Lama Yeshe Gyatso (1686—1725), der ihm als echter sechster Dalai Lama galt, fand keine allgemeine Anerkennung und wird daher nicht gezählt. Lhazang und dieser Dalai Lama fielen 1717 einer Invasion der Dzungaren zum Opfer, die Tibet besetzten und zahlreiche Klöster plünderten. Gegen diese zogen nun die Chinesen zu Felde, die mit Kalzang Gyatso (1708—1757) aus dem Kloster Kumbum einen siebten Dalai Lama präsentierten, den sie bei der Eroberung Tibets im Jahre 1720 in Lhasa installierten. Diese politischen Wirren implizierten im Grunde genommen auch dogmatische Probleme, denn zumindest die Rechtmäßigkeit der Wiederverkörperungen des sechsten und des von Lhazang eingesetzten Dalai Lama waren zweifelhaft. Um die Kontinuität durch den siebten Dalai Lama sicherzustellen, erkannte man den eher weltlichen Dingen zugeneigten sechsten Würdenträger als rechtmäßig an. Mit der Vertreibung der Dzungaren begann die chinesisch-mandschurische Herrschaft über Tibet, die durch chinesisches Militär und zwei sich in Lhasa aufhaltende Residenten (Ambane) sichergestellt wurde und bis 1912 andauerte. Nach dem achten Dalai Lama Jam-pal Gyatso (1758—1804) erreichten alle übrigen vom neunten bis zum zwölften allenfalls die Volljährigkeit und starben dann unter mysteriösen Umständen (einige wurden wohl vergiftet), was die Herrschaft der Regenten zementierte, die ihrerseits von den Chinesen abhängig waren. Erst der dreizehnte Dalai Lama Thub-ten Gyatso (1876—1933) konnte sich von der Vormundschaft der Regenten befreien und nach dem Sturz des chinesischen Kaiserreiches 1912 auch die Unabhängigkeit Tibets wiederherstellen. Die Zentralregierung stellte nun eine kleine Armee auf, um sich gegenüber Klöstern durchzusetzen, die eine prochinesische Haltung einnahmen, weil sie aus China Gelder erhielten. Eine vorsichtige Modernisierung des Landes stieß jedoch auf den heftigen Widerstand konservativer Mönche, die am Erhalt der bestehenden Strukturen interessiert waren. Zudem konnten nur wenige Ausländer wegen der fremdenfeindlichen Politik der tibetischen Regierung das Land betreten. So blieb der theokratische Staat in der ersten Hälfte des 20. Jahrhunderts fast völlig von äußeren Einflüssen unberührt und verharrte quasi in einem Dornröschenschlaf. Als der dreizehnte Dalai Lama Kenntnis von der Verfolgung der buddhistischen Mönche in der kommunistischen Mongolei erhielt, sah er 1933 ein ähnliches Schicksal für Tibet voraus, das sich wenige Jahrzehnte später erfüllte, worauf im Zusammenhang mit dem vierzehnten Dalai Lama eingegangen werden soll.

An dieser Stelle scheint es angebracht, den Werdegang eines Mönches und den Kultus im Kloster darzustellen, wie dies im alten Tibet üblich war. Seitdem sich die Theokratie in Tibet durchgesetzt hatte, strömten viele Laien dem Klosterleben zu. Die Mönche wachten darüber, daß aus jeder Familie wenigstens ein Kind in ein Kloster eintrat, gewöhnlich der erstgeborene Sohn. Das zum Mönch bestimmte Kind blieb die ersten Jahre noch im Elternhaus, wurde aber schon im Alter zwischen sieben und zehn Jahren ins Kloster geschickt. Das Kind soll körperlich unversehrt sein und wird vom Abt auf seine soziale Herkunft und seine intellektuellen Fähigkeiten überprüft. Das ins Kloster eintretende Kind ist zunächst nichts weiter als ein Schüler, der von einem besonderen Lehrer in Lesen und Schreiben unterrichtet wird. Diesem obliegt es auch, es zu lehren, wichtige Formeln, Gebete und kleinere Texte auswendig zu lernen und andere äußere Pflichten und Dienstleistungen im Kloster zu übernehmen. Dieser erste Unterricht dauert zwei bis drei Jahre. Während dieser Zeit trägt das Kind noch die gewöhnliche weltliche Kleidung, und sein

Haar ist nur kurz, nicht völlig geschoren. Nach Abschluß dieser Ausbildung wird es erneut dem Abt vorgestellt, der dann über seine endgültige Aufnahme ins Kloster entscheidet. Dieser befragt ihn nach Charakter, Gesundheit, Familie und der Freiwilligkeit des Entschlusses, in das Kloster einzutreten. Fällt die Entscheidung positiv aus, wird der Anwärter in das Klosterregister eingetragen, und man macht ihn zum Studenten (Dapa), der jetzt Mönchstracht trägt, der jedoch noch vom Kultus und den Pflichten eines Mönchs entbunden ist. Nach einer weiteren Prüfung wird ihm das Haar abgeschnitten und er feierlich zum Novizen (Getsul) geweiht, der einen neuen Namen erhält. Damit verbunden ist das Ablegen eines 36 Gebote umfassenden Gelübdes, wodurch er in den Mönchsstand aufgenommen ist. Er erhält gewisse Mönchsgerätschaften wie eine Holzschale zum Essen, einen Behälter für das Tsamba-Mehl, einen Rosenkranz und kleine Erinnerungsgeschenke. In den folgenden Jahren muß er die umfangreichen philosophischen Texte auswendig lernen, wird in das mannigfaltige Ritual eingeführt, muß sich an die zeremonielle Art der Bewegungen gewöhnen, das Benutzen der Kultinstrumente üben, sich die Einzelheiten bei der Darbringung von Opfern merken, usw. Zu seinem Lernprogramm gehört auch das Vertrautmachen mit Beschwörungen und exorzistischen Riten. Ferner versucht man ihm das Malen religiöser Bilder und das Schreiben von Zauberformeln beizubringen. Zudem hat er die Pflicht, seinem Lehrer zur Hand zu gehen, ihm z.B. bei öffentlichen Begehungen Tee auszuschenken. Erst später, mit ca. fünfzehn Jahren, beginnt die Ausbildung in buddhistischer Logik und Disputation, durch die der Sinn des bisher nur Auswendiggelernten erfaßt werden soll. Disputationen finden in der Öffentlichkeit statt, und die Akteure unterstützen ihre Argumente mit einem von Zeit zu Zeit wiederholten Händeklatschen. In gewissen Abständen unterzieht sich der Student Examina bis hin zur abschließenden öffentlichen Prüfung, nach der er zum Vollmönch (Gelong) ordiniert wird. Danach, ob das Ergebnis der Prüfung gut oder weniger gut ausgefallen ist, richtet sich der zusätzlich verliehene Titel, der etwa den Rang eines akademischen Grades ausdrückt. Die Ordination zum Mönch ist vom Ablegen eines Gelübdes von insgesamt 253 Regeln, das lebenslänglich gilt, begleitet.

Die Kleidung der Mönche besteht in Tibet aufgrund des Klimas aus mehr Teilen als etwa in den tropischen Regionen Süd- und Südostasiens. Dazu gehören Unterzeug, Strümpfe, Fußbekleidung und Beinkleider, vor allem aber drei Gewänder: ein von einem Gürtel gehaltenes Untergewand, ein anliegendes Obergewand mit Ärmeln und ein weiter Mönchsmantel, der die linke Schulter bedeckt. Je nach Schulrichtung ist die Kleiderfarbe entweder gelb bis gelbbraun oder rot. Bei festlichen Anlässen tragen die Äbte oder sonstige höherstehende Persönlichkeiten prächtige reich verzierte Obergewänder und Schmuck. Die feineren Gewänder der Lamas sind aus Seide, obwohl dies wiederum ein Verstoß gegen die ursprünglichen Mönchsregeln ist. Die Kopfbedeckungen haben eine gewisse Bedeutung, da sie durch verschiedene Form und Farbe einen Hinweis auf die Schule des Trägers geben. Von daher rührt auch die Unterscheidung der Schulen in Rotmützen (in der Regel die alten Schulen, speziell die Rothut-Karmapas), Gelbmützen (Ge-lug-pa) und Schwarzhüte (die Schwarzhut-Karmapas).

Entsprechend ihrer Qualifikation nehmen die Mönche nach Abschluß ihrer Studien eine Funktion in ihrem Kloster wahr. Der tägliche Ablauf in einem tibetischen Kloster ist von dem im südlichen Buddhismus völlig verschieden. Hier bestehen beständig kultische Pflichten, während der Almosengang, einer der Grundpfeiler des Mönchtums im frühen Buddhismus, völlig weggefallen ist. Früh morgens erhebt sich der Mönch und beginnt den Tag mit Gebetsformeln. Vor Sonnenaufgang findet dann die erste gemeinsame Kulthandlung in der Tempelhalle statt, zu der mit Glockenschlagen und dem Blasen von Muschelhörnern aufgerufen wird. Nach den rituellen Waschungen versammeln sich alle Mönche vor dem Haupttor des Tempels und betreten diesen nacheinander, um dort im Inneren auf Matten Platz zu nehmen, wo gemeinsam bestimmte Gebetsformeln und Anrufungen rezitiert werden. Dann erhalten die Mönche von den Novizen den Morgentee serviert, der von weiterem Aufsagen von Formeln begleitet ist. Dann folgen Preisgesänge für bestimmte Buddhas, Bodhisattvas, Heilige oder Schutzgeister (Yidam), die eine in größeren Klöstern täglich vollzogene Handlung begleiten, das Mandala-Opfer. Ein Mandala („Kreis“) ist ein kosmisches

Diagramm (siehe dazu weiter unten), das Meditationszwecken dient. Dieses Diagramm wird bei dem Opfer auf einem Brett durch Opfergaben in Form einiger Reiskörner, die das buddhistische Universum darstellen, hergestellt. In der Mitte des Mandala befindet sich eine Anhäufung von Reis, die den Weltenberg Meru symbolisiert. Die einzelnen Teile des Kosmos werden als Gabe auf dem Mandala niedergelegt, und jedes Mal wird eine kurze Darbringungsformel gesprochen. Nach Beendigung der Frühzeremonie ziehen sich die Mönche in ihre Zellen zurück, wo sie ihre speziellen Schutzgötter anrufen und den Sonnenaufgang mit Gebeten feiern. Um 9 Uhr morgens findet dann eine zweite Liturgie (*cho-ga*) statt, die wiederum an die Schutzgottheiten gerichtet ist. Jede Anrufung, die von liturgischen Verrichtungen wie Handgesten (Sanskrit: Mudrā) begleitet wird, soll die Gottheit erfreuen oder zufriedenstellen. Nach der Lehre ist es den Göttern, die sich in Meditation versunken in ihren Paradiesen aufhalten, gleichgültig, ob man sie anruft oder nicht. Der Kultus ist letztlich ein Mittel für den Gläubigen selbst, sich zu läutern. Ebenso bedeuten exorzistische Riten eigentlich das Heraufbeschwören eigener oder fremder böser Handlungen und Gedanken, die dann in Form von Dämonen visualisiert und von den durch die Opfergaben gerufenen Schutzgötter (Yidam) gebannt werden. Weitere Zeremonien finden mittags, nachmittags um 3 Uhr und abends um 6 oder 7 Uhr statt.

Dreimal am Tage serviert man größere Mahlzeiten, die erste nach der Frühzeremonie, die zweite mittags und die dritte nach dem Abendkultus. Fleisch ist durchaus Bestandteil des Essens, denn schon den Mönchen des frühen Buddhismus war es erlaubt, Fleischspeisen anzunehmen, wenn das betreffende Tier nicht ausdrücklich zum Verzehr des Mönches getötet worden war. In Tibet ist besonders das Fleisch des Yak (der bekannte tibetische Grunzochse) und des Schafes beliebt, weniger das von Ziegen.

Die jüngeren Mönche und die Novizen unterliegen einer strengen Zucht. Übertretungen der Klosterregeln sollen von jedem, der von ihnen Kenntnis erhält, angezeigt werden. Ein Mönch, der das Richteramt ausübt, entscheidet über die Schwere des Vergehens und die entsprechende Strafe. Als regelrechte Verbrechen gelten Mord, Diebstahl und Mißbrauch des Heiligtums. In der alten Zeit (vor der Zerstörung der tibetischen Klosterkultur durch die chinesischen Besatzer) wurden diese Verfehlungen mit harten körperlichen Züchtigungen geahndet, die bis zum Tode des Delinquenten führen konnten. Kleinere Vergehen wurden mit einer geringeren Zahl von Stockschlägen bestraft. In vielen Klöstern hatte sich die Praxis eingeschlichen, das Trinken berauschender Getränke und den Geschlechtsverkehr hinzunehmen und trotz Verbotes überhaupt nicht zu ahnden. Häufig wurde das Keuschheitsgelübde nur von den Ge-lug-pas wirklich ernst genommen, während es bei den anderen Schulen sogar vorkam, daß die Mönche mit Frauen zusammenlebten. Die gewaltigen Erschütterungen, die die tibetische Theokratie zum Einsturz brachten, die meisten geistlichen Würdenträger und auch viele andere Tibeter ins Exil trieben und den tibetischen Buddhismus überhaupt in eine ganz neue Situation brachten, haben auch auf diesem Gebiet eine Neubelebung strengerer Observanzen bewirkt.

Mehrfach wurde schon die Bedeutung der zahlreichen Buddhas, Bodhisattvas, Schutzgötter, usw. angesprochen. Dennoch wirkt die Vielfalt dieser teils friedlichen, teils zornvollen männlichen und weiblichen Figuren, die häufig in geschlechtlicher Vereinigung dargestellt sind, auf den Betrachter verwirrend. Sie sind real, aber nicht im konventionellen Sinne, sondern in dem der höheren Wahrheit, d.h. sie sind „leer", also visionäre Offenbarungen der letzten Realität. Bei der Darstellung des Tantrismus in Indien wurde bereits die Bedeutung des Ādibuddha und der fünf Tathāgatas erwähnt. Auch die Rolle der Bodhisattvas wurde bereits grob umrissen. Ihre Vielarmigkeit, Vielbeinigkeit und Vielköpfigkeit (Avalokiteshvara z.B. hat elf Köpfe) deuten auf die Komplexität der sich in ihnen offenbarenden Prinzipien hin. Während die Gottheiten mit friedvollen Aspekten Harmonie, Glück, Weisheit und Freude zum Ausdruck bringen, sind die zornvollen Gottheiten Verkörperungen der Wissenskräfte. Sie bringen durch ihren Zorn die Vernichtung der Illusion zum Ausdruck, die sich die Lebewesen über sich und die Welt machen, d.h. aber auch Vernichtung aller Leidenschaften, zu deren Extremen ungezügelte Begierde und tiefer Haß gehören. Sie tragen Ketten von Totenschädeln, Tigerfelle als Machtsymbole,

Schlangen als Wissenssymbole sowie solche Attribute wie Schädelschale, Schenkeltrompete, Hackmesser, usw., um den Menschen an die Vergänglichkeit des eigenen Seins und die Leere aller Erscheinungen zu erinnern. Bestimmte Gottheiten sind eigentlich nur zornvolle Aspekte friedvoller Bodhisattvas, so ist etwa Mahākala („der Große Schwarze") die zornige Seite Avalokiteshvaras und Yamāntaka die des Bodhisattva Manjushrī. Über besondere magische Qualitäten verfügt eine Gruppe weiblicher Gottheiten, die Dakinīs, die manchmal recht vereinfacht als „Hexen" bezeichnet werden, die aber ebenso wie andere Gottheiten des tibetischen Pantheons den Heilsweg befördern sollen, wenn man über sie meditiert. Der persönliche Schutzgott (Yidam), der einem vom Lama zugeteilt wird, ist das wirksamste Mittel gegen alle persönlichen Verunklarungen.

Alle Gottheiten existieren jedoch nicht isoliert, sondern sind Mittelpunkt eines Universums, in der Ikonographie als Mandala, als kosmisches Diagramm, wobei das Universum sowohl als Makro- wie als Mikrokosmos verstanden wird. Es besteht aus einem Kreis mit einem ihm einbeschriebenen Quadrat, die beide ein gemeinsames Zentrum haben. Dies stellt oft den Palast einer Gottheit dar, die in der Mitte desselben thront, nicht selten in geschlechtlicher Vereinigung mit seinem weiblichen Gegenpol, was ja bekanntermaßen (siehe oben) die Einheit von Methode (*upāya*) und Weisheit (*prajñā*) bedeutet. Die die Hauptgestalt umgebenden Nebengötter verkörpern bestimmte Aspekte von ihr. Um den Palast gruppieren sich mehrere Kreise, die verschiedene Sphären darstellen, die der Betrachter meditativ durchschreiten soll, bevor er in den Palast eintreten kann und schließlich wesenseins mit der zentralen Gottheit wird, wobei ihm die Erkenntnis zuteil wird, daß alles leer ist. Auch diese mystische Schau durch Meditation ist aber nur durch vorhergehende Einweihung eines Meisters möglich. Beliebt ist die Darstellung von Mandalas auch auf den Thangkas, den sogenannten tibetischen Rollbildern, die inzwischen beliebte Kunstobjekte in westlichen Ländern geworden sind. Als ein in Stein gehauenes Mandala gilt der — allerdings weit vom tibetischen Kulturraum entfernte — Borobudur auf Java (siehe unten).

Das Alltagsleben der Mönche wird von Zeit zu Zeit durch religiöse Feste aufgelockert, die bei diesen Kalenderfesten aktiv Kulthandlungen durchführen, während die Laien Zuschauer, aber zugleich auch Nutznießer der frommen Handlungen sind. Der tibetisch-buddhistische Festkalender orientiert sich an den Voll- und Neumondstagen sowie den vier wichtigsten Ereignissen im Leben des historischen Buddha: Geburt, Erleuchtung, erste Predigt und endgültiges Eingehen ins Nirvāna. Das Kalenderjahr beginnt mit dem Neujahrsfest (Losar), das aber hauptsächlich im Familienkreis gefeiert wird. In den letzten Tagen des alten Jahres reinigt man gründlich das Haus, und auf dem Hausaltar symbolisiert ein Korb mit verschiedenen Lebensmitteln eine reiche Ernte. Dieses Fest ist im eigentlichen Sinne kein buddhistisches, erhält aber durch die Teilnahme der Mönche eine besondere Weihe. Unmittelbar daran an schließt sich das Fest des „Großen Gelübdes" (Mon-lam), das vom 3. bis zum 25. Tag des ersten Monats dauert und von Tsong-kha-pa im Jahre 1409 eingeführt worden war. In ihm spielen exorzistische Elemente wie die Austreibung des im Verlauf des alten Jahres angesammelten Schlechten eine nicht unwesentliche Rolle. Nach den Ge-lug-pa-Lehren geht es aber nicht nur um die Sicherung des neuen Jahres, sondern darum, den Niedergang der Gemeinde und der vom Buddha Shākyamuni gepredigten Lehre aufzuhalten, der sich durch Seuchen, Hungersnöte und Kriege ankündigt. Dadurch soll auch die Wirksamkeit des zukünftigen Buddha Maitreya vorbereitet werden. Zu diesem Zweck verteilt die Regierung an die Mönche Heilpflanzen zur Abwehr von Krankheiten, Seidenstoffe gegen die Gefahr, die durch Waffen droht, und Speisen und Geld gegen eine etwaige Hungersnot. Während dieses drei Wochen dauernden Festes finden sechs Mönchsversammlungen statt: Drei sind die sogenannten „trockenen", an denen tagsüber liturgische Feiern abgehalten werden, während nachts aus heiligen Texten gelesen wird, ohne daß die Mönche Tee, Suppe oder Geld erhalten, wie dies bei den drei „feuchten" der Fall ist. Das Fest endet am 25. Tag des ersten Monats mit einer Morgenprozession, in der die Statue des Maitreya, auf die die Feierlichkeiten abzielen, auf dem mittleren Umrundungsweg (Barkhor) in Lhasa getragen wird. Nach den Unruhen während dieses Festes im Jahre 1987 haben die Chinesen seine Feier bis auf weiteres verboten.

Vom 10. bis zum 15. des ersten Monats feiert man das große Wunder von Shrāvastī, ein Ereignis, bei dem der historische Buddha einst seine und die Gegner des religiösen Gesetzes, die Häretiker, besiegte. In Tibet wurde dies zusätzlich mit der Niederwerfung der alten Religion in Verbindung gebracht.

Am 7. Tag des vierten Monats feiert man den Geburtstag des Buddha, der in den Klöstern mit großen Zeremonien begangen wird. Am 15. Tag des vierten Monats ist das Fest der Erleuchtung und des endgültigen Eingangs des Buddha ins Nirvāna, am 4. Tag des sechsten Monats das Fest der ersten Predigt, am 22. Tag des neunten Monats seine Herabkunft aus dem Tushita-Himmel.

Neben diesen allgemeinen Festen feiern die verschiedenen Schulen noch die auf ihre eigenen Heiligen oder bestimmte Ereignisse bezogenen Tage, so etwa die Nying-ma-pas-Begebenheiten im Leben des Padmasambhava.

Viele dieser buddhistischen Feste können ihren ursprünglich volkstümlichen Charakter nicht verleugnen, weil an ihnen auch allerlei Lustbarkeiten wie Pferderennen, Bogenschießen, Ringen und Steinheben stattfinden.

Eine spezielle Art von Feierlichkeiten zur Vernichtung des Bösen sind die in vielen Klöstern zelebrierten Cham-Tänze. Alles Böse, das die Gemeinde angehäuft hat, wird dabei in eine kleine Teigpuppe verbannt, die man im Zentrum des Tanzplatzes, den zumeist der Klosterhof bildet, aufgestellt hat. Am Ende des Festes wird diese Figur dann verbrannt oder zerstört. Die Tänzer treten in Masken und farbenprächtigen Brokatgewändern auf und verkörpern die Dharmapālas, die Beschützer der buddhistischen Religion, oder ihre tierköpfigen Hilfsgeister. Die Hauptrolle spielt eine Yidam-Gottheit erster Ordnung wie Mahākāla oder Yamāntaka. Außer diesen Hauptakteuren treten noch solche Figuren wie die Herren der Friedhöfe in mit Skeletten bemalten Gewändern und mit Totenköpfen auf oder Hoshang, der Vertreter der chinesischen Buddhisten, der der Tradition nach in der Samye-Debatte von 792—794 unterlag, sowie komische Figuren, die menschliche Schwächen parodieren.

Auch in der Volksreligion ist die Vorstellung von jenseitiger Vergeltung und der Seelenwanderung geläufig, durch die Schicksalsschläge, Leiden und besondere Ereignisse erklärt werden. Hier ist es tatsächlich die Seele, die wandert, und nicht die karmische Potenz, die Wiederverkörperungen bewirkt. Nach diesen Anschauungen kann sie durch sechs Abteilungen wandern: die Himmel, die Örtlichkeiten halbgöttlicher Wesen, die Tierwelt, die Höllen, die Wohnungen gewisser Gespenster wie der Hungergeister und die Existenz als Mensch auf der Erde. Dabei ist die Wiedergeburt in einem der Himmel höchst erstrebenswert, wobei die verschiedenen buddhistischen Himmelskonzeptionen meist im Paradies des Amitābha zusammenfließen, während die Furcht vor den Höllen und den bösen Geistern sehr stark ist. Gerade wegen dieser Furcht vor gefährlichen Mächten bedarf man des Gegenzaubers, wovon der verbreitetste das heilige Wort ist. Um dies wirksam anwenden zu können, braucht man die Mönche. Diese rezitieren hauptsächlich heilige Formeln, von denen die bekannteste „Om Mani Padme hum" ist, die dem Avalokiteshvara zugeeignet wird. Damit kann man dessen Hilfe erlangen und sogar den Einzug in das Paradies des Amitābha. Um diese Formel ranken sich allerlei mystische Auslegungen: Die sechs Silben repräsentieren die sechs Abteilungen der Welt, jede hat eine ihr eigene Farbe. Nicht allein das Sprechen heiliger Formeln ist wirksam, sondern auch das Schreiben auf Zauberzetteln, den sogenannten Mantras oder Dhāranīs. Solche geschriebenen Sprüche werden an die Wand geklebt oder mit sich getragen. Bei Krankheiten ist es auch üblich, diese Zettel zu verzehren. Eine andere Methode, die Zauberworte nutzbar zu machen, besteht darin, sie auf Stofflappen zu schreiben und als Flaggen aufzuhängen, die man an Tempeln, Chörten (Stūpa), Altären und auch an Dächern von Wohnhäusern anbrachte. Dann gibt es auch noch die Gebetszylinder, um die man Papierstreifen mit den Formeln wickelt. Diese Zylinder (oft fälschlich als Gebetsmühlen bezeichnet) kann man drehen und dadurch die Zauberworte wirksam machen. Ähnliches läßt sich über das ganze Opferwesen sagen, mit dem man die Gottheiten beschwichtigen oder weltliche Vorteile erlangen will. Für den einfachen Gläubigen haben die Tulkus, die hohen Reinkarna-

tionen, und an deren Spitze der Dalai Lama, eine gottähnliche Stellung und werden auch so verehrt.

Der Glaube an die reale Wiederverkörperung eines Tulku, also der Inkarnation eines Bodhisattva oder zumindest einer hohen Lama-Persönlichkeit, ist ein Spezifikum des tibetischen Buddhismus. Da diese Wiederverkörperung erst nach dem Tod der alten Inkarnation stattfinden kann, ergibt sich das Problem, die neue aufzufinden. In Frage kommen männliche Kinder, die kurz nach dem Ableben des Amtsinhabers bis zu sechs Jahren danach geboren wurden. Zu den Kriterien ihrer Identifizierung gehören neben wundersamen Phänomenen bei der Geburt dieser Kinder auch bestimmte Eigenschaften, die sie mit der früheren Inkarnation gemeinsam haben, oder auch das Wiedererkennen von Gegenständen, die früher in deren Besitz gewesen waren. Im Falle des Dalai Lama befragte ein Komitee von Lamas, Laienbeamten und Vertrauten des Verstorbenen das große Orakel und besuchte zu einem festen Zeitpunkt den weissagenden See Lamo Lhatso in der Nähe des Klosters Samye, wo Visionen dann den Anlaß dazu gaben, in bestimmten Regionen Tibets nach in Frage kommenden Kindern zu suchen. Diese wurden eingehenden Prüfungen unterzogen, darunter der, ob sie Gegenstände des Verstorbenen oder Personen aus seinem engsten Bekanntenkreis wiedererkennen. In der chinesischen Kaiserzeit wurde bei mehreren Kandidaten das Los gezogen, und diese Aufgabe übernahm der Amban, der Resident des Kaisers in Lhasa. Diese Kontrollmaßnahme entfiel im unabhängigen Tibet (1912—1950), d.h. bei der Auswahl des 14. Dalai Lama Tenzin Gyatso (geb. 1935), der 1938 anerkannt, 1939 nach Lhasa gebracht und am 20. Februar 1940 inthronisiert wurde. Das entsprach der Praxis, die neugefundene Inkarnation im Alter zwischen etwa drei bis sechs Jahren in den Potala zu bringen und dort einer besonderen Ausbildung zu unterziehen. In der Zeit der Minderjährigkeit führte ein Regent die Staatsgeschäfte, die er dann bei der Volljährigkeit des Dalai Lama (mit 18 Jahren) an diesen übergab. Das war der Grund, warum die meisten Dalai Lamas des 19. Jahrhunderts spätestens dann, wenn sie volljährig wurden, einem Mordanschlag zum Opfer fielen. Auch für den 14. Dalai Lama führte zunächst von 1941 bis 1950 der Abt des Klosters Reting die Regentschaft. Dann folgte aber ein Ereignis, das nicht nur für Tibet, sondern auch für den tibetischen Buddhismus einen so gewaltigen Umbruch herbeiführte, der langfristig zum Erlöschen der tibetischen Kultur in Tibet selbst führen könnte.

Nach dem Sieg der kommunistischen Revolution unter Mao Zedong (1893—1976) in China entsandten die Chinesen im Herbst 1950 ihre Armee nach Tibet. Die Begründung für diesen Eroberungsfeldzug war letztlich die bis 1912 bestehende Oberhoheit der sino-mandschurischen Kaiser, die das Land seit 1720 militärisch und politisch kontrolliert hatten. Die chinesische Armee kämpfte rasch jeden organisierten Widerstand nieder und besetzte 1951 Lhasa. In einem 17-Punkte-Abkommen mußte Tibet die chinesische Souveränität anerkennen, dafür verpflichtete sich China, das traditionelle Regierungssystem unangetastet zu lassen und die Stellung des Dalai Lama zu garantieren, der jetzt im Alter von sechzehn Jahren als Staatsoberhaupt eingesetzt wurde. Ferner sicherten die Chinesen das uneingeschränkte Recht auf Ausübung der Religion zu. In der Anfangsphase (bis etwa 1954) hielt sich die kommunistische Führung in Beijing im Rahmen der propagierten guten Beziehungen zu den Nachbarländern, von denen einige buddhistisch geprägt sind, an die Vereinbarungen. Zum anderen wurde Mao Zedong ein quasireligiöser Nimbus verliehen, der ihm unterschwellig die Rolle Maitreyas, des Buddhas der Zukunft, zuwies. Doch schon bald spielte die chinesische Politik den tibetischen Adel und den Klerus gegeneinander aus und stärkte die Rolle von Chokyi Gyaltsen (1937—1989), dem 7. Panchen Lama. Gleichzeitig begannen in den Jahren 1954/55 bis 1959 in Osttibet eine antireligiöse Kampagne sowie allgemein der Eingriff in die Sozialstruktur sowie die Erhebung neuer Steuern. Dies führte bereits 1956 in Osttibet zu einem großen Aufstand, der sich bis 1958 nach Zentraltibet ausweitete und im März 1959 die große Erhebung in Lhasa selbst auslöste. Der Aufstand wurde mit großer Brutalität niedergeworfen, und einige Klöster wurden zerstört oder entweiht und dabei deren Kostbarkeiten wie Statuen, Rollbilder und historische religiöse Objekte geraubt und zum Teil zerstört. Dem Dalai Lama gelang am 30. März 1959 die Flucht nach Indien, wo er in Dharmsala im indischen Bundesstaat Himachal Pradesh eine tibetische Exilregierung bildete. Tibet wurde jetzt völlig der chinesischen Herrschaft unterworfen. Anstelle der Theokratie entstand eine kommunistische Verwaltung, dem Adel wurden seine Privilegien entzogen und die viele Mönche aus ihren Klöstern vertrieben. Im anhaltenden Widerstand fielen Tausende von Tibetern, andere wurden für Jahrzehnte in Arbeitslager oder Gefängnisse gesteckt. Am 9. September 1965 schuf die chinesische Regierung die „Autonome Region Tibet", die im großen und ganzen die Gebiete umfaßte, die unter der Herrschaft Lhasas gestanden hatten, während man den größeren Teil von Kham und Amdo den angrenzenden chinesischen Provinzen zuschlug. Eine neue Welle der Verfolgung setzte mit der „Großen Proletarischen Kulturrevolution" im Jahre 1966 ein, die sich unter anderem auch gegen das „feudalistische" Kulturerbe Chinas richtete und somit gegen das Tibets. Am 25. August 1966 begannen in Lhasa die Aktionen der „Roten Garden" Maos, die sich auf ganz Tibet ausdehnten und der in einer gewaltigen Zerstörungswelle die meisten Klöster und Tempel Tibets zum Opfer fielen, von denen oft noch nicht einmal die Grundmauern erhalten geblieben sind. Statuen wurden zerschlagen, Metallgegenstände eingeschmolzen, Rollbilder und religiöse Texte vernichtet. Viele Kulturgüter wurden auch geraubt und nach China gebracht. Die Chinesen selbst geben an, 79,6% der religiösen Stätten vernichtet und 93,6% der Mönche in den Laienstand versetzt zu haben.

Das Ziel, die buddhistische Religion in Tibet auszurotten, konnte trotz dieser massiven Verfolgungen nicht erreicht werden, doch ist es nicht sicher, ob die Chinesen es durch eine starke Ansiedlungspolitik von Han Chinesen in Tibet und die radikale Reduzierung der Mönche langfristig nicht doch verwirklichen können. Nach dem Tode Maos und dem Aufstieg des Reformers Deng Xiaoping fand seit 1978 eine allmähliche Änderung der chinesischen Politik zur Religion in Tibet statt. Eine beschränkte Anzahl von Tempeln und Klöstern wurde restauriert, darunter Drepung und Tashilhunpo, wo auch ein kleines Kontingent von Mönchen residieren durfte. Diese Lockerung bewirkte, daß die Tibeter ihre bisher unterdrückten religiösen Gefühle wieder offen zeigen konnten. Das hatte einen Zustrom von Pilgern nach Lhasa zur

Folge, die sich dort vor der (Kopie der) Statue des Avalokiteshvara andachtsvoll niederwarfen. Hand in Hand damit ging die Förderung des ausländischen Tourismus einher, und man kann sich nicht des Eindrucks erwehren, daß die Liberalisierungspolitik in starkem Maße aus diesem Grund eingeleitet wurde. Denn als am 1. Oktober 1987, dem chinesischen Nationalfeiertag, friedlich demonstrierende Mönche verhaftet wurden, kam es zu gewalttätigen Auseinandersetzungen. China sah in solchen Kundgebungen Aufbegehren gegen seine Herrschaft. Deshalb unterdrückten sie im März 1988 anläßlich der Neujahrsfeiern erneut tibetische Demonstranten, darunter vor allem Mönche. Damit wurde eine neue Phase der Repression eingeleitet, die man durch die Ansiedlung von Han-Chinesen noch zusätzlich zu zementieren sucht: die chinesische Bevölkerung Lhasas übertrifft inzwischen die der Tibeter. Seitdem wurde die Feier des Mon-lam-Festes verboten und jegliche Form der Religionsausübung restriktiv überwacht. Der im Exil lebende 14. Dalai Lama bemühte sich ständig, mit den Chinesen auf dem Verhandlungswege eine Übereinkunft zu erzielen. Dafür erhielt er im Jahre 1989 den Friedensnobelpreis.

Wenn auch das Schicksal des tibetischen Buddhismus in seiner Heimat ungewiß ist, so erlebte er im Ausland durch die große Zahl tibetischer Flüchtlinge doch eine ungeahnte Neubelebung. Viele fanden in Indien, Nepal und Bhutan eine neue Heimat, doch hat sich eine nicht unbeträchtliche Zahl auch in Nordamerika und Europa niedergelassen, wo sie ihrem religiösen Leben wieder nachgehen können und auch Westler beeinflußt haben (siehe unten).

2. Mongolei

Bereits im 13. Jahrhundert hatten die Mongolen unter den China regierenden Großkhanen Verbindung zum tibetischen Buddhismus geknüpft (siehe oben). Doch erst die Ge-lug-pas unter ihrem dritten Hierarchen Sod-nam Gyatso konnten den Tümed-Mongolen Altan Khan 1576 dazu veranlassen, sich zum Buddhismus zu bekennen. Ihm folgten bald das ganze Volk der Tümed sowie die Ordosmongolen. Neue Gesetze wurden verkündet, die die Verbreitung des Lamaismus unter den Mongolen sicherstellten. Dazu gehörte das Verbot, Frauen, Sklaven und Vieh als Grabbeigaben zu töten. Binnen weniger Jahre folgten andere mongolische Fürsten, und so verbreitete sich der tibetische Buddhismus durch den Bau von Klöstern und die Übersetzung der heiligen Texte aus dem Tibetischen in die mongolische Sprache rasch aus. Diese Verbreitung des Buddhismus ging Hand in Hand mit der Vernichtung von Idolen der alten Götterbilder. Im 17. Jahrhundert hielt in der Mongolei auch das Tulku-System seinen Einzug. In der Stadt Urga (heute Ulan Bator) residierten von dieser Zeit an bis 1924 die Wiederverkörperungen des Maidari Hutuktu, von denen der erste ein 1635 geborener Sohn des Fürsten der Qalqa-Mongolen war. Nach der Angliederung der mongolischen Territorien an das sino-mandschurische Kaiserreich fürchteten die Kaiser in Beijing, diese Inkarnationen könnten zum Kristallisationspunkt eines mongolischen Nationalbewußtseins werden, und ordneten daher an, daß sie sich hinfort immer in Tibet wiederzuverkörpern haben. Andererseits wurden zahlreiche Klöster in der Mongolei mit kaiserlichen Mitteln erbaut. Diese Entwicklung hatte entscheidende gesellschaftliche und wirtschaftliche Veränderungen zur Folge, da der lamaistische Klerus jetzt zum größten Grundbesitzer des Landes wurde.

Nach dem Sturz der Mandschus im Jahre 1912 erlangte die Mongolei mit dem 8. Maidari Hutuktu als Staatsoberhaupt ihre Unabhängigkeit, doch 1921 siegte die kommunistische Revolution, die nach seinem Tod eine neue Wiederverkörperung verbot. Unter dem Diktator Chojbalsan begann dann eine rigorose Verfolgung des Buddhismus, bei der Klöster zerstört, das Klosterland enteignet und zahlreiche Mönche getötet und die meisten laisiert wurden. Eine Wiederbelebung der Religion erfolgte erst nach dem Ende der Sowjetunion im Jahre 1991, was auch einen Wandel in der Mongolei bewirkte.

VIII. Der Buddhismus in Südostasien

1. Die Geschichte des Buddhismus in Malaysia und auf dem indonesischen Archipel

Der Buddhismus erreichte wie der Hinduismus die indonesische Inselwelt entweder durch indische Kolonisatoren oder Händler. Die Anfänge dieser Kontakte liegen im Dunkeln, doch sind uns aus Kalimantan (Borneo) Königsinschriften eines hinduistischen Herrschers erhalten, die man um das Jahr 400 datiert. Aus dem 5. Jahrhundert sind Buddha-Statuen aus so fern auseinanderliegenden Plätzen wie Celebes, Sumatra und Ostjava erhalten, die im Kunststil von Amarāvatī (im südindischen Bundesstaat Andhra Pradesh) hergestellt wurden. Schriftliche Zeugnisse aus dieser Zeit und den nachfolgenden Jahrhunderten existieren nur in Form der Reiseberichte chinesischer Pilger, wobei für diesen Raum in der Hauptsache die des Faxian (er reiste zwischen 399 und 414) und des Yijing (635—713) von Bedeutung sind. Der erste weiß noch nichts vom Buddhismus auf Java, wo sich nach seinen Angaben „die Ketzerei des Brahmanismus ausgebreitet" habe. Yijing, der sich jahrzehntelang (671—695) außerhalb Chinas aufgehalten hat, davon die meiste Zeit im indisierten Reich von Shrīvijaya, das hauptsächlich Sumatra und die Malaiische Halbinsel umfaßte, berichtet vom Vorherrschen des Hīnayāna-Buddhismus in dieser Region, doch waren auch andere Schulrichtungen vertreten, darunter das Mahāyāna. Jedenfalls war Shrīvijaya ein Zentrum buddhistischer Gelehrsamkeit, das auch engen Kontakt mit der bengalischen Klosteruniversität Nālandā pflegte. Sehr bald dominierten hier und in Indonesien das Mahāyāna und tantrische Schulen. Dies geht aus drei in Sumatra gefundenen Inschriften hervor, die zwischen den Jahren 683 und 686 verfaßt wurden. In einer ist von einer Flottenexpedition die Rede, die als eine *siddhayātrā* bezeichnet wird, als ein Zug zum Erwerb von Siddhas, d.h. magischen Kräften, die dem Reich und allen Wesen (*sarvasattva*) zugute kommen sollen. Eine andere teilt uns mit, daß die vollkommene Einsicht angestrebt werde; eine ihrer Stadien ist die Erlangung des Diamantkörpers (*vajra-sharīra*), ein Begriff, der dem tantrischen Buddhismus zuzuordnen ist. In Shrīvijaya hielten sich im Jahre 717 aufgrund widriger Winde auch Vajrabodhi und Amoghavajra auf, die den Tantrismus nach China einführten (siehe oben). Die weitere Geschichte Shrīvijayas und seines Buddhismus verliert sich aufgrund fehlender Quellen im Dunkeln.

Ein neues Zentrum des Buddhismus wurde Mitteljava, was durch Bauten und Inschriften hinlänglich gut dokumentiert ist. Diese datieren zwischen dem 8. und 10. Jahrhundert und sind zunächst in Sanskrit verfaßt, werden aber bald durch das Altjavanische (Kawi) ersetzt. Bei der Verbreitung indischer Religionen ist davon auszugehen, daß diese wie auch in anderen Regionen die einheimischen Kulte nicht einfach verdrängten, sondern sie integrierten und von ihnen beeinflußt wurden. Das trifft besonders für den Ahnenkult zu, dessen Bedeutung sogar noch heute im indonesischen Islam zu spüren ist. Der Buddhismus in der Form des Mahāyāna war wohl hauptsächlich auf die höheren Bevölkerungsschichten beschränkt, was sich daran ablesen läßt, daß sich seine Heiligtümer nur in einem relativ kleinen Gebiet finden, während die Zeugnisse des Shivaismus im ganzen Land anzutreffen sind. Da die Inschriften die einzigen schriftlichen Quellen sind, kann man sich kein genaues Bild über die Geschichte jener Zeit machen. Zunächst herrschte wohl die shivaitische Sañjaya-Dynastie in Mitteljava vor, wie aus einer 732 verfaßten Inschrift hervorgeht. Offensichtlich geriet sie im letzten Viertel des 8. Jahrhunderts in die Abhängigkeit der Shailendra-Dynastie, die Anhängerin des Mahāyāna-Buddhismus war. Dies läßt sich aus mehreren Inschriften und Bauten, vor allem einem der großartigsten Monumente des Buddhismus, dem Borobudur, ablesen. In einer Urkunde des Heiligtums von Kalasan aus dem Jahre 778 für die Göttin Tārā heißt es, sie möge den im Samsāra verstrickten Personen Rettung durch die drei Hilfsmittel (*upāya*) bringen. Außerdem war diese Stätte ein Aufenthaltsort für Mönche, die mit dem Mahāyāna der Ordenszucht (*vinaya*) vertraut sind. In anderen

Inschriften werden die Bodhisattvas Avalokiteshvara und Mañjushrī und der Buddha Amitābha genannt. Ein Standbild des Mañjushrī ist ein Schutzdamm für die buddhistische Lehre, den Dharma, und in ihm sind Buddha, Dharma und Sangha verborgen anwesend. Außerdem ist Mañjushrī auch Brahmā, Shiva und Vishnu, d.h. die drei großen hinduistischen Götter, ein Hinweis auf den Versuch, deren Kult im Buddhismus zu integrieren.

Sehr aufschlußreich sind natürlich die Baudenkmäler und ihre Skulpturen, die steinerne Zeugnisse der Lehre sind. Wegen seiner Größe und Komplexität soll deshalb der Borobudur an dieser Stelle eine besondere Würdigung erfahren. Im Gegensatz zu den meisten anderen Heiligtümern in seiner Umgebung besitzt er keine Inschrift, so daß man seine Entstehungszeit auf etwa 800 n. Chr. ansetzt. Das Monument wurde auf einem abgeplatteten Hügel in zehn abgestuften Terrassen errichtet. Die sechs untersten Terrassen sind quadratisch, die restlichen vier rund. Die erste von ihnen besitzt einen Durchmesser von 108 Metern, die Höhe der gesamten Anlage vom Boden bis zur Spitze des zentralen Stūpas beträgt 32,50 Meter. Die quadratischen Terrassen bilden korridorartige Umgänge mit Wänden, an denen sich kilometerlange Reliefs und zahlreiche Buddhafiguren befinden. In der Mitte eines jeden Quadranten führen Treppen, die von Toren überwölbt sind, zur nächsthöheren Terrasse. Die oberen Rundterrassen liegen unter dem freien Himmel und beherbergen insgesamt 72 glockenförmige Stūpas, und zwar von unten nach oben gezählt 32, 24 und 16. Auf der obersten Terrasse steht als Mittelpunkt des ganzen der Hauptstūpa. Die unterste Terrasse ist ein breiter Umgang, der als Prozessionsweg (*pradakshinapatha*) diente. Dem Gläubigen sollten die an den Innenseiten der Balustraden angebrachten 1300 Reliefs Gelegenheit zur Meditation geben. Dieser stetige Aufstieg bis hin zum Zentralstūpa führt aus der irdischen Welt der Phänomene zu immer reineren Sphären des Geistes bis hin zur Leerheit.

Die unterste (zugebaute) Terrasse zeigte in 160 Reliefs in Anlehnung an den Mahāyāna-Text Karmavibhanga die Folgen der Taten (karman), die im Bereich des Kāmadhātu (der Welt der Begierden) begangen werden, etwa solche, die ein langes oder ein kurzes Leben, Krankheit oder Gesundheit, Armut und Mißernte oder Reichtum und Überfluß bewirken.

Auf der nächsten Terrasse, d. h. der ersten Galerie, zeigen 120 Reliefs das Leben des historischen Buddha von dem Augenblick an, wo er sich im Tushita-Himmel zur Herabkunft auf die Erde entschließt bis hin zu seiner ersten Predigt in Benares. Der diesen Darstellungen zugrunde liegende Text ist der Lalitavistara („Ausführliche Geschichte vom Spiel [des Buddha]"), ein Mahāyāna-Text, in dem die irdische Existenz des Buddha nur ein Spiel des transzendenten Buddha ist. Gerade diese mit wundervollen Ereignissen ausgestattete Legende bot der bildenden Kunst genügend Stoff zur Ausgestaltung. Es schließen sich 720 Reliefs an, in denen zum einen Jātaka-Szenen dargestellt sind, das sind Geschichten über die früheren Existenzen des Bodhisattva, zum anderen Avadānas, das sind Begebenheiten aus dem Leben anderer buddhistischer Persönlichkeiten. Welche der Textsammlungen die Künstler hier zugrunde gelegt haben, ist nicht ganz klar, sieht man von den 135 Reliefs ab, die sich auf die Jātakamālā des Āryashūra beziehen.

Die Hauptmauer der zweiten Galerie und die Mauern an den beiden Seiten der dritten und vierten Galerie stellen den Gandavyūha dar, die Geschichte von Sudhana, einem reichen jungen Mann, der nach der absoluten Weisheit sucht und dabei die Hilfe mehrerer Lehrer in Anspruch nimmt. Die Hauptfigur ist der Bodhisattva Samantabhadra, gefolgt von Mañjushrī, die zuerst auftreten. Die Szene wechselt dann in das Paradies der Götter, wo Buddha Shākyamuni in einem der Paläste Indras auf dem Berg Meru begrüßt wird und zehn Bodhisattvas seine Weisheit preisen. Im folgenden sieht man den historischen Buddha im Himmel Yamas, des Gottes der Unterwelt, im Tushita-Himmel, wo seine Mutter Māyā lebt, und in zahlreichen anderen himmlischen Gefilden. Schließlich wechselt die Szene in den Jetavana in Shrāvastī, wo der Buddha seine Lehre verkündet. Dort verläßt ihn Mañjushrī und beginnt seine Reise nach Süden, auf der er den Helden der Geschichte, den jungen Sudhana, trifft. Dieser lernt durch Mañjushrī die wunderbaren Taten des Buddha kennen und macht sich selbst zum Anwärter für die Erleuchtung (*bodhi*). Dann verläßt ihn der Bodhisattva, wandert nach Südindien und verkündet dort die Lehre des Buddha in 110 Städten, während Sudhana auf der Suche nach Weisheit und den richtigen Lehrer eine endlose Wanderung beginnt. Er besucht dreißig Personen von unterschiedlichen Berufen im Süden und wird von einem zum anderen geschickt, ohne daß sein Wissensdurst gestillt wird. Er trifft danach weitere Lehrer, darunter auch Gopā, die Frau des historischen Buddha und seine Mutter, die im Himmel wiedergeboren wurde. Langsam fühlt er einen Erfolg seiner Bemühungen, denn mit jedem Lehrerwechsel ist sein Wissen gewachsen. Mit seinem Eifer überlebt er hundert harte Prüfungen und kommt schließlich zu Maitreya, dem Buddha der Zukunft. Mit dieser Darstellung endet die Reliefdarstellung der zweiten Galerie. Die dritte beginnt mit der Abbildung Maitreyas, der Sudhana zurück an Mañjushrī verweist, der allein sein Wissen vollkommen machen kann. Dieser schickt ihn wiederum zu Samantabhadra, der ihn anweist, eine Pilgerreise zu verschiedenen buddhistischen Heiligtümern zu unternehmen. Dies werde ihm helfen, die notwendige demütige Geisteshaltung anzunehmen, und wenn er dies erreicht habe, solle er sich wieder von Maitreya leiten lassen. Schließlich wird er für wert befunden, zurück zu Samantabhadra zu gehen und von ihm die vollkommene Bodhi zu empfangen.

An den Balustraden sind Buddhastatuen in Rundskulptur angebracht, wobei jede Seite eine andere Handhaltung aufweist: An der Ostseite ist die Bhūmisparshamudrā (Geste der Erdberührung), mit der der Buddha die Erde als Zeugin für seine Lehre anruft, an der Südseite die Varadamudrā (Geste der Wunschgewährung), an der Westseite die Dhyānimudrā (Geste der Meditation) und an der Nordseite die Abhayamudrā (Geste der Furchtlosigkeit). Auf der obersten Balustrade haben die Buddhas aller Himmelsrichtungen ein- und dieselbe Geste, nämlich die Vitarkamudrā (die Geste der Argumentation). Geht man dann zu den runden Terrassen über, schwindet die Vielfalt der Reliefs, und man trifft auf die in Glockenstūpas in der Dharmacakramudrā (der Geste des In-Bewegung-Setzens des Rades der Lehre) sitzenden Buddhas, die durch rautenförmige Öffnungen sichtbar sind. Auf der obersten Plattform steht man dann schließlich vor dem völlig geschlossenen Zentralstūpa, der den Ādibuddha oder die Leerheit symbolisiert.

Betrachtet man den Borobudur in seiner Gesamtheit, so ist er ein riesiges Mandala, ein in Stein gegossenes Meditationsobjekt, das den Gläubigen von den niedrigsten Sphären bis zum Absoluten hinaufführt. Dies drückt sich auch in den drei Bereichen (*dhātu*) aus, aus denen der Kosmos besteht. Der unterste Bereich ist der der Begierde (*kāmadhātu*), wo die Auswirkungen des Karman gezeigt werden. Es folgt der Bereich der Gestaltungen (*rūpadhātu*), in der die Wesen meditieren und sich auf die vollkommene Erleuchtung vorbereiten, schließlich der Bereich der Formlosigkeit (*arūpadhātu*), wo alle Formen und Gestaltungen aufgehoben sind.

Eine weitere Besonderheit dieses Monuments ist seine Kombination aus Stūpa und Terrassenheiligtum, was einen Hinweis auf die Ahnenverehrung geben könnte, die bei indonesischen Terrassenheiligtümern üblich war. Inwieweit dieser Aspekt beim Borobudur eine Rolle gespielt haben könnte, entzieht sich aber letztlich unserer Kenntnis.

Nach dem Ende der Shailendra-Dynastie verlor der Buddhismus seine beherrschende Stellung, die nun der Shivaismus einnahm. Das bedeutete aber nicht das Verschwinden des Buddhismus, sondern führte in der Folgezeit zu einer gegenseitigen Beeinflussung beider Religionssysteme, insbesondere unter den Auspizien des Tantrismus. Zum Teil entwickelte man dem Shivaismus entlehnte Anschauungen wie die, daß man durch Ausübung von Yoga und Gehorsam seinem Guru gegenüber die Buddhaschaft jetzt erlangen könne, ja eine bestimmte Weihe schon die Realisierung der Buddhaschaft darstelle. In späterer Zeit kann man auf Java geradezu ein Ineinanderwachsen der verschiedenen Religionen beobachten. In der Singhasari-Periode (1222—1292) kommt es vor, daß Fürsten, die als Inkarnationen Vishnus galten, nach ihrem Tode in einem Tempel als Shiva und in einem anderen als Buddha bestattet wurden. Kertanagara (reg. 1268—1292), der letzte König dieser Dynastie, bezeichnete sich sogar als Shiva-Buddha, womit jetzt wohl nicht mehr zwei Manifestationen gemeint sind, sondern tatsächlich eine neue religiöse Gestalt. Auch in den tantrischen Praktiken dürften sich beide Religionen gegenseitig gespeist haben, etwa bei der kultischen Anwendung der „Fünf Genüsse" (*kāmapañcika*), zu denen auch bestimmte Speisen und Getränke und der Geschlechtsverkehr gehören.

Für einen Synkretismus zwischen Shivaismus und Buddhismus in Indonesien gibt es noch mehrere Zeugnisse auch in der darauffolgenden Majapahit-Periode (1292—1527), doch mag dieser Hinweis genügen, da das ganze alte Religionssystem durch die Islamisierung seit dem 15. Jahrhundert zwar nicht völlig untergegangen ist, aber als solches doch nicht mehr besteht. Eine Ausnahme bildet die Insel Bali, deren dominierende Religion der Hinduismus ist, der Buddhismus jedoch auch noch seinen Platz hat. An bestimmten wichtigen Zeremonien nehmen neben shivaitischen Priestern auch ein Pedanda Boda (buddhistischer Priester) teil, der als Attribute Vajra und Glocke als Symbole von männlich und weiblich trägt, die zusammen die höchste Realität bedeuten. Neben archäologischen Relikten des Buddhismus etwa in Goa Gaja findet man z. B. im Tempel von Pura Ulun Danu, einem Heiligtum der Könige von Mengwi, Statuen der fünf Dhyāni-Buddhas. In der Praxis entspricht Buddha heute nur noch einer untergeordneten Hindu-Gottheit.

2. Der Buddhismus in Burma

Nach Hinterindien soll der Buddhismus laut den ceylonesischen Inselchroniken bereits durch zwei Mönche gekommen sein, die unter dem indischen Kaiser Ashoka (3. Jahrhundert v. Chr., siehe oben) in das „Goldland" (Suvannabhūmi) entsandt wurden, was bisweilen mit Niederburma gleichgesetzt wird. Diese Nachricht ist jedoch kaum von historischem Wert. Eine chinesische Quelle aus dem 5. Jahrhundert n. Chr. berichtet aber, daß der Buddhismus im Reich Linyang blühte, was sich wahrscheinlich auf den Staat der Pyu, eines protoburmesischen Volkes, bezieht. Sowohl im Pyu-Reich von Shrīkshetra wie im Mon-Reich von Thaton herrschte der Theravāda-Buddhismus vor, während das Mahāyāna im wohl im 9. Jahrhundert n. Chr. gegründeten burmesischen Stadtstaat von Arimaddanapura (Pagan) seinen Einzug hielt. Dieses Reich von Pagan begründete unter König Anawrahta (1044—1077) das burmesische Großreich. Der Tradition nach führte er den Theravāda-Buddhismus in seinem Reich ein. Angeblich konnte er diesen erst 1057 durch die Unterwerfung des Mon-Reiches Thaton durchsetzen, das er bekriegte, um in den Besitz des Pāli-Kanons zu gelangen. Tatsächlich bestand die textliche Ausbeute wohl nur aus Kommentaren zu den Jātakas. Anscheinend ist das Bild, das Anawrahta als denjenigen hinstellt, der den Theravāda-Buddhismus zur Staatsreligion machte und alle anderen Formen des Buddhismus, die als ketzerisch abqualifiziert wurden, unterdrückte, erst in den burmesischen Chroniken des 17. und 19. Jahrhunderts entstanden. Denn dagegen sprechen sowohl die zeitgenössischen Inschriften wie auch das Bildprogramm einiger Tempel der Königsstadt Pagan. Es gab offensichtlich noch im 13. Jahrhundert tantrische Buddhisten, wofür einige Wandgemälde in Tempeln, die im Nordwesten Pagans stehen, Zeugnis ablegen. Dort sind Bodhisattvas in Umarmung mit ihren Shaktis sowie andere erotische Darstellungen zu finden. König Kyazwa (reg. 1234—1250), der einen dieser Tempel erbauen ließ, belieferte im Jahre 1248 dessen Mönche mit Fleisch und Alkohol. Diese Mönche waren die sogenannten „Waldeinsiedler" (Araññyasi), die aber trotz dieses Namens eigene Klöster mit großen Ländereien besaßen. Diese Tatsache war dem

Staat aber immer wieder ein Dorn im Auge, weshalb es wiederholte Versuche von seiner Seite gab, dieses Land zu verstaatlichen. Hierbei scheint es sich um Mahāyāna-Mönche gehandelt zu haben, deren Orden vor allem zwischen dem 13. und dem 16. Jahrhundert in Blüte stand.

Die Bedeutung des Mahāyāna läßt sich auch an den gefundenen Statuen von Figuren aus seinem Pantheon ermessen, darunter besonders die der Bodhisattvas Lokanātha (Avalokiteshvara) und Maitreya. Besonders letzterer, der im Theravāda-Buddhismus unter dem Namen Metteyya als Buddha der Zukunft gilt, genoß so große Popularität, daß diejenigen, die sich religiöses Verdienst erwarben, von der Hoffnung getragen wurden, ihre Erlösung in seinem Zeitalter zu erlangen. Mit der Figur des Metteyya wurden schon seit der Pagan-Dynastie bestimmte chiliastische Hoffnungen verknüpft. So strebte König Kyanzittha (reg. 1084—1112) danach, dieser Buddha zu sein. Gläubige brachten dem König Tiere, damit er sie freiließe, und den Übeltätern wollte er das Herz erweichen. Alle Wesen sollten in seiner letzten Existenz aus dem Ozean des Samsāra erlöst und zum Nirvāna geführt werden. Bei ihm scheint der Hang zum Theravāda-Buddhismus stärker ausgeprägt gewesen zu sein als bei seinem Vorgänger Anawrahta. Dabei spielte ohne Zweifel auch die Religionspolitik eine nicht zu unterschätzende Rolle. Die Völker der Burmesen und Mon sollten auch eine gemeinsame religiöse Grundlage bekommen, die er durch die Förderung indischer Kulte, in erster Linie die des Theravāda, forcierte. Es ist bemerkenswert, daß er aber daneben nicht nur das Mahāyāna begünstigte, sondern auch den Vishnuismus, bezeichnete er sich doch selbst in einer Inschrift von 1102 als Verkörperung Vishnus.

Entgegen der späteren Geschichtsklitterung, die Burma schon seit dem 11. Jahrhundert zu einer Hochburg der Theravādins machen will, die alle anderen religiösen Strömungen erstickte, wurde diese Hīnayāna-Richtung erst durch einen Jahrhunderte andauernden Prozeß zur dominierenden Religion in Burma. Ständige Streitigkeiten um Klosterland veranlaßten um 1181 König Narapatisithu (reg. 1173—1211), aus Sri Lanka die singhalesische Mönchsordination einzuführen, die den persönlichen Besitz von Mönchen sehr einschränkte. Dies hatte jahrhundertelange Rivalitäten mit den Mönchen, die sich auf die Ordinationslinie der Mon-Tradition beriefen (die sich wiederum von den legendären Mönchen Ashokas ableitete), zur Folge. Von der allgemeinen Frömmigkeit in der Hauptstadt Pagan zeugen die fast tausend buddhistischen Monumente, die auf fromme Stiftungen nicht nur der Königsfamilie und höhergestellter Persönlichkeiten des Reichs zurückgehen, sondern auch auf die aus den niedrigeren Schichten des Volkes. Die Stifter erhofften sich durch ihre verdienstvolle Tat entweder das Nirvāna oder eine glückliche Wiederverkörperung, über die man sich bisweilen ganz konkrete Vorstellungen machte. Noch heute bietet Pagan mit seinen zahlreichen Tempeln und Stūpas, die von meist schlanken Pagoden bekrönt sind, einen faszinierenden Anblick. Seit der Mitte des 13. Jahrhunderts geriet das Reich unter den Druck der von Norden aus vordringenden Shan-Völker (der burmesische Name für die Thai). Gleichzeitig drangen die Mongolen nach Süden vor und eroberten im Jahre 1287 Pagan. Nach ihrem Abzug gerieten die letzten Herrscher von Pagan in die Abhängigkeit von den Shan, die 1299 Pagan eroberten und dem Reich damit endgültig den Todesstoß gaben.

Das vorläufige Ende der burmesischen Herrschaft bedeutete aber nicht das Ende des Buddhismus, da die Eroberer ihn wie die indisierte Hochkultur übernahmen und in ihren neuerrichteten Staaten nach Kräften förderten. So schenkte Razadarit, der Shan-König von Pegu (reg. 1385—1423) tausend Mönchen sein Gewicht in Gold und vergrößerte die Shwe-Dagon-Pagode in Rangun (in der sich angeblich Haar-Reliquien des Buddha befinden). Einer seiner Nachfolger, Dhammaceti (reg. 1472—1492), setzte 1479 endgültig die ceylonesischen Vinayaregeln durch. In Pegu wurden 15 000 Mönche neu ordiniert; wer sich weigerte, diese zu befolgen, wurde aus dem Orden ausgeschlossen. Damit hatte der Staat die Kontrolle über die Befolgung von Ordensregeln errungen. Von nun an war die Vorrangstellung des orthodoxen Theravāda-Buddhismus gesichert. So wie Sri Lanka sich als Hort des authentischen Buddhismus und die von Buddha auserwählte Insel betrachtete (siehe oben), so kursierten in dieser Zeit auch Überlieferungen, der Buddha selbst habe die Sendung Pegus als Zentrum des Buddhismus prophezeit. Auch hier vollzog sich die Identifizierung von Buddhismus und Nationalbe-

wußtsein, die sich in Burma gegen die ebenfalls buddhistischen Thais richtete. Schon der Gründer des Zweiten Burmesischen Reiches von Toungoo, Tabin Shwehti (reg. 1531—1550), überzog Thailand mit Krieg, weil er Māra, den Versucher des Buddha, besiegen wollte. Sein Nachfolger Bayin Naung (reg. 1551—1581) unterwarf dann die Shan-Staaten Burmas und besiegte die Thai-Reiche von Chiengmai (1558), Ayuthya (1569) und sogar das laotische Vientiane (1574). Einerseits führte er blutige Kriege — die bedeutendsten Feldzüge hatten andere buddhistische Staaten zum Ziel —, andererseits verbot er den Shan das Opfern von Sklaven, Pferden und Elefanten bei Totenzeremonien ihrer Fürsten sowie Tieropfer an die Nats (Geister), auf deren Stellung in Bezug auf den Buddhismus noch später eingegangen wird. Seine Frömmigkeit dokumentierte er 1555, als er aus seinem Haar und dem seiner Hauptgemahlin einen Besen zum Fegen des Tempels der Zahnreliquie in Kandy auf Sri Lanka schickte. Nachdem die Portugiesen 1560 diese Reliquie geraubt und nach Goa gebracht hatten (siehe oben), versuchte er vergeblich, sie für 800 000 Rupien auszulösen. In krassem Gegensatz zu diesem pietätvollen Verhalten steht sein Umgang mit Menschen. Einen Befehlshaber und dessen Soldaten wollte er nach einer Niederlage lebendig verbrennen lassen, was nur durch die Intervention buddhistischer Äbte verhindert wurde.

Die eigentliche Religion des Volkes bestand in der Verehrung der Nats (Geister), von denen es drei Kategorien gibt. Die erste und ursprüngliche Gruppe ist die der Naturgeister, dann gibt es buddhistische Nats (Devas) und schließlich die sogenannten Siebenunddreißig Nats, die außer ihrem Anführer Indra (Sakka, burmes.: Thagyamin), einem Deva, legendäre oder historische Gestalten sind. Die Natur-Nats sind Naturgeister von Bäumen, Wäldern und Bergen. Sie bilden zusammen mit den Siebenunddreißig (außer Indra) die Nats der Haushalte, Dörfer und Felder, die manchmal ein bestimmtes Territorium kontrollieren oder ein fest umrissenes Tätigkeitsfeld haben. Im Gegensatz zu den buddhistischen Nats, die die Religion, das Königtum und die Gemeinde beschützen, sind diese potentiell bösartig, amoralisch, gefürchtet und müssen beschwichtigt werden. Bei den Siebenunddreißig soll es sich ursprünglich um 32 (die Multiplikation der Himmelsrichtungen) und den Deva Sakka gehandelt haben, zu denen vielleicht später noch die vier Weltenhüter kamen. Allerdings haben sich im Laufe der Zeit die Figuren der Nats (das Wort leitet sich übrigens von Sanskrit: Nātha, „Herr", ab) geändert, d. h. frühere Kulte sind erloschen und durch neue ersetzt worden. Das gemeinsame Merkmal dieser Nats ist außer bei Indra der gewaltsame Tod, meistens eine Hinrichtung oder ein Mord auf Befehl des Königs. Neben legendären Personen (unter ihnen wahrscheinlich auch Götter nichtburmesischer Völker) gehören zu den Siebenunddreißig auch Könige wie Alaungsitthu (reg. 1113—1167) als Nr. 17, König Tabin Shwehti (reg. 1531—1550) als Nr. 33 und der von Bayinnaung besiegte Thai-König von Chiengmai, Phra Me Kü (reg. 1551—1565) als Nr. 37. Die zu den Siebenunddreißig gezählten Personen liegen aber keinesfalls für immer fest, so daß es von ihnen recht unterschiedliche Listen gibt, die von Zeit zu Zeit erneuert werden (die letzte erschien unter König Bodawpaya, der von 1781 bis 1819 regierte). Im Leben des einfachen Volkes spielen jedoch die Haus- und Dorfnats die entscheidende Rolle. Jedes Haus hat seinen Nat, der aber kein Schutzgeist ist, dem das Wohl der Bewohner am Herzen liegt, sondern der hier seine Wohnstatt aufgeschlagen hat. Die Hausbewohner müssen ihrerseits den Nat bei guter Laune halten. Gewöhnlich hält sich der Hausnat in den Pfeilern des Hauses auf, die deshalb mit weißem Baumwollzeug umwickelt werden. Auf der Veranda steht ein Gefäß mit heiligem Wasser, das durch Zauberformeln und die Zweige und Blätter bestimmter Bäume einmal im Monat neu geweiht wird. Mit diesem Wasser sprengt man häufiger die Wohnung, bringt dem Nat in regelmäßigen Abständen Opfer in Form von Nahrung und hängt ihm Kokosnüsse und bunte Lappen auf. Fremden, die unvermutet unter dem Dach des Hauses weilen, kann der Nat sehr gefährlich werden, indem er ihn krank macht oder bis zum Wahnsinn treibt. Der Dorfnat wird am Dorfausgang an einer eigens eingerichteten Kultstätte verehrt. Für ihn werden regelmäßig Feste veranstaltet, außerdem besondere, wenn über das Dorf ein Unglück oder eine Epidemie hereinbricht. Nat-Feste sind mit wilden Tänzen und dem Vortrag merkwürdiger Gesänge verbunden. Diese Tänze und Gesänge werden von Frauen oder Homosexuellen bzw. Hermaphroditen ausgeführt, die vor allem im Tanz von den Nats besessen werden. Sie heißen Nat-Kadaw und reisen in einer Art Schauspielertruppe mit eigenen Musikanten und Natfiguren in die Dörfer, in die sie zu jährlichen Nat-Seancen (Natpwe) geladen werden. In ihren Seancen beschwichtigen die Nat-Tänzerinnen die Nats und personifizieren sie, oft indem sie die Lebensgeschichte eines bestimmten Nat nachvollziehen. Trotz ihres unbuddhistischen Charakters stehen die Nat-Kulte nicht in Konkurrenz oder gar in Konfrontation zum Buddhismus. So fällt zwar in Oberburma das fünftägige Fest der Taungbyon-Brüder, die als der 12. und 13. der Siebenunddreißig gezählt werden, in die buddhistische Fastenzeit, doch werden bei dieser Veranstaltung auch zweihundert buddhistische Mönche mit Nahrung versorgt. Deren Nat-Fest findet in unmittelbarer Nähe buddhistischer Pagoden statt, die möglicherweise am Platz von Nat-Kultstätten errichtet worden waren. In der Regel sind Nat-Schreine räumlich von den Pagoden getrennt oder haben allenfalls einen unauffälligen Platz in ihnen. Eine Ausnahme bildet die Shwezigon-Pagode in Pagan, die die Siebenunddreißig beherbergt, der Tradition nach auf Veranlassung von Anawrahta im Jahre 1059 aufgestellt, die er um die dortige Zahnreliquie Buddhas gruppierte. Trotz der Bedeutung der Nats sind deren Kulte doch dem Buddhismus — wenn auch oft einem volksreligiösen — untergeordnet bzw. mit ihm verwoben. Der Buddhismus ist für das Nirvāna zuständig, die Nats für das Wohlergehen in dieser Welt. Um aber das Nirvāna erlangen zu können, muß man wohltätig sein, was wiederum nur möglich ist, wenn man wohlhabend ist. Zu Wohlstand verhelfen aber die Nats, die daher mit dazu beitragen, das Nirvāna zu erreichen. Andererseits kann man aber auch durch die Meditation materielle Dinge anstreben.

Der Verfall des Zweiten Burmesischen Reiches hatte 1747 die Etablierung eines kurzlebigen Mon-Staates zur Folge, der jedoch von dem Gründer der burmesischen Konbaung-Dynastie (1752—1885), Alaungpaya (reg. 1752—1760), beseitigt wurde, der dann eine Ausrottungspolitik gegenüber den Mon verfolgte. Dabei machte er auch vor den Mönchen keinen Halt, von denen er 3000 von Elefanten zertrampeln ließ, ihre Roben zum Fußabwischen mißbrauchte und ihre Almosenschalen zu Haushaltstöpfen umfunktionierte. Mit ihm begann eine neue Phase buddhistischer Religionspolitik, die bisweilen als „buddhistischer Imperialismus" bezeichnet wird, weil zum einen im Namen des Buddhismus nach außen Eroberungskriege geführt wurden und zum anderen nach innen eine verschärfte Kontrolle des Mönchsordens stattfand. Seitdem zieht sich wie ein roter Faden der Dualismus zwischen staatlichen Vorstellungen von dem, was Buddhismus sein soll, und Mönchsbewegungen zu seiner Erneuerung durch die weitere Entwicklung. Dabei bedeutete dieser Dualismus aber nicht in jedem Fall Konfrontation, sondern häufig auch Kooperation und gegenseitige Beeinflussung. Alaungpaya sah sich selbst als Bodhisattva und künftiger Buddha und überzog daher Thailand mit der Begründung, er wolle dort den Buddhismus erblühen lassen, mit Krieg. Diesen Krieg führte sein zweiter Nachfolger Hsinbiyushin (reg. 1763—1776) mit solch rigoroser Konsequenz weiter, daß er 1767 die Thaihauptstadt Ayuthya völlig zerstörte (ihre zahlreiche Pagoden sind noch heute in ruinösem Zustand). Offensichtlich waren die Vertreter dieser neuen Dynastie, aber auch der neue Gegenspieler in Thailand von einer Endzeiterwartung ergriffen. König Bodawpaya (reg. 1781—1819) sah sich als der Buddha des neuen Zeitalters, weil die Ära des historischen Buddha beendet sei. Solche Ansprüche brachten ihn in Konflikt mit den Mönchen, die er während seiner Regierung von Zivilbeamten auf ihre Disziplin hin überwachen ließ und stärker hierarchisch gliederte. Er versuchte auch den Landbesitz der Klöster zu vermindern, indem er die Rechtmäßigkeit vieler Stiftungen überprüfen ließ. Hier ist eine Umkehrung des bisherigen Rollenverständnisses festzustellen, die den Mönchen Autonomie in geistlichen Belangen zugestand und sie häufig zu Mahnern der staatlichen Organe machte. Ein solches Verhalten gegenüber einem Buddha ist natürlich nicht möglich, da im Gegenteil er derjenige ist, der die Mönche wie auch die übrige Bevölkerung zum richtigen Handeln anleitet.

Das übersteigerte Machtgefühl der burmesischen Könige veranlaßte Bodawpayas Nachfolger Bogyido (reg. 1819—1837) zu einem Krieg gegen die englische East India Company (1824—1826), der aber mit einer Niederlage und dem Verlust von Arakan und Tenasserim endete. Ein weiterer Krieg gegen

England im Jahre 1852 hatte dann den Verlust von ganz Niederburma zur Folge. Damit standen große Teile des buddhistischen Ordens nicht mehr unter der Kontrolle des Königs, was dazu führte, daß sich neue Sekten (Nikāyas) bildeten, die vor allem in Fragen der Mönchsdisziplin in scharfen Gegensatz zueinander gerieten. Viele Mönche wanderten aus dem besetzten Süden in das Königreich ab, doch bildete sich unter Okpo Sayadaw (1817—1905) im Jahre 1855 eine Gemeinschaft, die argumentierte, zur Anwendung der Vinayaregeln bedürfe es nicht der staatlichen Unterstützung, und sich gegen eine mechanische Auffassung des Karman-Begriffes wandte: es komme nicht auf die Handlung selbst, sondern vielmehr auf die mit ihr verbundene Absicht an. Dieser Okpo-Nikāya bestand auf der Neuordinierung der Mönche und löste sich dadurch vom alten Orden. Gegen diese und andere reformatorische Bestrebungen bildete sich in Oberburma unter König Mindon Min (reg. 1853—1878) ein Thudhamma („Ordensrat"). Britische Bildungseinflüsse, beginnender Kapitalismus und die Anfänge der Industrialisierung in Britisch-Burma zeitigten dort zwei entgegengesetzte Strömungen. Zum einen entstanden gerade auch unter Laien Bewegungen, die eine strengere Einhaltung der kanonischen Regeln forderten, zum anderen begann in bestimmten Kreisen das Ideal von der Weltabgewandtheit zu verblassen.

Um solchen Tendenzen entgegenzusteuern, ließ König Mindon Min in seinem Reich 1858 alle Mönche auf die Vinayaregeln vereidigen. Durch die Rückgabe von konfisziertem Klosterland, ständige Spenden und Förderung der Pāli-Studien band er den Orden stark an seinen Staat und ließ sich mit dem buddhistischen Idealherrscher Ashoka vergleichen. Um diesen Anspruch zu untermauern, berief er das (nach der Theravāda-Zählung) Fünfte Buddhistische Konzil (1868—1871) ein, das einen verbesserten Kanontext erarbeitete und diesen auf 729 Marmortafeln bei der Kuthodaw-Pagode in Mandalay einmeißeln ließ. Der Herrscher sah seine Hauptstadt als das Zentrum der Erde, über deren Urbild, der Weltachse, man sich das Paradies Maitreyas dachte. Analog dazu galten Mindon Mins Thron und die Turmspitze des Palastes als Mittelpunkt des Weltalls. Das burmesische Reich sollte ein Mikrokosmos des Weltalls sein, und der König wies erzürnt einen modernen Globus zurück und bestand darauf, daß Burma die Hälfte der Fläche einnehmen müsse. Thron und Hauptstadt waren ihm nach der altindischen Kosmologie Abbild des Weltberges Meru, der den Mittelpunkt des Weltalls bildete. Die Bedeutung Mandalays (der Ortsname leitet sich von „Mandala", dem kosmischen Diagramm, ab) habe schon der historische Buddha zu seinen Lebzeiten vorausgesagt, als er in dieser Gegend weilte. Aufgrund dieser Prophezeiung ließ Mindon Min auf dem Hügel von Mandalay die gigantische Skulptur eines über 8 Meter hohen stehenden Buddha errichten, deren erhobene rechte Hand auf die Stadt zeigt. Diese für die buddhistische Ikonographie völlig unkanonische Statue trägt die Bezeichnung Shweyodaw und erfuhr während der britischen Kolonialzeit gelegentlich die Neuinterpretation, Buddha weise die Briten aus dem Land. Diese ganze Symbolik sollte dem burmesischen König quasi auf magische Weise die Herrschaft über die Erde sichern. Deshalb brach unter König Thibaw (reg. 1878—1885) mit der Eroberung Oberburmas durch britisch-indische Truppen nicht nur das Königtum, sondern die ganze Weltordnung zusammen. Thibaw versuchte im Namen des Buddhismus Widerstand zu leisten, der für ihn gleichbedeutend mit dem Weg zum Nirvāna war. Es wurden Vergleiche zu den Kämpfen der Singhalesen gegen südindische Invasionen gezogen und den Briten unterstellt, sie wollten Pagoden und Klöster zerstören. Nach ihrem Sieg brachten die Briten den König sowie den symbolgeladenen Thron außer Landes, weil sich an ihn Erneuerungsprophezeiungen knüpften. Diese blieben dennoch nicht aus, da man jetzt das Verschwinden des Thrones mit dem Ende des alten Weltzeitalters und dem Beginn eines neuen assoziierte. So entstand eine messianische Bewegung, die den Engländern noch jahrelang militärischen Widerstand leistete.

Dieser Zeit folgte eine Phase der Ernüchterung und Neubesinnung der burmesischen Oberschicht, die den Buddhismus vom königlichen Chiliasmus und den ganzen damit verbundenen Mythen befreite. Jetzt gewann der in Sri Lanka schon verbreitete buddhistische Modernismus immer stärkeren Einfluß. Man berief sich wieder verstärkt auf die Quellen, die alte Mönchsdisziplin und die Entwicklung einer Meditationsschule. Gegen die Angriffe christlicher Missionare, die dem Buddhismus falsche Vorstellungen über Geographie, den Aufbau des Universums und das naturwissenschaftliche Weltbild überhaupt vorwarfen, antworteten die buddhistischen Modernisten, daß die buddhistische Lehre keine Erschaffung der Welt durch einen weisen und liebenden Schöpfergott postuliere, sondern vielmehr in Übereinstimmung mit den naturwissenschaftlichen Erkenntnissen von einer Evolution des Kosmos ausgehe. Angesichts des Leidens und der ungleichen Verteilung des Reichtums in der Welt könne kein nüchtern denkender Mensch an das Wirken eines Gottes der Liebe glauben.

Auch das Karman-Gesetz wurde neu bewertet. Die Vorstellung der Vergeltung von Taten aus früheren Existenzen war nicht mehr annehmbar; statt dessen sah man jetzt im Karman den Rahmen der Möglichkeiten eines jeden, seine Zukunft selbst zu gestalten und gegebenenfalls zu verändern. Auch das Nirvāna war keine kosmische Größe mehr, sondern wurde in dieser Welt (Lokka Nibban) gesucht, es konnte durch die Einwirkung und Veränderung der Gesellschaft erlangt werden. Im Streben nach Erlösung sah man die Befreiung von politischen, sozialen und wirtschaftlichen Leiden. Es entstanden erste Vereinigungen wie die Ashoka Society in Bassein, die sich nach einem englischen Konvertiten benannte, der den Namen Bhikkhu Ashoka angenommen hatte, oder mehrere Young Men's Buddhist Association (YMBA), deren Mitglieder englische Ausbildung genossen hatten. Nach dem Ersten Weltkrieg nahmen Teile dieser Vereinigungen immer stärker die Züge eines politischen Buddhismus an, der für die Unabhängigkeit Burmas kämpfte und die Stadien dieses Kampfes als Parallelen zum buddhistischen Erlösungsweg beschrieb. Politisch aktive Mönche waren wahrscheinlich nicht die Norm (trotz gegenteiliger Behauptungen), doch sie gaben dem Buddhismus neue Impulse und erweckten auch bei der Masse der traditionell eingestellten Bevölkerung Hoffnungen auf die Errichtung eines buddhistischen Idealstaates. Durch die Befreiung sollte *Lokka Nibban*, das Nirvāna innerhalb dieser Welt, verwirklicht werden, d.h. der buddhistische Wohlfahrtsstaat. Die wirtschaftliche Notsituation unter den burmesischen Bauern erzeugte aber auch volksreligiöse Bewegungen, die gegen die fremde Zivilisation und Technologie gerichtet waren und auf das alte Cakravartin-Ideal (den buddhistischen Universalherrscher) zurückgriffen. Unter dem Mönch Saya San kam es 1930—32 sogar zu einem Bauernaufstand, dessen Teilnehmer an ihre eigene Unverwundbarkeit glaubten.

Dem buddhistischen Modernismus verwandte Ziele schien der Marxismus zu haben. Er bediente sich buddhistischer Begriffe, um seine eigene Terminologie verständlich zu machen. Die terminologische Annäherung zeigte sich auch, als der nichtmarxistische Politiker (und spätere Ministerpräsident) U Nu im Jahre 1938 schrieb, die nach buddhistischem Verständnis Grundübel Gier, Haß und Trug basierten auf wirtschaftlicher Ungerechtigkeit, die wiederum durch die kapitalistische Konzentration des Reichtums entstanden sei. Diese sei für die Abwendung vieler vom Buddhismus verantwortlich, denn nur wirtschaftlich abgesicherte Menschen könnten über die Vergänglichkeit materieller Werte meditieren. Die aus nationalistischen und verschiedenen revolutionären Ideologien gespeiste Thakin-Partei identifizierte die Gütergemeinschaft der Mönche mit dem Sozialismus und verkündete, das Volk müsse von der Armut befreit werden, damit es Klöster bauen und Wohltätigkeit ausüben könne.

Einige nationalistische Bewegungen, darunter auch die Thakin-Partei, hatten schon vor dem Zweiten Weltkrieg Beziehungen zu Japan geknüpft, das gegen die europäischen Mächte eine panbuddhistische Propaganda entfaltete. Als die Japaner 1941—1942 Burma besetzten, gewannen sie Ba Maw (geb. 1897), einen der Führer der Thakin-Partei, für das Amt des Ministerpräsidenten (1942—1945) und im August 1943 mit der Unabhängigkeitserklärung auch für das neugeschaffene des Staatspräsidenten, während sein Mitstreiter Aung San (1915—1947) Oberbefehlshaber der von den Japanern kontrollierten burmesischen Armee wurde. Noch vor der Rückkehr der Alliierten nach Burma bildete sich die antijapanische Bewegung „Antifascist People's Freedom League" (AFPFL), der sich die meisten Minister der Thakin-Partei und auch Aung San und der spätere Diktator Ne Win anschlossen. Nach der japanischen Niederlage bildete die Rückkehr der Briten nur noch ein Intermezzo, während dem Aung San (der

1947 ermordet wurde) und U Nu das Amt des Premierministers bekleideten. Mit der Unabhängigkeit 1948 wurden die Strömungen stärker, die Buddhismus und Marxismus miteinander verquickten. Es verbreitete sich die Meinung, Marx sei direkt von Buddha beeinflußt worden, die budddhistische Lehre bedeute einen radikaleren Bruch mit der materialistisch orientierten Gesellschaft als der Sozialismus und der Marxismus sei eine niedere Wahrheit, mit dessen Hilfe (insbesondere auf dem Gebiet der Wirtschaft) man die höhere Wahrheit des Buddhismus leichter erreichen könne. Die Kommunisten waren zwar mit dieser ihnen zugedachten untergeordneten Stellung nicht einverstanden und suchten die Macht durch einen Aufstand im Jahre 1949 an sich zu reißen, doch konnte sich die AFPFL unter U Nu (Ministerpräsident 1948—1958 und 1960—1962) durchsetzen, der ein Programm des buddhistischen Sozialismus entwarf, in dem festgeschrieben wurde, daß der Erwerbskampf auf der Illusion vom Ich beruhe und die ideale Gesellschaftsordnung verhindere. Die aus der Thakin-Partei hervorgegangene AFPFL war eine säkulare Partei, die aber dennoch die buddhistischen Ideale in der Politik zu verwirklichen suchte. So erließ U Nu Gesetze zur Erneuerung des buddhistischen Ordens, die die klösterliche Gerichtsbarkeit, die Errichtung einer Pāli-Universität und die Gründung eines Buddha Thathana, einer Zentralorganisation des burmesischen Buddhismus, betrafen. Diese Maßnahmen wurden jedoch nur von einem Teil der Mönche akzeptiert. Das galt sogar für das von ihm in Rangun einberufene Sechste Buddhistische Konzil (1954—1956), das 1956 mit der 2500-Jahrfeier des Parinirvāna des Buddha verbunden wurde (nach der Theravāda-Tradition fiel dies in das Jahr 543 v. Chr.), einem Zeitpunkt, von dem eine Neubelebung des Buddhismus erwartet wurde. Neben der Korrektur des Kanons und dem Beschluß — darin dem Beispiel Ashokas folgend — zur buddhistischen Weltmission gab es auch spektakuläre Akte wie die Freilassung von Tieren. Trotz der Teilnahme der Theravāda-Länder Sri Lanka, Thailand, Kampuchea (Kambodscha) und Laos gab es eine Opposition von Mönchskreisen, die eine Einmischung von Laien in die Angelegenheiten des Ordens ablehnten. Daran änderte sich auch nichts, als U Nu 1961 den Buddhismus zur Staatsreligion erklärte, weil diesem

Akt bald ein Gesetz zur Gleichberechtigung anderer Religionen folgte. Diese Widerstände trugen nicht unwesentlich zur Errichtung der Militärdiktatur unter Ne Win im Jahre 1962 bei. Eine ihrer ersten Maßnahmen war die Abschaffung der umstrittenen Religionsgesetze. Zwar benutzte die neue Regierung nicht mehr den Begriff vom „buddhistischen Sozialismus", suchte in der Praxis aber wieder einen mittleren Weg zwischen burmesischer Tradition, die am Buddhismus orientiert ist, und einem Sozialismus mit einem undogmatischen marxistischen Programm. Eine der radikalsten Maßnahmen des „burmesischen Weges zum Sozialismus" war die Verstaatlichung fast der gesamten Wirtschaft, die sich auf die Königszeit berufen konnte, in der nicht nur der Außenhandel, sondern auch große Teile des Binnenhandels und der übrigen Wirtschaft staatliches Monopol waren. Damit fielen die meisten der wohlhabenden Privatspender für den Orden aus, und der Staat wünschte nicht, als ein Laienversorger aufzutreten. Oppositionelle Mönche konnten relativ rasch zum Schweigen gebracht werden, doch schlug ein Versuch, den Orden zu registrieren, 1965 fehl. Danach folgte eine relativ lange Zeit, in der sich die Regierung kaum um religionspolitische Belange kümmerte. Aber 1980 wurde eine allgemeine Sangha-Konferenz abgehalten, deren Ziel es war, eine Organisation zu schaffen, die alle Richtungen des Ordens regieren sollte. Nur wer sich dieser Ordnung unterwarf, durfte Mönch bleiben. Gleichzeitig fand in Zusammenarbeit mit den Staatsbeamten die Registrierung der Mönche sowie die Wiedererrichtung einer geistlichen Gerichtsbarkeit statt. Mit dieser Maßnahme, die auch mit einer allgemeinen Amnestie verbunden war, knüpfte Ne Win an die Religionspolitik der burmesischen Könige, aber auch U Nus, an.

Die Abschließungspolitik der Militärs und die Staatswirtschaft brachten Burma in den 80er Jahren in zunehmende ökonomische Schwierigkeiten. Dies führte 1988 zu Studentendemonstrationen und Zusammenstößen mit den Sicherheitsorganen, in deren Verlauf zahlreiche Menschen getötet wurden. Als Konsequenz davon trat Ne Win als Parteichef der Staatspartei zurück, und nach einem Generalstreik sah sich sein Nachfolger gezwungen, demokratische Wahlen durchzuführen. Diese brachten im Mai 1990 der Opposition unter maßgeblicher Führung von Aung San Suu Kyi (geb. 1945), der Tochter des Revolutionshelden Aung San, einen gewaltigen Sieg, der aber von den Militärs nicht anerkannt wurde. Auch die Opposition von Mönchen gegen die Militärdiktatur wurde gebrochen. So stürmten Soldaten im Oktober 1990 oppositionelle Klöster in Mandalay. Um ihre Macht zu stabilisieren, begannen die Militärmachthaber die Politik der Abschottung nach außen zu lockern und die Wirtschaft zu liberalisieren. Gleichzeitig verstärkten sie den Druck auf die Opposition und die rebellierenden Randvölker Burmas. Die UNO verlieh als eine Geste an die Opposition wie schon 1989 beim 14. Dalai Lama im Jahre 1991 den Friedensnobelpreis an die seit 1989 unter Hausarrest stehende Aung San Suu Kyi (die mit dem englischen Tibetologen Michael Aris verheiratet ist) für ihren Einsatz für die Menschenrechte. So ist die Situation zwischen der sich auf buddhistische Prinzipien berufenden Militärdiktatur und den in Opposition stehenden Mönchen sowie der Mehrzahl der Laien, die zum Wahlsieg der Opposition beigetragen hatten, sehr gespannt. Statt sich jedoch an buddhistische Prinzipien zu halten, vertrieben die Truppen der Diktatur bis Anfang 1993 etwa 600.000 Angehörige von ethnischen und religiösen Minderheiten aus Burma. Etwa eine Viertelmillion muslimischer Rohingyas aus Arakan floh in das benachbarte Bangla Desh, weil die Männer Zwangsarbeit leisten mußten, die Frauen vergewaltigt und die Moscheen zerstört wurden (auch in der Vergangenheit hatten sich einige radikale Mönche Übergriffe gegenüber religiösen Minderheiten erlaubt). Der seit 1992 regierende Militärdiktator Than Shwe konnte zwischen Oktober 1993 und Januar 1994 jedoch mit einigen Rebellengruppen Frieden schließen und hat eine schleppende Demokratisierung begonnen. Die 1989 eingeführte Privatisierung der Wirtschaft zeitigte 1992/93 erstmals seit 1987 eine positive Bilanz, was von den Herrschenden natürlich als ein Handeln im Sinne der buddhistischen Wohlfahrt ausgelegt wird.

Die Aufgabe der Mönche nach der Tradition sind das Studium der heiligen Texte des Buddhismus und die Realisierung des Heilsweges. Die enge Verbindung der Mönche mit den Laien leitet sich von dem Brauch her, daß letztere eine zeitlang Mitglied des Ordens in einem Kloster werden. Bereits der Buddha hatte den Ordensmitgliedern freigestellt, den Orden wieder zu verlassen, wenn sie dem geistlichen Leben nicht gewachsen sein sollten. In Burma, aber auch in Thailand, Laos und Kampuchea entstand daraus der Brauch, daß jeder männliche Buddhist während seines Lebens mindestens einmal, meist aber häufiger für eine begrenzte Zeit dem Orden angehört. Dieser Aufenthalt im Kloster bedeutet den Eintritt in das Leben der Erwachsenen. Der Knabe empfängt dabei einen neuen Namen (den er aber nach der Rückkehr ins weltliche Leben wieder ablegt). Gewöhnlich ist das Alter für diese Mönchsphase fünfzehn Jahre, doch viele treten aus praktischen Gründen schon mit zwölf Jahren in das Kloster ein. Die übliche Zeit des Eintritts ist die Was-Zeit, d.h. die Regenzeit (von Sanskrit: *varsha*, Pāli: *vassa*), etwa Mitte Juli. Dieser Eintritt ist eine große Festlichkeit, an der Verwandte und Freunde, sowohl weibliche wie männliche, teilnehmen. Ein prächtiger Umzug, mit dem der zukünftige Novize auf Zeit von den ihm Nahestehenden Abschied nimmt, eröffnet die Feier. Dann findet im elterlichen Haus die Aufnahmezeremonie statt, wo sich auch eine Anzahl von Mönchen eingefunden hat. Dem Aspiranten wird jetzt das Haupthaar abgeschnitten, die weltliche mit der Mönchskleidung vertauscht, und dann bittet er dreimal um die Aufnahme in die Gemeinde. Danach erhält er die üblichen Mönchsgerätschaften wie Bettelschale und begibt sich in Prozession zum Kloster. Im Hause der Eltern findet dann noch eine Bewirtung der Gäste statt, welche gewöhnlich mit einem in Burma beliebten pantomimischen Tanz endet. Die Dauer des Klosteraufenthalts richtet sich nach dem Ernst der Gesinnung. Wird dieser nur als äußerliche Form angesehen, bleibt der Novize manchmal nur einen Tag im Kloster. Andere bleiben wenigstens einige Wochen oder einen Monat, doch eigentlich wird erwartet, daß man die ganze Was-Zeit über, das sind drei Monate, dem Kloster angehört. Wer der höchsten Anforderung genügen will, verbringt drei Regenzeiten im Kloster, wodurch man in der ersten Was-Zeit Verdienst für seinen Vater, in der zweiten für seine Mutter und in der dritten für sich selbst erwirbt. Der Novize (Shin) führt das Leben der Mönche und muß sich an die zehn obligatorischen Regeln halten, sonst drohen ihm Strafen, oft körperliche Züchtigung.

Die Ausstattung der Mönche ist ähnlich wie in Sri Lanka, ebenso die tägliche Lebensweise. Um acht oder neun Uhr morgens findet der tägliche Bettelgang statt. Die erbettelte Nahrung wird auch in Burma gewöhnlich nicht von den Mönchen gegessen, sofern sie nicht durch Armut dazu gezwungen sind. Sie ist vielmehr für die Armen und Tiere bestimmt. Nicht selten leeren die Mönche ihre Schale mit der Speise schon während des Bettelganges auf der Straße aus. Dies entspringt keineswegs der Verachtung für die Geber, da ja auch die Ernährung anderer Lebewesen verdienstvoll ist. Nachdem sie zwei Stunden der religiösen Pflicht des Bettelganges nachgegangen sind, nehmen sie im Kloster ein Mahl ein.

Theoretisch sind alle Mönche untereinander gleichberechtigt, doch wird schon in der Anciennität ein kleiner Unterschied gemacht. Hat ein Mönch (burmes.: Yahan oder Pyitshin) mehr als zehn Regenzeiten im Kloster zugebracht, erhält er den Ehrentitel Pongyi („Großer Ruhm"). Aus den Reihen der Pongyi wird der Abt (Sayah) gewählt. Mehrere Klöster eines Bezirks vereinigen sich wiederum unter der Aufsicht eines älteren und besonders angesehenen Abtes, der den Titel Gaing-ok führt. Noch aus der Königszeit stammt der Titel des Sayadaw („Lehrer des Königs"), der aber auch später als Titel für besonders herausragende Lehrer verwandt wurde. Damals existierte auch das Amt des Thathanabaing, gewissermaßen der burmesische Sangharaja oder Oberaufseher über die gesamte Gemeinde, ein Amt, das 1895 mit dem Tod des letzten Inhabers erlosch, da der später ernannte Nachfolger (1903—1938) nicht allgemein anerkannt wurde und keine faktische Aufsicht über die Klöster ausübte.

Frauen sind vom monastischen Leben ausgeschlossen, da die Tradition der gültigen Nonnenweihe in den Ländern des Theravāda seit 456 n.Chr. als abgerissen gilt. Daher können Frauen nur eine besondere Art von Laienanhängerinnen werden, die man als Meithila-shin bezeichnet. Sie müssen zumindest die zehn Gelübde auf sich nehmen und dürfen eine geistliche Robe tragen. Im Grunde genommen exisitiert damit doch wieder ein Nonnenorden, ohne daß diese Frauen sich Bhikkhunī (Nonne) nennen dürfen.

Gab es schon unter den Königen der Konbaung-Dynastie die Hoffnung auf ein neues Zeitalter, die sich darin geäußert hatte, daß sich einige als Verkörperung Maitreyas sahen (siehe oben), so knüpften sich solche Heilserwartungen, die auf das baldige Erscheinen des Buddha Maitreya hofften, an die 2500-Jahrfeier des Nirvāna des Buddha, das als Zeitenwende angesehen wurde. So entstanden an zahlreichen Orten Kultgemeinschaften (*gaing*), die diese Hoffnungen nähren. Diese glauben an das Wirken „Vollendeter Magier" (*bodaw*), die eine körperlose Existenz erreicht haben und in einer geheimnisvollen Welt leben, bis sie beim Erscheinen des nächsten Buddha ins Nirvāna eingehen. Vermutlich finden sich hier noch Vorstellungen des tantrischen Buddhismus, der ja bis in das 16. Jahrhundert hinein offiziell stark vertreten war und später in der Volksreligion eine Rolle gespielt haben dürfte. Zwischen diesen Kulten und dem offiziellen Theravāda sieht man heute in der Regel keinen Widerspruch, zumal auch in vielen Klöstern die Kulte der Gaing ausgeübt werden. Einigen Mönchen werden sogar übernatürliche Fähigkeiten zugeschrieben, so einem, der in der Nähe des heiligen Berges Popa, dem Zentrum des Nat-Kultes, wohnt.

Zu den regelmäßig stattfindenden Festtagen (ähnlich unserem Wochenrhythmus) gehören die vier Tage im Mondmonat, an denen man der Lehre und der Gemeinde Ehrerbietung erweist. Dies sind der 8. Tag des zunehmenden Mondes, der Vollmond, der 8. Tag des abnehmenden Mondes und der Neumond. Ganze Familien begeben sich mit Matten und Essen früh morgens oder bereits am Abend zuvor zu einer Pagode und bringen den Mönchen Opfer dar, hören sich das Rezitieren heiliger Texte an und halten den Rest des Tages Feiertag. Einige nehmen auch an diesen Tagen die mönchische Lebensweise an und verehren die Statuen Buddhas. In der Fastenzeit von Mitte Juli bis Mitte Oktober werden die vier Tage im Monat mit besonderer Hingebung beachtet. Während dieser Zeit finden auch keine Feste, Tänze oder Theater statt, sondern sie soll ernster Einkehr und Meditation gewidmet sein (von der Durchbrechung dieser Regel durch eine Nat-Feier war bereits oben die Rede). Das Ende der Was-Zeit wird durch ein ausgelassenes Fest, das bisweilen Züge unseres Karnevals hat, gefeiert. Dorfbewohner verkleiden sich als Tiere, junge

Männer streifen nachts umher und verbreiten Unordnung. Außerdem ist es ein Lichterfest mit Öllampen und Wachskerzen zu Ehren der Götter, obwohl der Tradition nach König Anawrahta verfügte, Kerzen nur noch zur Verehrung Buddhas zu verwenden. Es darf nicht verwundern, daß dieses Fest den Charakter eines Frühlingsfestes hat, da in ganz Süd- und Südostasien nach der Regenzeit der Frühling beginnt. Ein großes Fest sind auch das am Jahresende stattfindende „Wasserfest" und das sich daran anschließende Neujahrsfest, die nach dem Mondmonat auf Mitte April fallen. Die beiden Feste sind mit der Ankunft und mit Beginn des neuen Jahres dem Weggang Indras verbunden, doch werden auch jetzt wieder Pagoden besucht, Almosen gespendet und gefastet. Alle Festlichkeiten schließen als ein wesentliches Element Opfergaben für die Mönche ein. Wohlhabende Burmesen erbauten deshalb aus eigenen Mitteln ein Kloster oder eine Pagode. War ihnen das aus finanziellen Gründen nicht möglich, stifteten sie Buddhastatuen, bezahlten Reparaturen an den heiligen Stätten, schenkten Glocken, usw. Heute ist es oft üblich, als kleines Opfer eine zuvor erworbene Folie mit Blattgold an einer Buddhastatue anzubringen. All dies geschicht natürlich unter dem Gesichtspunkt, Verdienst für sich anzusammeln und dadurch eine glückliche Wiederverkörperung zu erlangen.

Kein anderes Land hat wohl mehr Pagoden und Tempel aufzuweisen als Burma, die dem Land ihren Charakter geben. Daß Pagoden so häufig sind und sich neben unzähligen alten, zerfallenden immer wieder neue erheben, liegt daran, daß die volkstümliche Anschauung den Bau einer Pagode zu dem verdienstvollsten Werk überhaupt gemacht hat. Unter jeder Pagode ist in einer besonderen Kammer ein heiliger Gegenstand deponiert. Ursprünglich handelte es sich dabei um Reliquien, heute jedoch meist um eine Buddhastatue oder das Exemplar eines heiligen Textes; dazu kommen Opfergaben, Nachbildungen heiliger Gegenstände oder Stätten in Silber und Gold. Wenngleich sich die Pagoden in ihren Formen unterscheiden, ist allen doch eine gewisse gemeinsame Grundstruktur zu eigen. Die Basis hat die Form einer Stufenpyramide, über der sich ein kegelförmiger Teil als Nachbildung einer Lotusknospe erhebt, die sich nach oben hin stark verjüngt. Die Spitze wird von einem Aufsatz bekrönt, der oft mit Gold und

Edelsteinen geschmückt ist. Die berühmteste aller burmesischen Pagoden ist die Shwe-Dagon-Pagode in Rangun, die nicht nur acht Haare des historischen Buddha beherbergen soll, sondern auch die Bettelschale, ein Gewand und einen Bettelstab von je einem der früheren Buddhas. Sie datiert wohl tatsächlich aus dem 14. Jahrhundert und wurde 1564 von Bayinnaung nach einem Erdbeben wiederaufgebaut. Unter Anwendung neuer Techniken ließ König Hsinbyushin 1768 — also ein Jahr, nach dem er die Thaihauptstadt Ayuthya zerstört hatte — die Shwe-Dagon rekonstruieren und vergrößern, so daß sie jetzt eine Höhe von fast einhundert Metern erreichte. Die Pagode ist eine riesige Ansammlung von Tempeln, Kapellen und Hallen um den Hauptstūpa in der Mitte und einer der größten Pilgerorte des lebendigen Buddhismus.

3. Der Buddhismus in Thailand und Laos

Die Thaibevölkerung kam erst gegen Ende des 13. Jahrhunderts in das Gebiet des heutigen Thailand. Dort existierten zu dieser Zeit einige kleinere Mon-Staaten wie Dvāravatī, deren Bevölkerung seit der zweiten Hälfte des 1. Jahrtausends Anhänger des Theravāda-Buddhismus waren. Wahrscheinlich wurde er durch die Gründung des burmesischen Reiches von Pagan im 11. Jahrhundert noch gestärkt. In der zweiten Hälfte des 13. Jahrhunderts drangen die in Südchina beheimateten Thai-Völker im Zusammenhang mit den Feldzügen der Mongolen nach Thailand, Laos und Burma ein. In Thailand entrissen sie dem schwächer werdenden Khmer-Reich größere Territorien und gründeten eine Reihe kleinerer Staaten wie Sukhothai im Jahre 1238 und Lannathai (mit der Hauptstadt Chiengmai) im Jahre 1292.

Der erste bedeutende Herrscher von Sukhothai, Rāma Khamheng (reg. ca. 1270—1299/1317), teilte in einer Inschrift aus dem Jahre 1292 mit, daß er und die Fürsten ohne Rangunterschiede die Lehre Buddhas befolgten und am Ende der Regenzeit die Kathin-Zeremonie, d.h. die Übergabe der Roben an die Mönche, stattfand. Sein Enkel Thammarāja I. Lü Thai (reg. 1347—1361) hat sich nach seinen eigenen inschriftlichen

Aussagen ganz im buddhistischen Geiste verhalten. Er wurde selbst Mönch und begehrte als Verdienst weder Macht noch die Stellung eines Gottes, sondern wünschte nur, ein Buddha zu werden, um allen Menschen aus dem Kreislauf der Wiedergeburten zu helfen. Voller Mitleid mit den Menschen habe er allen, die ihn töten wollten, vergeben und sie nicht getötet. Denn weil er ein Buddha werden wollte, habe er sich beherrscht und nicht dem Zorn nachgegeben. Im Jahre 1361 bat König Thammarāja I. den Sangharāja (Leiter des Ordens) bei den Mon um einen gelehrten Mönch, um an die singhalesische Tradition anzuknüpfen. Er erhielt dann auch einen Mönch namens Sumana aus Sri Lanka. Im gleichen Jahr mußte er sich dem König Rāma Thibodi I. (reg. 1347—1369), dem ersten Herrscher des neugegründeten Thai-Reiches von Ayuthya, unterwerfen, blieb aber bis zu seinem Tode (1370) Vizekönig in Sukhothai, das mit seinen zahlreichen Tempeln und Pagoden, zum Teil noch in Nachahmung der Khmer-Architektur, das erste große buddhistische Zentrum in Thailand geworden war. Sein Nachfolger Thammarāja II. (1370—ca.1399) kämpfte jedoch um die Unabhängigkeit und mußte sich erst 1378 geschlagen geben. Von da an regierten er und seine Nachfolger bis 1438 als Vizekönige in Sukhothai. Im Reich von Ayuthya lag der religiöse Schwerpunkt auf der Ausübung von Riten, dem Reliquienkult sowie königlichen Werken, durch die man sich Verdienst erwerben konnte. König Boromarāja II. Trailokanat (reg. 1448—1488) ließ als erstes Werk aus dem Pāli-Kanon das Vessantara-Jātaka in die Thai-Sprache übersetzen, das lange Zeit der einzige buddhistische Text in der einheimischen Sprache blieb. Sein großer Gegenspieler war der König von Lannathai, Tiloka (reg. 1442—1487), der sich gegen das Reich von Ayuythya behauptete und ein frommer Buddhist war. Anläßlich des 2000. Jahrestages des Parinirvāna des Buddha im Jahre 1456 ließ er das Kloster Wat Jet Yot nach dem Vorbild des Mahābodhi-Tempels in Bodhgayā erbauen, einen eleganten Bau mit feinen Stuckarbeiten. Dort berief er 1477 ein buddhistisches Konzil ein — nach thailändischer Zählung das achte (die ersten drei waren die teilweise unhistorischen in Indien, die Nummern vier bis sieben fanden in Sri Lanka statt) —, so daß es sich zu einem Zentrum des geistlichen Lebens entwickelte. Im Jahre 1558 fiel seine Unabhängigkeit allerdings dem burmesischen Eroberer Bayinnaung zum Opfer.

Ein weiterer Thaistaat bildete sich mit dem Königreich Lan Chang (das heutige Laos) heraus, das etwa 1356 durch eine Heirat des Herrschers Fa Ngum mit einer Prinzessin aus Kampuchea zum Theravāda-Buddhismus bekehrt wurde. Der Schwiegervater soll zu diesem Zweck 24 Mönche und die sogenannte Prabang-Buddha-Statue nach Lan Chang geschickt haben. Diese Statue ist angeblich durch den Architekten des Götterkönigs Indra aus Gold und Silber, das die Ceylonesen stifteten, verfertigt worden und wurde dann auf Bitte des Königs von Kampuchea nach dort gebracht. Sie besitzt die Funktion eines Staatsemblems und eines Schutzgeistes der laotischen Königsstadt Luang Prabang. Gerade der magische Aspekt von Statuen als Schutzgeister eines ganzen Volkes oder Staates steht auch bei dem berühmten Smaragdenen Buddha, dessen Herkunft nicht geklärt ist, im Vordergrund. Auch er soll von Indra angefertigt worden sein, von Sri Lanka nach Kampuchea, von dort nach Ayuthya und schließlich nach Chiengmai gekommen sein. Historisch gesichert ist nur, daß sich diese Statue zunächst in Chiengmai befand (dort wurde sie 1436 das erste Mal erwähnt) und 1548 vom laotischen König Setthathirat (reg. 1548—1571) in das Palastkloster Wat Phra Kao der neugegründeten Hauptstadt Vientiane gebracht wurde. Nach dem Niedergang des laotischen Königreiches raubte Phaya Taksin, der Erneuerer des Thaireiches (siehe unten), den Prabang- und den Smaragdenen Buddha. Die Prabang-Statue wurde den Laoten 1867 zurückgegeben, doch der Smaragdene Buddha fand seinen Platz im Tempel Wat Phra Keo in Bangkok und fungiert als Palladium des Thai-Staates. Laos selbst zerfiel nach 1707 in mehrere Teilstaaten und erlebte eine Renaissance der Phi-Geisterkulte, während der Buddhismus in seiner Bedeutung ins Hintertreffen geriet. Dies änderte sich erst mit der Errichtung des französischen Protektorats im Jahre 1893.

Ayuthya entwickelte sich seit dem 15. Jahrhundert zu einer Stadt, die zunehmend von Klöstern und Pagoden übersät wurde. Die ersten waren zumeist noch dem Khmer-Stil verpflichtet, doch setzte sich dann allmählich der zierlichere Thai-Stil durch. Seit dieser Zeit wurden die auf orthodoxe

Weise (d.h. nach der Tradition Sri Lankas) ordinierten Mönche mit den sogenannten Waldmönchen (Āraññavāsi) identifiziert, die sich aber mit der Verfestigung der königlichen Macht zu Stadtmönchen (Gāmavāsi) wandelten. Aus deren Reihen wurde dann das Oberhaupt des Ordens für das ganze Reich ernannt, wobei es den speziellen Titel Sanghrāja (Sangkharat) seit mindestens 1577 gibt. Boromarāja II. hatte auch eine ausgedehnte bürokratische Kontrolle der Arbeit — angefangen vom Sklaven bis hin zum König — eingeführt, die jedem seine individuelle Aufgabe durch ein fixiertes Recht zuwies. Das hatte eine Einschränkung der Zahl der Mönche durch Prüfungen zufolge, da diese von arbeitsdienstlichen und steuerlichen Verpflichtungen gegenüber dem Staat befreit waren.

Aus der Existenz zweier großer Theravāda-buddhistischer Länder seit dem 16. Jahrhundert, als sich das zweite burmesische Reich etabliert hatte, ergab sich eine fortwährende Rivalität zwischen Burma und dem Reich von Ayuthya (das häufig auch Siam genannt wurde) und entlud sich zuerst in der ersten burmesischen Eroberung Ayuthyas im Jahre 1569. Die burmesische Fremdherrschaft wurde 1592 vom neuen König Naresuen (reg. 1590—1605) abgeschüttelt, womit eine 175jährige Blütezeit der Stadt Ayuthya eingeläutet wurde, die eine der größten Städte Asiens war, einer der Hauptumschlagplätze des Handels mit den europäischen Mächten. Der Ruhm Ayuthyas als Zentrum der Theravāda-Orthodoxie war so groß, daß der Niedergang des Ordens in Sri Lanka den Herrscher von Kandy 1750 dazu veranlaßte, von Boromokot, dem König von Ayuthya (reg. 1733—1758), eine Gesandtschaft von Mönchen zu erbitten, die die orthodoxe Ordinationslinie auf Sri Lanka wiederherstellen sollte (siehe oben). Überhaupt erlebte Ayuthya unter diesem König eine rege literarische Tätigkeit und den Wiederaufbau von Klöstern. Doch schon unter seinem Nachfolger Boromarāja V. (reg. 1758—1767) folgte im April 1767 die Katastrophe der burmesischen Eroberung und Verwüstung. Klöster wurden geschleift, Buddhastatuen wegen ihres Blattgoldes zerhackt und zum Teil sogar verbrannt, vom buddhistischen Kanon blieb nicht einmal ein Exemplar erhalten. Als Folge davon löste sich das siamesische Reich auf.

Unmittelbar nach der Zerstörung Ayuthyas nahm ein Mönch aus der Stadt Fang den Titel eines Sangharāja an und begründete einen Mönchsstaat, dessen Mönche nicht die gelben Roben des Theravāda-Buddhismus, sondern rote trugen. Sie begannen auch sofort mit kriegerischen Expeditionen, verübten Grausamkeiten und eroberten 1768 die Stadt Phitsanulok, dessen Gouverneur hingerichtet wurde. Nach einer Herrschaft von zwei Jahren mußte dieser Sangharāja jedoch fliehen, weil es inzwischen dem neuen, in Thonburi (bei Bangkok) residierenden König Phaya Taksin (reg. 1767—1782) gelungen war, seine Macht zu festigen. Er unternahm sofort Schritte gegen das neue Oberhaupt des Sangha, das er 1769 des Diebstahls bezichtigte und einem Wasserordal der Phi-Geister unterwarf. Die Phi in Thailand haben eine ähnliche Funktion wie die Nats in Burma und wurden in diesem Fall als „Schutzgeister der Religion" angerufen. Im Jahre 1777 behauptete Phaya Taksin, er habe an sich Zeichen des vollendeten Buddha gesehen und den höchsten Grad der Heiligkeit erreicht. Aufgrund dieser Stellung forderte er von den Mönchen dieselben Ehrenbezeugungen wie von den Laien. Ein solches chiliastisches Gebahren erinnert natürlich an gleichzeitig in Burma auftretende Könige, die sich als Verkörperungen Maitreyas betrachteten. Erst mit seiner Ermordung durch Rāma I., den Gründer der Chakri-Dynastie (reg. 1782—1809), kam das Verhältnis zwischen Königtum und Sangha wieder in normale Bahnen. Die Unterwürfigkeit der Mönche unter den Herrscher wurde rückgängig gemacht. Nach dem Fall von Ayuthya waren die animistischen Geisterkulte so sehr in den Vordergrund getreten, daß viele Leute sich vom Buddhismus abwandten. Deshalb ordnete Rāma I. den Primat Buddhas über die Schutzgeister an und verbot die Tieropfer für sie. Statt dessen empfahl er fromme Werke, deren Verdienste man auf die Geister übertragen könne. Auch den Königskult schränkte er ein, indem er erklärte, man solle die Buddhastatuen und nicht die der Könige verehren. Im Jahre 1788 berief der König das neunte buddhistische Konzil nach thailändischer Zählung ein, auf dem der Pāli-Kanon revidiert wurde. Ordensangelegenheiten sollten nur bei Mißachtung allgemeiner Strafgesetze vom Herrscher entschieden werden, sonst aber vom Sangharāja. Nur wenn der Orden nicht in der Lage sei, seine internen Angelegenheiten selbst zu regeln, solle er sich an die Regierung wenden. Immer wieder sah sich der Staat genötigt, gegen korrupte und unwürdige Mönche vorzugehen, die dem Alkohol gefrönt oder sich geschlechtlichen Ausschweifungen hingegeben hatten. So wurden 1842 fünfhundert Mönche wegen grober Unregelmäßigkeiten aus dem Orden ausgestoßen. Der König griff also hauptsächlich bei Verstößen gegen die Vinaya-Regeln in die Autonomie des Ordens ein, während der Orden für Fragen der Lehre zuständig blieb. Bei ethischen Fragen suchte der König bei Äbten um Rat, so Rāma III. (reg. 1824—1851), ob Steuern aus der Fischerei und dem Alkohol nach buddhistischen Moralvorstellungen erlaubt seien. Ihm wurde geantwortet, daß die Erhebung von Steuern eine recht milde Strafe und daher eine Tat des Mitleids sei.

Aber erst mit dem Prinzen Mongkut (1804—1868), dem Bruder von König Rāma III. und seinem späteren Nachfolger, wurden der Orden und der Buddhismus entscheidend reformiert. Dieser Prinz (der in dem Musical „The King and I" verewigt wurde) kam mit christlichen Missionaren verschiedener Nationalität in Kontakt und pflegte den Umgang mit ihnen auch ganz besonders, als er Abt eines Klosters war, wo er dem Protestanten Jesse Caswell erlaubte, bis zu seinem Lebensende vor den Mönchen zu predigen. Mongkut lernte Englisch und Latein und führte mit den Missionaren Religionsgespräche. Dadurch kam er zu einem modernistischen Verständnis des Buddhismus, das Wunder und Legenden ablehnte, aber nicht nur im Buddhismus, sondern auch im Christentum. Den christlichen Missionaren sagte er: „Was Ihr die Menschen zu tun lehrt, ist bewundernswert. Aber was Ihr sie zu glauben lehrt, ist töricht." In seinem Rationalismus war er metaphysischen Fragestellungen gegenüber skeptisch; ihn interessierte weniger das Selbst als die exakten Wissenschaften. Von dem in seiner Jugendzeit in Thailand praktizierten Buddhismus war Mongkut enttäuscht. Er lernte zwar die Meditationspraxis kennen, traf jedoch kaum auf Mönche, die sich in den kanonischen Texten auskannten. Deshalb vertiefte er seine eigene Kenntnis der Schriften und mußte feststellen, daß die meisten Äbte unwissend waren und in der Praxis von den kanonischen Regeln abwichen. Das bewog ihn dazu, eine Reform des Sangha anzustreben, die aber nicht nur die Vinaya-Regeln betraf, sondern auch eine rationalistische Auslegung der buddhistischen Lehre. Er wurde 1836 Abt des reformierten Klosters Bowonnivet. Als Mongkut 1851 unter dem Namen Rāma IV. (reg. 1851—1868) den Thron bestieg, schlossen sich viele Mönche seinem Reformkloster an. Das reformierte siamesische Mönchtum (Dhammayuttika Nikāya) griff in seiner Berufung auf den Kanon auf alte Praktiken wie das Tragen von Mönchsroben, die auseinandergeschnitten und dann wieder zusammengefügt worden waren (um „Lumpen" herzustellen), zurück. Besonderer Nachdruck wurde auf die Predigt gelegt, die aus einem lebendigen Vortrag und nicht aus dem bloßen Rezitieren eines Textes bestehen sollte. Dabei wollte Mongkut aber gerade die populären Jātaka-Geschichten aus dem Kanon ausschließen. Andererseits förderte er die Beschäftigung mit den Quellen, was zu einer immer größeren Zahl von ausgebildeten Pāli-Gelehrten führte. Die Betonung der Ethik und die rationalistischen Reformen des Buddhismus schufen letztlich auch die Voraussetzungen für eine Reform des Staates unter Mongkuts Nachfolger Rāma V. Chulalongkorn (reg. 1868—1910). Die Ablehnung animistischer und brahmanischer Elemente im offiziellen Buddhismus vertiefte allerdings den Graben zum populären Buddhismus. Von staatlicher Seite schritt man auch gegen Endzeiterwartungen ein, indem man Prophezeiungen darüber und ihre schriftliche Verbreitung verbot. Dennoch war es schon am Anfang des 19. Jahrhunderts zu Aufständen in Erwartung eines neuen glücklichen Zeitalters gekommen, das mit einer im Verborgenen stattfindenden Geburt des künftigen Buddha Ariya Maitreya einhergehen sollte. Nachdem die Franzosen 1893 Teile Thailands annektiert hatten, tauchten erneut Gerüchte über das bevorstehende neue Zeitalter auf und entluden sich 1902 in einem gewaltigen Aufstand in Nordthailand und in Teilen von Laos. Der Staat schlug alle diese Bewegungen militärisch nieder. Im Jahre 1912 wurde sogar verboten, kanonische Prophezeiungen über den Zeitpunkt des Endes der Religion Buddhas zu verbreiten. Dies begründete man damit, solche Angaben könnten nicht von ihm selbst stammen. Trotz dieser Verbote ließen sich solche Vorstellungen natürlich nicht ausrotten, doch verhinderte die staatliche Kontrolle über die Inhalte buddhistischer Lehren und den Orden deren größere Verbreitung.

Unter Rāma V. Chulalongkorn wurde der Orden analog zur Staatsbürokratie in ein starkes hierarchisches Korsett gezwängt. Es entstanden etwa vierzig verschiedene Mönchsränge, die mit Mönchstiteln, bestimmten Privilegien und Insignien verbunden waren. Auch die Neuaufnahme von Mönchen in den Orden mußte vom Staat genehmigt werden. Überhaupt bestand die Pflicht, den Staat über jeden Vorgang im Orden (Anzahl der Mönche und Novizen, der Prüfungen, usw.), insbesondere über Konflikte, zu unterrichten. Es gab unter Chulalongkorn auch keinen Sangkharat, dessen Aufgaben vom König oder dem Kultusminister übernommen wurden. Überwacht wurden nicht nur die Mönchsdisziplin, sondern auch die Inhalte der buddhistischen Lehre. Die Unterwerfung des Mönchtums unter den Staat hatte dann sogar zur Folge, daß letzterer sich über die Vinayaregeln hinwegsetzte. Der Orden wurde auf die Ergebenheit zu Vaterland und Thron eingeschworen. König Rāma VI. Vajivarudh (reg. 1910—1925) war am Buddhismus als Religion wenig interessiert, hob aber seine Bedeutung für die Eindämmung der Kriminalität hervor. Buddhismus sollte auch zum Gehorsam und zu harter Arbeit verpflichten, ja er mußte sogar herhalten, um Siams Eintritt in den Ersten Weltkrieg im Jahre 1916 gegen Deutschland und Österreich-Ungarn zu begründen. Weihte König Rāma VI. Kanonenboote ein, mußten buddhistische Mönche Choräle singen, ebenfalls beim Weihen von Armeefahnen. Alle Untertanen sollten durch eine Art „vaterländischen" Buddhismus diszipliniert und zur Unterordnung angehalten werden. Einige Klöster wurden zu Zentren des Dhammayuttika-Nikāya, der sich 1894 auch offiziell vom konservativen Buddhismus, dem Mahā-Nikāya, getrennt hatte. Sie waren besonders einflußreich, weil sie den von Mongkut geförderten modernistischen und rationalistischen Buddhismus vertraten. Dieser offizielle Buddhismus wehrte auch solche Neuerungen ab, die sich auf den Kanon berufen konnten, so etwa den Versuch, den Nonnenorden wieder zu konstituieren, was König Rāma VII. Prajadhipok (reg. 1925—1935) als „Mahāyāna-Reform" bezeichnete, obwohl er anerkannte, daß der Buddha selbst den Frauenorden zugelassen habe. Alte kosmologische Vorstellungen des Buddhismus von einem Reich Uttarakuru („Nordland"), in dem Gütergemeinschaft und Überfluß vorherrschen, hatte bereits sein Vorgänger als unerfüllbar zurückgewiesen und damit zugleich als Beweis für die Unerfüllbarkeit des Sozialismus angesehen.

Durch den Staatsstreich von 1932, der in Thailand die konstitutionelle Monarchie einführte und die Volkspartei an die Macht brachte, erwartete man, daß jetzt Glück und Wohlstand für das ganze Volk einbrechen werde und das Zeitalter des Ariya Maitreya beginne. Der Führer des Umsturzes von 1932, Pridi Phanomyong (1900—1983), legte im März 1933 einen Plan zur radikalen wirtschaftlichen Neuordnung des Landes vor, dessen Verwirklichung das Zeitalter Maitreyas anbrechen lasse. Nach Pridis Vorstellungen sollten die gesamte Industrie sowie der Grund und Boden verstaatlicht werden und die Arbeiter vom Staat bezahlt werden. All dies sollte aber allmählich und ohne Anwendung von Gewalt erfolgen. Die Mehrheit der Regierung wandte sich jedoch gegen die Realisierung dieses Plans, die Volkspartei spaltete sich darüber, und der König bezeichnete Pridi als einen Kommunisten, obwohl er sich selbst auf die periodisch wiederkehrenden goldenen Zeitalter des Buddhismus berief. Er mußte zeitweise außer Landes gehen, durfte dann aber recht bald zurückkehren (1935 bekleidete er das Amt des Außenministers).

Die Revolution ließ auch in den Klöstern Forderungen nach Demokratisierung laut werden, was zur Absetzung einiger Äbte führte. Doch die Diktatur der Volkspartei festigte eher die bereits vorhandenen Strukturen im Orden. Zudem untersagte man jetzt den Mönchen, Laienvereinigungen anzugehören und am Unterricht von Laien teilzunehmen. Schließlich durfte in Klöstern noch nicht einmal diskutiert werden. Statt dessen verkündete Pridi 1934 zum Verfassungstag, die Verfassung sei die höchste Form des Dhamma-Moralgesetzes. Als neue Zeremonie zu diesem Tag bekundete man vor einem Altar mit einer Buddha-Statue und einem Exemplar der Verfassung ihr gegenüber die Treue.

Unter der Diktatur des Feldmarschalls Phibun Songkhram (1897—1964), der von Dezember 1938 bis Juli 1944 das erstemal Ministerpräsident Thailands war, versuchten die Mönche des Mahā-Nikāya die Stellung, die sie vor Mongkut eingenommen hatten, wiederzugewinnen. Sie wiesen darauf hin, daß Thailands Militärmacht zur selben Zeit einen Niedergang erlebt habe wie das buddhistische Moralgesetz. Deshalb strebten sie eine Wiedervereinigung mit dem Dhammyuttika an, die Phibun auch anfänglich unterstützte, bis er dann doch den Reformern zuneigte. Phibun wollte den Buddhismus in den Dienst nationalistischer Ziele stellen und sagte, ein echter Patriot müsse auch Buddhist sein. Im Jahre 1939 wurde den Mönchen befohlen, die Nationalflagge zu grüßen. Als sich Thailand 1941 mit Japan verbündete (das Thailand 1942 militärisch besetzte), betete der Sangkharat für den Sieg dieses Landes, das in Südostasien unter der Fahne des Pan-Buddhismus kämpfte. Im Jahre 1941 erfolgte auch eine Neuordnung der Hierarchie des Sangha. Die Befugnisse, die bisher der Sangkharat besaß, verteilte man jetzt auf vier Gremien, während dieser selbst im Wechsel aus den beiden Nikāyas gestellt wurde. Der Sangkharat berief eine Art Mönchsregierung, während die Regierung eine Mönchsversammlung aus 25 Mitgliedern ernannte. Diese setzte ihrerseits wiederum einen Obersten Mönchsgerichtshof ein, doch konnte der Sangkharat Beschlüsse der Versammlung ablehnen. In diesem Fall traf der Kultusminister die Entscheidung, der auch für allen Besitz des Ordens verantwortlich war. Das Gesetz von 1941 blieb nicht unangefochten. Es kam später zu einer Einschränkung der Macht der Mönchsregierung, und in einem neuen Gesetz von 1962 wurde verfügt, daß die Klöster je nach Nikāya getrennt verwaltet werden sollten. Eine gewichtige Neuerung war das Recht des Staates, Mönche auch ohne Beschluß der Versammlung aus dem Orden auszustoßen.

Als sich der Sieg der Alliierten im Zweiten Weltkrieg abzeichnete, wurde Phibun gestürzt und Pridi von 1944 bis 1946 als Regent des minderjährigen Königs Rāma VIII. (reg. 1935—1946) eingesetzt. Dieser Linkspolitiker mußte jedoch bald die Macht abgeben und wurde Führer einer prokommunistischen Widerstandsgruppe. Die zweite Diktatur von Phibun zwischen 1948 und 1957 war von einer engen Anlehnung an die USA und einem strikten Antikommunismus geprägt. Diese Politik wurde auch von den Diktatoren Sarit Thanarat

(1909—1963, reg. 1958—1963) und Thanom Kittikarchon (reg. 1963—1973) fortgesetzt und richtete sich im Inneren gegen Mönche, die aufgrund der buddhistischen Lehre die bestehende Sozialordnung angriffen. Eine bessere Welt erwartete man wiederum durch die Ankunft Maitreyas, die sich einigen zufolge nach der Vollendung des 2500. Jahres des Parinirvāna des Buddha (1956) ereignen werde. Neben dem Glauben, er werde in Thailand selbst im Jahre 1957 geboren, gab es aber auch die Furcht vor den Katastrophen, die mit diesem Datum verknüpft wurden. In diesem Zusammenhang begründeten einige Gruppen eine Art buddhistisches Widerstandsrecht. Denn wenn eine Minderheit ihre Macht gegen das buddhistische Moralgesetz anwendet, dann müsse das Volk gegen diese im Namen von Freiheit, Gleichheit und Brüderlichkeit kämpfen, Prinzipien, für die auch der Buddha eingetreten sei. Bisweilen wurden sozialistische Ideen als buddhistisch ausgegeben, was denjenigen, die dies propagierten, häufig den Vorwurf einbrachte, sie seien Kommunisten. Dies wog um so schwerer, als der Vietnamkrieg (1964—1975) und der darauffolgende Sieg der Kommunisten in Vietnam, Laos und Kampuchea als unmittelbare Bedrohung Thailands angesehen wurden. Nach einer Phase instabiler ziviler Regierungen zwischen 1973 und 1976 übernahm der rechtsextreme Militär Thanin Kraivichien die Macht (1976—1977) und verhängte das Militärrecht, das bis 1993 uneingeschränkt gültig war. Die Haltung der Mönche gegenüber den vielen Militärregierungen ist nicht einheitlich. Der charismatische Mönch Kittivuddho z. B. löste durch seine Predigten eine buddhistische Erneuerungsbewegung aus. Andererseits wurde er zum Sprachrohr antikommunistischer Kreise und soll geäußert haben, einen Kommunisten zu töten sei keine größere Sünde als die Tötung eines Huhns oder eines Fisches, um es einem Mönch zu schenken. Andere Mönche schlossen sich der Opposition an und nahmen an Protesten gegen die Militärs teil, obgleich eine Einmischung in die gesellschaftlichen Probleme eigentlich nicht zu ihren Aufgaben gehört.

Das Verhältnis zwischen Mönchen und Laien und die ihnen zufallenden Aufgaben im religiösen Bereich sind ganz ähnlich wie in Burma. Manchen Mönchen wird in Thailand die Macht zugeschrieben, anderen zu Glück und Gesundheit

zu verhelfen und Gegenstände wie etwa Buddha-Amulette zu weihen. Oft fertigen sie Bilder von sich selbst sowie Amulette an und verteilen sie. Der Verkauf von Amuletten, auf denen berühmte Mönche abgebildet sind, ist eine wesentliche Einkommensquelle vieler Klöster. Eine Reihe von modernen Mönchen hält es für ihre Pflicht, den Laien auch als Lehrer und moralische Führer zu dienen.

In Laos konnte sich der Buddhismus unter dem französischen Protektorat (1893—1945) wieder regenerieren. Doch erlebte die buddhistische Klosterausbildung durch den Bildungseinfluß zuerst Frankreichs und dann der USA eine Abwertung. Nach der Unabhängigkeit waren viele Mönche auch mit der Amerikanisierung des Lebensstils der Eliten unzufrieden, ebenso mit der Aufwertung von Militär und Polizei, die zu Lasten des Mönchtums gingen. Deshalb sympathisierten viele Mönche mit der kommunistischen Pathet-Lao-Bewegung, insbesondere nachdem eine antikommunistische Regierung 1959 die Autonomie des Mönchordens abgeschafft hatte. Einerseits schlossen sich zwar viele Mönche dem Pathet Lao an, andererseits stützte sich dieser in den ländlichen Regionen auf animistische Bergstämme, die antibuddhistisch waren. Nach ihrer Machtübernahme im Jahre 1975 versuchten auch die Kommunisten, den Einfluß des Sangha als aktive Kraft im Alltag von Laos auszuschalten, was aber fehlschlug. Danach ging die Regierung dazu über, die Mönche als Lehrer des marxistischen Bekenntnisses einzusetzen. Der Zusammenbruch des Kommunismus in Osteuropa und das Beispiel des Wirtschaftsliberalismus in der Volksrepublik China haben auch in Laos zu einer Öffnung der Grenzen nach Thailand und zu einer Aufwertung der buddhistischen Religion geführt.

4. Der Buddhismus in Kampuchea

Der heutige Kleinstaat Kampuchea ist Nachfolger des einst mächtigen Khmer-Reiches, das vom 9. bis zum 13. Jahrhundert große Teile Südostasiens beherrschte. Aus Indien hatten die Könige dieses Reiches vor allem die Kulte der Götter Shiva und Vishnu übernommen, aber auch der Mahāyāna-Buddhismus war nicht unbekannt. Die meisten Herrscher waren Anhänger des shivaitischen Königkultes, indem sie sich selbst als Gottkönige (Devarāja) verehren ließen. Nach einer schweren Niederlage der Khmer gegen die in Südvietnam herrschenden Cham wandte sich der Erneuerer des Khmer-Reiches, Jayavarman VII. (reg. 1181—1218) vom Kult des shivaitischen Devarāja dem Ideal des Buddharāja zu und stellte sich in seinen gigantischen, durch Zwangsarbeit errichteten Bauten in der Hauptstadt Angkor als mitleidsvoller Bodhisattva Lokeshvara (Avalokiteshvara) dar. Im Verlauf des 13. Jahrhunderts begann der Niedergang des Khmer-Reiches, das vor allem an die aus dem Norden eindringenden Thai-Völker große Gebiete verlor. Gleichzeitig wurde der Theravāda-Buddhismus immer populärer. Die erste Inschrift Angkors in der Pāli-Sprache datiert aus dem Jahre 1309, und schon 18 Jahre später endet die Serie von Sanskrit-Inschriften. Sehr schnell übernahm das ganze Volk der Khmer den Theravāda-Buddhismus von den Thai-Eroberern, die 1352 das erste Mal Angkor besetzten. Es ist nicht ganz geklärt, ob bereits König Indravarman III. (reg. ca. 1295—1307) oder erst Jayavarman IX. (reg. 1327—1336) den Theravāda-Buddhismus auch zur Religion des Hofes machten. Im Jahre 1431 eroberte und zerstörte Boromarāja II., der Thai-König von Ayuthya, die Stadt Angkor. Der neue König Ponhéa Yat (reg. 1432—1467) gab Angkor endgültig auf und verlegte die Hauptstadt nach Phnom Penh, das diese Funktion mit Unterbrechungen (1528—1595 und 1700—1864) bis heute behielt. Von diesem Zeitpunkt an spricht man nicht mehr vom Khmer-Reich, sondern von Kampuchea, ein Name, der sich vom Sanskrit-Wort Kamboja (Kambodscha) herleitet.

In der Folgezeit geriet Kampuchea immer stärker in die Abhängigkeit von Thailand, das das Land 1474 vorübergehend besetzte und es seitdem bis 1863 (dem Jahr der französischen Okkupation) auf den Rang eines Vasallenstaates herabdrückte. Dazu trat später noch der Druck Vietnams, das ebenfalls die Oberhoheit über Kampuchea beanspruchte. Wie ein spanischer Dominikaner Ende des 16. Jahrhunderts berichtete, blühte der Theravāda-Buddhismus im Lande; er schätzte, daß allein in Phnom Penh etwa 1500 Mönche lebten. Die Frömmigkeit des Hofes erschöpfte sich in der Regel auf den Wunsch nach guten Wiedergeburten. Unter König Preah Sattha I. (reg. 1576—1596) wünschte die Königinmutter in einer Inschrift aus dem Jahre 1577, immer als eine hochstehende Persönlichkeit und gläubige Laienanhängerin wiedergeboren zu werden; wenn der zukünftige Buddha Maitreya erscheine, wolle sie mit ihm ins Nirvāna eingehen. Eine Inschrift aus dem Jahre 1628 gibt Auskunft, daß man gute Werke auf die Toten, insbesondere diejenigen, die in der Hölle sind, übertragen möchte. Aufgrund der äußeren Bedrohung durch die Thai suchten einige Herrscher dennoch Beistand bei nichtbuddhistischen Mächten, etwa Ende des 16. Jahrhunderts den der Spanier auf den Philippinen, die sich Hoffnung auf eine Bekehrung der Khmer zum Katholizismus machten. Im 17. Jahrhundert konvertierte König Reamea Thippadey (reg. 1642—1658) unter dem Namen Ibrāhīm zum Islam, um die Hilfe muslimischer Malaien zu erhalten; er wurde jedoch 1658 von den Vietnamesen gestürzt, die in der Schwächeperiode Thailands bis 1782 die Oberhoheit über Kampuchea ausübten. Von der Frömmigkeit der Laien in dieser Zeit sind wir weiterhin nur durch die Inschriften der Oberschicht unterrichtet. In einer aus dem Jahre 1684 wünscht jemand, stets als reicher Mann und Anhänger des Buddha wiedergeboren zu werden, dann die Allwissenheit zu erlangen und in das Nirvāna einzugehen. Eine andere von 1693 berichtet von dem Wunsch eines Gläubigen, in allen zukünftigen Existenzen immer mit seiner gegenwärtigen Familie zusammenzuleben. Wieder ein anderer wünscht in einer Inschrift aus Angkor aus dem Jahre 1702, in der nächsten Existenz eine bestimmte Frau als seine Frau zu besitzen. Andererseits wurden im 17. Jahrhundert Mönche, die geschlechtliche Beziehungen zu Frauen unterhielten, lebendig verbrannt. König Chey Chettha IV. (reg. 1674—1695, 1696—1699, 1701—1702 und 1704—1706) schaffte jedoch 1692 Hinrichtungen ab und führte eine mildere Strafgesetzgebung ein. Im 18. Jahrhundert verlor Kampuchea mehrere östliche Provinzen an Vietnam, das 1782 sogar das Land besetzte, so daß König Ang Eng (reg. 1779—1796) ins Exil nach Bangkok gehen mußte, dort gekrönt und schließlich mit thailändischer Hilfe wieder auf den heimischen Thron gesetzt wurde. In der ersten Hälfte des 19. Jahrhunderts wurde Kampuchea zum Schauplatz der Machtkämpfe zwischen Thais und Vietnamesen. Im Jahre 1831 wollten die Thais während der Herrschaft des 1806 in Bangkok gekrönten Königs Ang Chan II. (reg. 1796—1834) Kampuchea erobern, wurden aber von den Vietnamesen zurückgeschlagen, die das Land 1834 besetzten und 1841 als vietnamesische Provinz annektierten. Mit dieser Annexion sollten gleichzeitig die Khmer-Kultur ausgerottet und der vietnamesische Staatskult eingeführt werden. Stupas wurden zerstört, Buddhastatuen umgestürzt, Bodhibäume gefällt und Mönche gezwungen, ihre Klöster zu verlassen. Das führte zu einem großen Aufstand der Khmer, die die Thais zu Hilfe riefen und mit ihnen bis 1845 die Vietnamesen vertrieben. Der neue König Ang Duong (reg. 1845—1859) mußte im 1846 geschlossenen Friedensvertrag die Oberhoheit Thailands und Vietnams anerkennen. Der Einfluß Thailands wirkte sich 1849 durch die Einführung des von Mongkut initiierten reformierten Dhammayuttika-Nikāya (siehe oben) aus. Ein in Bangkok lebender kambodschanischer Mönch war von Mongkut neu ordiniert worden und wurde nach seiner Rückkehr nach Kampuchea zum Abt eines bedeutenden Klosters in der damaligen Hauptstadt Udong ernannt, nach Verlegung der Hauptstadt nach Phnom Penh stand er dem dortigen Reformkloster vor.

In Kampuchea blieben aber die Oberhäupter sowohl des Dhammayuttika- wie auch des Mahā-Nikāya Mitglieder des Kronrats, der den neuen König zu wählen hatte. König Norodom I. (reg. 1859—1904) war 1863 gezwungen, das Protektorat Frankreichs anzuerkennen. Während der französischen Herrschaft (1863—1953) war die Gesellschaft Kampucheas nicht so stark wie die Nachbarländer von den Umwälzungen der Industrialisierung und des Kapitalismus betroffen und blieb auch vom Strudel der Weltpolitik bis zum Jahre 1970 weitgehend unberührt. In dieser Zeit galt Kampuchea als das buddhistische Land, in dem die Ordensregeln am strengsten befolgt wurden. Hier war es für einen Mönch immer noch ein Vergehen, privat Geld zu besitzen. Hatte ein Mönch geschlechtliche Beziehungen zu einer Frau, galt das ganze Kloster als entweiht und wurde verlassen, was häufig dazu führte, daß auch die benachbarten Dörfer aufgegeben wurden. Wie in Thailand wollte auch in Kampuchea der modernistische Buddhismus nach dem Ersten Weltkrieg das religiöse Leben von unkanonischen Elementen reinigen. Größere Bedeutung erlangten diese Versuche durch das Bekanntwerden der Ergebnisse der modernen Buddhismus-Forschung, doch hatte das auch den Konflikt mit älteren konservativen Mönchen zur Folge. Mit der Regierung des 1922 geborenen Königs Norodom II. Sihanuk (der erstmals 1941 bis 1955 als König herrschte), der der Weltöffentlichkeit besser als Prinz Sihanuk bekannt ist, begann der Widerstand gegen das französische Kolonialregime, an dem sich Mönche in führender Position beteiligten. Als man zwei von ihnen 1942 verhaftete, führte der Mönch Hem Chieu, Professor am Buddhistischen Institut von Phnom Penh, eine Demonstration von 2000 Mönchen an, die aber von französischen Truppen gewaltsam aufgelöst wurde. Nach einer japanischen Besatzungszeit kehrten die Franzosen zwar zurück, sahen sich aber einem wachsenden Widerstand auch des Königs ausgesetzt, der sich aufgrund von Demonstrationen gegen die Regierung, an denen Mönche maßgeblich beteiligt waren, an die Spitze der Unabhängigkeitsbewegung setzte. Diese wurde 1953 errungen, und Sihanuk ließ sich 1955 bestätigen, daß er im Kampf um die Unabhängigkeit richtig gehandelt habe. Danach trat er als König zurück (dieses Amt übernahm 1955—1960 sein Vater,

Norodom III. Suramarit), gründete die Partei Sangkum Raestr Niyum („Sozialistische Volksgemeinschaft") und führte von da an mehrere Regierungen an. Er vertrat wie U Nu in Burma (siehe oben) einen buddhistischen Sozialismus, denn der Buddhismus habe den Sozialismus, verstanden als Verwirklichung des buddhistischen Wohlfahrtsstaates, inspiriert. Der Buddhismus kämpfe gegen Übelstände und fördere den Geist der Brüderlichkeit und der gegenseitigen Hilfe und überwinde so die Individualität. Mit seiner ausdrücklichen Berufung auf den Buddhismus grenzte er sich von den kommunistischen Bewegungen und Regierungen seiner Nachbarschaft ab. Nach dem Tode seines Vaters übernahm er die Rolle eines Staatschefs (1960—1970). An religiösen Angelegenheiten war er sehr stark interessiert; so stiftete er den Löwenanteil für den Bau des nach ihm benannten und 1964 fertiggestellten Klosters Wat Preah Sihanuk. Bei Aufbauprojekten des Landes zog er fast immer hochrangige Mönche hinzu, nicht zuletzt deshalb, um rückständige Dorfbewohner für seine Neuerungen einzunehmen. Die Oberhäupter der beiden Nikāyas waren Mitglieder des Kronrats, doch durften sich die Mönche sonst nicht in politische Angelegenheiten einmischen und hatten auch kein Wahlrecht.

Die seit alters her gespannten Beziehungen Kampucheas zu Vietnam hatten sich nach der Unabhängigkeit hauptsächlich auf Südvietnam übertragen, das Sihanuk eine prokommunistische Haltung vorwarf, obgleich er außenpolitisch eine neutralistische Haltung einnahm und die eigenen Kommunisten, die sogenannten „Roten Khmer", in den Untergrund gedrängt hatte. Diese hatten ein radikales Konzept zur Verwirklichung des Sozialismus auf ihre Fahnen geschrieben, das eine völlige Änderung der gesellschaftlichen Verhältnisse durch konsequenten Klassenkampf statt des Wohlfahrtsstaates à la Sihanuk vorsah. Auf der anderen Seite gab es rechte Politiker und Militärs, die die Zusammenarbeit mit Südvietnam und den USA suchten und schließlich im März 1970 die Regierung des Prinzen Sihanuk stürzten. Damit begann eines der schrecklichsten Kapitel in der Geschichte Kampucheas, das von einem beispiellosen Morden der rechten Militärs unter Lon Nol, der die Macht übernommen hatte, an der vietnamesischen Minderheit des Landes eröffnet und dann von dem

Genozid der Roten Khmer auf grauenhafte Art noch überboten wurde. Der gestürzte Prinz verbündete sich nach seinem Sturz mit seinen einstigen Feinden, den Roten Khmer, die bald große Teile des Landes kontrollierten, obwohl es eine bewaffnete Intervention der USA gegeben hatte. Diese kriegerischen Auseinandersetzungen verwüsteten große Teile Kampucheas und endeten im April 1975 mit dem Sieg der Roten Khmer unter Pol Pot, der für kurze Zeit pro forma Sihanuk wieder als Staatsoberhaupt einsetzte. Auch das Regime des Lon Nol hatte sich auf den Buddhismus berufen, weil es in ihm einen bedeutenden Teil der nationalen Identität gewahrt sah. Das Regime der kommunistischen Roten Khmer (1975—1979) aber wollte die gesamte Khmer-Gesellschaft verändern und verdächtigte schon jeden, der Lesen und Schreiben konnte, ein Klassenfeind zu sein. Die buddhistische Religion sollte ausgerottet werden, Klöster wurden zerstört, Mönche wie auch andere Gebildete wurden ermordet. Insgesamt sollen dem Terror der Roten Khmer nach vorsichtigen Schätzungen über eine Million Menschen zum Opfer gefallen sein. Prinz Sihanuk begab sich 1976 erneut ins Exil in die Volksrepublik China, dem Hauptverbündeten der Roten Khmer. Das Unheil, das über das Volk von Kampuchea hereinbrach, schien tatsächlich auf die katastrophale Endzeit des Buddhismus hinzuweisen. Die Feindschaft der Roten Khmer zu den ebenfalls kommunistischen Vietnamesen führte aber zu kriegerischen Auseinandersetzungen, in deren Gefolge Vietnam Anfang 1979 das Regime der Roten Khmer stürzte und eine ihm genehme kommunistische Regierung unter Heng Samrin einsetzte. Diese begann mit dem allmählichen Wiederaufbau des Landes und tolerierte die buddhistische Religion. Es gelang ihr jedoch nie, die Roten Khmer in ihren Guerilla-Gebieten völlig zu eliminieren. 1982 bildete Sihanuk gegen das provietnamesische Regime eine Gegenregierung und kämpfte für die Wiederherstellung des Friedens und der Neutralität des Landes. Erst nach dem Abzug der Vietnamesen und dem Eingreifen der UNO, die alle Bürgerkriegsparteien zu einem nationalen Konsens bringen sollte, kam es 1991 zu einem relativen Frieden. Sihanuk wurde erneut Staatschef, gewann 1993 die allgemeinen Wahlen, an denen sich die Roten Khmer nicht beteiligten und bestieg im September 1993 wieder den

Königsthron. In ihm sehen viele Khmer einen Hoffnungsträger, den traditionellen Beschützer des Volkes und auch der Religion.

5. Der Buddhismus in Vietnam

Offensichtlich gab es bereits im 2. Jahrhundert n. Chr. buddhistische Gemeinden in Giao-chi, d.h. im nördlichen Vietnam. Zwischen dem 3. und 10. Jahrhundert kamen zahlreiche chinesische Mönche durch dieses Gebiet, das zu dieser Zeit eine chinesische Provinz war. Für diese frühe Zeit können keine spezifischen Aussagen über den Buddhismus gemacht werden, außer der, daß es sich um das Mahāyāna handelte. Im Jahre 580 gründete ein Inder namens Vinītaruci, der aus China kam, eine Meditationsschule (Sanskrit: Dhyāna, chines.: Chan, vietnames.: Thien), die sich auf Bodhidharma (siehe oben) berief. Ihre Tradition erstreckte sich von 580 bis 1216 auf 19 Generationen. Eine zweite Meditationsschule entstand 820 durch den chinesischen Mönch Vo-ngon-thong und berief sich in zehnter Generation ebenfalls auf Bodhidharma. Er übte die sogenannte „Mauer-Kontemplation" aus, die dessen Lehre näher steht als die erste Dhyāna-Schule. Wie in China bildeten sich auch eine „Sukhāvatī-Schule", die die Verehrung des Buddha Amitābha propagierte, und eine Vinaya-Schule.

Im Jahre 939 konnte sich das Land Vietnam, das damals nur den Norden des späteren Staates umfaßte (im Süden existierte das indisierte Reich Champa), von der chinesischen Herrschaft befreien. Kaiser Dinh Tien Hoang (reg. 968—979), ein glühender Anhänger des Buddhismus, führte im Jahre 971 eine hierarchisch gegliederte religiöse Beamtenschaft ein und ernannte einen Mönch zum „Großen Meister, Stütse des Landes Viet". Von nun an wurde der Buddhismus für eine relativ lange Periode von den vietnamesischen Kaisern gefördert. Besonderes Interesse bestand am Erwerb der heiligen Texte. So wie einst chinesische Mönche nach Indien gepilgert waren, um dort die Originaltexte zu beschaffen und zu übersetzen, so wandten sich die Herrscher Vietnams jetzt nach China. Im Jahre 1008 bat Kaiser Lê Long Dinh (reg. 1005—1009) um die neun klassischen religiösen Schriften und den Kanon (Tripitaka). Um letzteren bat 1018 auch sein Nachfolger Ly Thaitho (reg. 1009—1028). Zur Zeit der Ly-Dynastie (1009—1225) und zu Beginn der Tran-Dynastie (1225—1413) gründete man zahlreiche Tempel und feierte mehrmals öffentliche Feste anläßlich der Weihe von Buddha-Statuen. Kaiser Ly Than-ton (reg. 1054—1072) brachte nach einem Feldzug gegen das im heutigen Südvietnam gelegene indisierte Königreich Champa den chinesischen Mönch Xiaodang mit, dem er den Titel „Lehrer des Königreiches" verlieh. Dieser gründete eine dritte Meditationsschule, in die der Kaiser selbst eintrat, was von zwei späteren Herrschern nachgeahmt wurde. Ein Kaiser der Tran-Dynastie, Tran Nhan-ton (reg. 1278—1293), verzichtete sogar auf seinen Thron, zog sich auf einen Berg zurück und wurde Schöpfer einer eigenen Sekte, der vom „Bambuswald", die ein Zweig der Lam-te-Schule (der aus China bekannten Linji) ist. Nach seinem Tode wurde ihm 1310 ein Stūpa errichtet.

Seit der zweiten Hälfte des 12. Jahrhunderts geriet der Buddhismus unter den Einfluß des Daoismus, so daß einige Mönche lieber Magie betrieben und sich um das daoistische Elixier der Glückseligkeit bemühten. Als am Anfang des 15. Jahrhunderts Truppen der chinesischen Ming-Dynastie Vietnam besetzten, zerstörten sie die buddhistischen Tempel. Nach der Vertreibung der Chinesen 1428 wandte sich die neue vietnamesische Dynastie der Späteren Lê (1428—1785) dem Konfuzianismus als offizieller Staatsphilosophie zu und verfolgte den Buddhismus, dem verboten wurde, neue Tempel zu erbauen. Seit dem 16. Jahrhundert war diese Dynastie aber faktisch entmachtet, da die wirkliche Macht von zwei miteinander rivalisierenden Herrscherhäusern ausgeübt wurde: von den Trinh (1539—1786) im Norden mit der Hauptstadt Hanoi und den Nguyên (1570—1955) im Süden mit der Hauptstadt Huê. Beide Dynastien waren buddhistisch gesinnt und förderten die Religion durch neue Tempelbauten und den Austausch mit chinesischen Mönchen. Einer von ihnen führte aus China das Ullambana-Fest, „das Ritual der Feiern zu Ehren der im Wasser und auf der Erde umherirrenden Seelen" ein. Die schließlich siegreichen Nguyên, die 1802 unter Kaiser Nguyên The-tho (Gia-long, reg. 1789—1820) ganz Vietnam unter ihrer Herrschaft einten, brachten dem Buddhismus eine neue Blütezeit. Dies traf jedoch nicht für den Süden, das sogenannte Cochinchina, zu, das erst allmählich von den Vietnamesen kolonialisiert wurde, weil es sich hierbei um das Gebiet des ehemaligen Reiches von Champa, das 1471 untergegangen war, und die von Kampuchea annektierten Provinzen handelt. Es fiel auch als erstes dem französischen Kolonialismus zum Opfer. Nguyên The-tho hatte den drei in seinem Reich verbreiteten Religionen bzw. Staatsphilosophien — Konfuzianismus, Buddhismus und Christentum — Toleranz gewährt. Sein Nachfolger Nguyên Than-tô (Minh-Mang, reg. 1820—1841), ein überzeugter Konfuzianer und von der chinesischen Kultur begeistert, sah im Christentum vor allem eine Religion der Kolonialmächte und ordnete deshalb seine Verfolgung an. Diese Politik setzten auch seine Nachfolger Nguyên Hiên-tô (Thiêu-Tri, reg. 1841—1847) und Nguyên Duc-tông (Tu-Dúc, reg. 1847—1883) fort. Die Ermordung zahlreicher katholischer Missionare bot für Napoleon III. von Frankreich den willkommenen Anlaß für koloniale Eroberungen. Nachdem die vietnamesische Regierung 1857 Religionsfreiheit für Christen, die Errichtung eines französischen Konsulats und einer Handelsmission in Huê abgelehnt hatte, begann 1858 eine französische Militärexpedition mit der Besetzung Cochinchinas, die 1867 abgeschlossen wurde. Dort konnte sich der Katholizismus rasch ausbreiten, wenngleich er immer eine Minderheitsreligion blieb, die aber aufgrund ihrer Verflechtung mit der Kolonialmacht eigene Eliten herausbildete (1964 waren von den insgesamt 14 Millionen Bewohnern Südvietnams 2,2 Millionen Katholiken, d.h. über 14%). In den Jahren 1883 und 1884 besetzte die französische Republik dann auch Annam und Tongking, also den Rest des vietnamesischen Kaiserreiches, errichtete dort ein Protektorat und setzte einen Residenten ein, was die faktische Entmachtung des Kaisers bedeutete, der nur noch eine Statistenrolle spielte.

Im Süden verfiel der Buddhismus unter der Kolonialmacht zusehends. Europäische Reisende hatten in den 20er Jahren des 20. Jahrhunderts Mühe, in Saigon einen buddhistischen Tempel zu finden. Im Norden war er nicht zuletzt aufgrund der Förderung durch den Kaiserhof stärker verbreitet. In den

Dörfern existierten meist buddhistische Tempel, doch hatte sich die Volksreligion mit Geister- und Ahnenkult verbunden. Dem Niedergang des Buddhismus wirkte seit 1920 eine buddhistische Erneuerungsbewegung erfolgreich entgegen. Ihre Anfänge liegen in den Vereinigungen von Laienbuddhisten, die für die Unterhaltung bestimmter Tempel aufkamen. Darum bemühte sich auch die Mutter des letzten Kaisers Nguyên Vinh-thuy (Bao Dai, reg. 1926—1955). Im Jahre 1931 erfolgte in Saigon die Gründung der „Vereinigungen zum Studium des Buddhismus", 1932 in Huê und 1934 in Hanoi. Die Erfolge dieser Reformbewegung waren in Annam am größten. In Huê entstand 1932 das Bao-Quôc-Seminar, eine Hochschule für buddhistische Mönche. Diesen Reformgruppen schlossen sich vor allem jüngere Laien an, die den erstarrten Buddhismus durch das Studium der alten Texte neu beleben wollten. Sogar in einigen Dörfern bildeten sich Zweigorganisationen, und 1938 schlossen sich alle Vereinigungen zu einer gesamtvietnamesischen Dachorganisation zusammen. In den 30er Jahren erfuhr sogar der Theravāda-Buddhismus, der im Süden hauptsächlich die Religion der Khmer-Minderheit ist, durch die Studienvereinigungen einen Aufschwung, da diese auch ein Interesse an den Überlieferungen des Theravāda zeigten. Das war auch der Missionstätigkeit von Mönchen aus Sri Lanka förderlich. Im Jahre 1956 besaßen die Theravādins zwar erst fünf Klöster mit insgesamt 20 Mönchen, doch betrachten die Anhänger des Mahāyāna diese nicht als Konkurrenz, sondern stehen ihnen wohlwollend gegenüber, so daß deren Zahl in den Folgejahren noch zunahm.

Die Zielsetzung der buddhistischen Reformbewegung Vietnams war zwar in erster Linie religiös, doch nahm sie bald auch den Charakter einer nationalen Bewegung an. Ihr Ansehen stieg durch die Bildung gemeinnütziger Einrichtungen wie etwa einer Vereinigung zum Kampf gegen das Analphabetentum. Der Reformbuddhismus wollte die alten Traditionen des Landes in einer zeitgemäßen Form präsentieren. Man wandte sich sowohl gegen die Überfremdung durch den französischen Kultureinfluß wie auch gegen den erstarrten Traditionalismus. Die Kolonialverwaltung hatte sich von der religiösen Erneuerung zunächst eine Abwendung der Jugend von politischen Fragen erhofft, sah sich darin aber bald getäuscht. Aus der Bao-Quôc-Hochschule in Huê kamen nämlich die bedeutendsten Gestalten der Erneuerungsbewegung, die sich dann auch um die politische Erneuerung des Landes kümmerten. Unter den Mönchen sind besonders Thích Trí Dò und sein Schüler Thích Trí Quang zu nennen, von den Laien besonders Lê Dinh Tham, der Direktor des Krankenhauses von Huê und Gründer der Vereinigung zum Studium des Buddhismus in Huê im Jahre 1932. Dieser hatte sich während des Zweiten Weltkrieges den Japanern angeschlossen, die Vietnam besetzten und dem Land unter Kaiser Nguyên Vinh-thuy formal die Unabhängigkeit gaben. Andere Mönche schlossen sich jedoch der antijapanischen Widerstandsbewegung Viêt-Minh an. Nach dem Zusammenbruch der japanischen Herrschaft 1945 versuchten die Franzosen, ihr Kolonialregime wiederherzustellen. Sie vertrieben die Viêt-Minh, die von den Kommunisten unter Führung des charismatischen Hô Chí Minh (1890—1969) geleitet wurden, aus den großen Städten des Landes. Einige Mönche schlossen sich ihnen an, andere kehrten in die Städte zurück, wo sie die buddhistischen Vereinigungen der drei Landesteile neugründeten und diese 1951 zur „Allgemeinen Buddhisten-Vereinigung von Vietnam" zusammenschlossen. Es gab jeweils eine gesonderte Vereinigung für den Orden und für die Laien. Wegen ihrer Sympathien für die Unabhängigkeitsbewegung waren vor allem junge Buddhisten den Franzosen verdächtig, die einige Mönche verhafteten. Aber auch die revolutionäre Umgestaltung der Gesellschaft durch die Viêt-Minh stieß auf den Widerspruch vieler Mönche. Als nach der verheerenden Niederlage der Franzosen bei Dien Bien Phu und der Genfer Indochina-Konferenz das Land 1954 in einen kommunistischen Nordstaat und eine autoritäre Republik im Süden geteilt wurde, flohen neben vielen Katholiken auch eine Reihe Buddhisten nach Süden. Diese Aufspaltung des Landes führte zu einer Teilung der buddhistischen Vereinigung. Die des Südens behielt ihren Namen, während in Hanoi die „Vereinigte Buddhistische Assoziation von Vietnam" entstand. Beide Organisationen wurden von ehemaligen Schülern der Bao-Quôc-Hochschule geleitet.

Neuer starker Mann in Südvietnam wurde Ngô Dình Diem (1901—1963), der aus einer Familie stammte, die seit dem 17. Jahrhundert katholisch war. Ihm gelang es 1955, einen Aufstand von im 20. Jahrhundert entstandenen synkretistischen Religionsgemeinschaften wie Cao Dài und Hòa-Hao niederzuschlagen. Danach schaffte er die Monarchie ab und ernannte sich selbst zum Präsidenten von (Süd-)Vietnam. Damit begann die achtjährige Diktatur (1955—1963) der Familie Ngô, die entscheidende Machtpositionen im Staat mit Katholiken besetzte. Neben dem Präsidenten waren sein Bruder Ngô Dình Nhu, der Vorsitzender der Staatspartei und zugleich Chef der Geheimpolizei war, und seine Gattin („Madame Nhu") die mächtigsten Leute im Land. Militärbefehlshaber in Zentralvietnam war ein anderer Präsidentenbruder. Nachdem ein weiterer Bruder des Präsidenten, Ngô Dình Thuc, 1960 römisch-katholischer Erzbischof von Huê geworden war, nahm die Unzufriedenheit über die Zurücksetzung buddhistischer Interessen rasch zu. Zudem hatte die Regierung Nordvietnams 1959 beschlossen, den Aufstand der Rebellenorganisation Viêt-công im Süden zu unterstützen, da die Ngô-Regierung sich weigerte, die 1954 in Genf vereinbarten freien Wahlen für ganz Vietnam zu akzeptieren. Binnen kurzer Zeit sah sich die Regierung Südvietnams mit dem Verlust des überwiegenden Teils der ländlichen Gebiete konfrontiert. Auf buddhistischer Seite wurde Thích Trí Quang Gegenspieler der Regierung, deren Präsident sich gelegentlich in der Öffentlichkeit abfällig über den Buddhismus äußerte, der aber im Volk äußerst populär war, weil er sich aktiv dem Dienst am Nächsten widmete, z.B. in der Krankenpflege. So wuchs die Unzufriedenheit der modernistischen buddhistischen Bewegung. Die offene Konfrontation brach aus, als der Erzbischof von Huê im Frühjahr neben der Nationalflagge trotz Verbotes auch Kirchenfahnen hißte, was die Buddhisten am 7. und 8. Mai, d.h. dem traditionellen Geburtstag Buddhas dazu veranlaßte, auch ihre Flaggen zu hissen, die aber von Soldaten entfernt wurden. Diese schossen dann wenig später in eine große Menschenmenge, die eine Rundfunkansprache von Thích Trí Quang hören wollte. Dagegen formierte sich Ende Mai eine Protestdemonstration von 200 Mönchen im Zentrum von Saigon, wodurch die religiöse Krise endgültig zu einer politischen geworden war. Diesem Ereignis folgte am 11. Juni 1963 die erste Selbstverbrennung eines 72 Jahre alten buddhistischen Mönches. Ein solcher Akt der Selbstopferung ist aus dem chinesischen Buddhismus wohlbezeugt. Sie ist Bodhisattvas vorbehalten und ist keine bloße Opferung, sondern Symbol der Hinwendung zur Lehre von der „Leerheit" bzw. Wesenseinheit alles Existierenden. So ist auch die Opferung wesenslos, kann jedoch die Einsicht in die Wahrheit der buddhistischen Religion hervorrufen. Die Regierung suchte jetzt eine Übereinkunft mit den Buddhisten zu erreichen, doch wurde diese nur halbherzig eingehalten. An die Spitze der Protestbewegung traten jetzt vorwiegend junge Mönche. Es folgten weitere Selbstverbrennungen und Repressalien der Regierung, bis es am 1. und 2. November 1963 zu einem mit Billigung der USA durchgeführten Staatsstreich der Armee kam, bei dem die Ngô-Brüder Diem und Nhu getötet wurden.

Damit hatten sich die Buddhisten als die große nichtkommunistische organisierte Kraft in Vietnam erwiesen, die auch während der nächsten Regierungen, die alle von Militärs gestellt und fast ausnahmslos nicht demokratisch legitimiert waren, eine bedeutende Rolle spielte. Zunächst gab es eine Selbstverbrennung aus Dankbarkeit für den Erfolg der buddhistischen Bewegung, eine andere aus Protest gegen die Aggressionen des Viêt-công. Unter der Militärdiktatur der Generäle Nguyên Van Thiêu (1965—1975 Staatspräsident) und Nguyên Cao Ky (1965—1967 Ministerpräsident) setzten 1966 jedoch wieder Selbstverbrennungen aus Protest gegen die Regierung ein. Außerdem trat Thich Tri Quang in einen Hungerstreik, den er erst nach 101 Tagen abbrach. Inzwischen hatte sich US-Präsident Lyndon B. Johnson seit 1964 für die bewaffnete Intervention der USA gegen die Viêt-công und Nordvietnam entschlossen, der zu dem langwierigen zweiten Vietnamkrieg (1964—1975) führte. Bei der Tet(Neujahrs)-Offensive der Viêt-công und Nordvietnamesen im Jahre 1968 zeigte sich die Schwäche der südvietnamesischen Armee, die nur durch die Hilfe der US-Truppen nicht zusammengebrochen war. Die buddhistische Opposition blieb weiter aktiv und errang z.B. bei Senatswahlen im September 1970 große Erfolge. Dem Abzug der US-Truppen nach dem Pariser Friedensabkommen von 1973 folgte 1975 die Eroberung Südvietnams durch die Truppen der Viêt-công und Nordvietnamesen. Mit der kommunistischen Machtübernahme, der

1976 auch die formale Vereinigung von Nord- und Südvietnam folgte, begann eine große Umerziehungskampagne der Vertreter des alten Regimes und sogenannter bourgeoiser Elemente. Der Buddhismus wurde als Religion zwar nicht völlig unterdrückt, aber Repressalien ausgesetzt, während man den lautstarken politischen Buddhismus, der im Süden versucht hatte, die Alternative einerseits zu den diktatorischen Regimen und andererseits zum Kommunismus zu sein, kaltstellte. Zentrum des vietnamesischen Buddhismus und Ausbildungsstätte für Mönche und Nonnen wurde jetzt die Quôc-Su-Pagode in Hanoi, doch sonst wurden viele Pagoden und Tempel geschlossen. Erst mit der Freilassung von Regimegegnern seit 1987, der vorsichtigen Öffnung nach Westen und der Zulassung eines noch recht bescheidenen Tourismus wurden buddhistische Heiligtümer, teils aus Spendengeldern, teils aus staatlichen Mitteln, wieder restauriert und für den Kult zugänglich gemacht.

Fast jedes vietnamesische Dorf hat eine Pagode (*chùa*), wo die buddhistischen Gottheiten verehrt werden. Dort finden am ersten und fünfzehnten jeden Mondmonats die Uposatha-Feiern statt. Die Pagode besteht gewöhnlich aus einem Heiligtum in Form eines liegenden H, das von drei Seiten von Galerien umgeben ist, und einem Hof, der meist durch ein Portal geschlossen ist; bisweilen steht an seiner Stelle ein Glockenturm. Die Galerien an den Seiten dienen Pilgern als Unterkunft und manchmal den Priestern als Wohnung, während sich in der hinteren Galerie gewöhnlich Altäre für das Andenken früherer Mönche befinden. Das Heiligtum besteht aus drei nebeneinanderliegenden Sälen. Im vorderen Saal halten sich die Gläubigen auf, im nächsten befinden sich Räucherpfannen und im dritten die Hauptaltäre, wo eine bestimmte Anzahl von Statuen aufgestellt ist. So ist im allgemeinen der Aufbau von Pagoden in Nordvietnam. Im Süden bestehen sie meist nur aus zwei Sälen, von dem der vordere dem Kult geweiht ist und der hintere dem Aufstellen von Seelentäfelchen dient. Im Saal der Hauptaltäre (*thu'ong-diên*) sind meist nur die buddhistischen Gottheiten dargestellt. Den Ehrenplatz nimmt eine Dreiheit (*thm-thè*) ein, der Triratna, mit dem im allgemeinen Buddha, Dharma und Sangha bezeichnet werden. Hier meint diese Trinität aber drei Buddhas, die Vergangenheit, Gegenwart und Zukunft entsprechen: Amitābha (vietnames. A-di-dà), der historische Buddha Shākyamuni (Tích-ca-màu-ni) und der Zukunftsbuddha Maitreya (Di-lac). Es gibt aber noch andere Triaden, z. B. Amitābha mit den beiden Bodhisattvas Avalokiteshvara (Quan-âm) und Mahāsthāmaprāpta (Thè-chi) oder Shākyamuni mit seinen Jüngern Kāshyapa (Ca-diêp) und Ānanda (At-nan). Manchmal gibt es noch eine vierte Triade, in der Maitreya als „Hanfsackbuddha" (siehe oben unter China) mit den Bodhisattvas Mañjushrī (Van-thù) und Samantabhadra (Pho-Hiên) dargestellt ist. Avalokiteshvara erscheint meist analog zum chinesischen Vorbild als weibliche Gestalt Quan-âm (chines. Guanyin), bisweilen mit einem Kind auf dem Arm.

Der buddhistische Festkalender ist weitgehend dem chinesischen Buddhismus entlehnt und kennt nur zusätzliche Feste für nationale buddhistische Heilige. Besonders volkstümlich wurde das aus China übernommene Allerseelenfest Trung Nguyên am 15. Tag des 7. Mondmonats.

IX. Der Buddhismus in Europa

Der berühmte indische Kaiser Ashoka (siehe oben) hat in seinem um 260 v.Chr. verfaßten 13. Felsedikt unter anderem erwähnt, daß er auch Religionsbeamte zu fünf hellenistischen Herrschern im Westen entsandt habe. Das ist allerdings alles, was wir über sie erfahren. Es gibt keinerlei erkennbaren Hinweis auf einen Erfolg dieser buddhistischen Mission im Vorderen Orient oder Europa. Abgesehen von sporadischen Nachrichten, die nur ein verzerrtes und völlig unzureichendes Bild vom Buddhismus nach Europa brachten, gab es für fast zweitausend Jahre kaum neues Wissen über ihn. Das änderte sich erst mit der kolonialen Expansion der europäischen Mächte seit dem 16. Jahrhundert. Allerdings bestanden die ersten Reaktionen gegenüber den asiatischen Religionen, mit denen die Portugiesen konfrontiert wurden, in Ablehnung, Abscheu und Bekämpfung der „heidnischen Götzendienerei". Mit dem Buddhismus kamen sie zuerst in Sri Lanka in Berührung, dessen Küstengebiete sie seit 1505 besetzten. Dort wurde die ganze Bevölkerung zur Annahme des Katholizismus gezwungen. In ihrem Fanatismus raubten sie 1560 die Zahnreliquie Buddhas aus Kotte und vernichteten sie in Goa (siehe oben). Als die Holländer seit 1658 die Portugiesen in Sri Lanka ablösten, zwangen sie den Einwohnern den Protestantismus auf, was auch die Unterdrückung der Katholiken miteinschloß. Doch auch in den nicht von Europäern unterworfenen Gebieten traten christliche Missionare auf, in erster Linie auf katholischer Seite die Jesuiten, die sich bis zu einem gewissen Grade auch um eine inhaltliche Auseinandersetzung mit den Religionen und Philosophien bemühten, denen sie in Asien, hauptsächlich in Indien, Südostasien und China, begegneten. Der portugiesische Jesuit Antonio de Andrade (1580—1634), der das westtibetische Königreich Ladakh besuchte, kannte zumindest dem Namen nach den Begriff des Triratna und setzte ihn entweder aus Unkenntnis oder aus missionspolitischen Gründen mit der christlichen Dreifaltigkeit gleich. Die Nachrichten der Missionare und zahlreicher anderer Reisender, deren Berichte zum Teil auch in Buchform erschienen, gelangten dann nach Europa und wurden im 17. und 18. Jahrhundert einem gebildeten Publikum bekannt. Aufgrund dieser Informationen nannte z.B. Gottfried Wilhelm Leibniz (1646—1716) in seinen *Essais de Théodicée* (1710) den Buddhismus eine Lehre, bei der alles „auf das Nichts als das erste Prinzip aller Dinge zurückzuführen" sei. Solche Mißverständnisse waren auch bei späteren deutschen Denkern verbreitet, die über keine oder nur indirekte, mehrmals gefilterte Kenntnisse der Primärquellen des Buddhismus verfügten und eigene Vorstellungen in ihre Ansichten von dieser Religion hineinprojizierten. Ein fundiertes Wissen über den Buddhismus bildete sich jedoch erst durch langjährige Studien der Quellen der Religion heraus, das nur durch die Kenntnis zahlreicher Sprachen wie Pāli, Sanskrit, Chinesisch, Tibetisch, Japanisch, Burmesisch, Thai und vieler anderer möglich wurde.

Abgesehen davon, daß schon im 17. Jahrhundert einige Missionare asiatische Sprachen erlernt und darüber auch Arbeiten veröffentlicht hatten, war einer der wichtigsten Wegbereiter Sir William Jones (1746—1794), ein Richter im Dienst der englischen East India Company, der maßgeblichen Anteil an der Gründung der Asiatic Society of Bengal in Calcutta im Jahre 1784 hatte. Am Buddhismus war er selbst zwar überhaupt nicht interessiert, doch begann von nun an die systematische Erforschung indischer Sprachen durch englische Kolonialbeamte und Gelehrte, von denen einige dann auch auf die heiligen Texte des Buddhismus stießen. In Frankreich war es Eugène Burnouf (1801—1852) mit seinem „Essai sur le pāli" (1826), der die Erforschung der Pāli-Literatur einleitete. Seine 1844 erschienene „Introduction à l'histoire du boudhisme indien" stützte sich in der Hauptsache jedoch auf in Sanskrit verfaßte Mahāyāna-Werke. Auf den tibetischen Buddhismus stieß in der ersten Hälfte des 19. Jahrhunderts der ungarische Gelehrte Sándor Csoma Kőrösi (1784—1842), der 1834 eine tibetische Grammatik, ein tibetisch-englisches Wörterbuch und zahlreiche Beiträge im Journal of the Asiatic Society of Bengal veröffentlichte. Die von Anton Schiefner 1851 in St. Petersburg herausgegebene Arbeit „Eine tibetische

Lebensbeschreibung Cakjamuni's" hatte wie „Die Religion des Buddha und ihre Entstehung" (Berlin 1857—1859) von Carl Friedrich Köppen (1808—1863) tibetische und chinesische Quellen zur Grundlage. Mit dem Theravāda-Buddhismus beschäftigte sich der Missionar Spence Hardy in seinen Werken „Eastern Monachism" (1851) und „A Manual of Buddhism" (1853).

In Deutschland hatte sich schon früher der Philosoph Arthur Schopenhauer (1788—1860) zum Buddhismus bekannt, in dem er die beste aller Religionen sah, dem Christentum mit seinen irrigen Ideen über Gott und Seele weit überlegen. Er hielt auch die Ethik des Buddhismus für besser als die christliche, weil die letztere die Tiere nicht berücksichtige. Natürlich waren auch Schopenhauers Informationen über den Buddhismus recht ungenau, aber er machte diesen allein schon durch seinen eigenen Ruf als Philosoph einem breiterem Publikum bekannt. Oft genug mögen solche Popularisierungen Anstoß für ernstere Forschungen gewesen sein, so wie deren Ergebnisse umgekehrt Nichtwissenschaftler in ihren Anschauungen beeinflußten.

Durch den Kolonialismus war der Buddhismus besonders auf Sri Lanka und in Südostasien nicht nur mit dem Christentum, sondern auch rationalistischen Ideen und Naturwissenschaften in Berührung gekommen. In der Auseinandersetzung mit diesem Gedankengut entstanden die buddhistischen Erneuerungsbewegungen, auf deren Auswirkungen in Burma und Thailand schon eingegangen wurde. Auf Sri Lanka fand seit 1865 eine Reihe von öffentlichen Streitgesprächen zwischen christlichen Geistlichen und buddhistischen Mönchen über die Vor- und Nachteile der beiden Religionen statt. Das 1873 geführte „Große Streitgespräch von Pānadurā" wurde von einem Amerikaner übersetzt und noch im gleichen Jahr in den USA veröffentlicht. Durch dieses Buch wurden Oberst Henry Steel Olcott (1832—1907) und Helena Petrovna Blavatsky (1831—1891) auf den Buddhismus aufmerksam und gründeten 1875 die Theosophische Gesellschaft. Für viele Europäer und Amerikaner war diese Bewegung entweder „esoterischer Buddhismus" oder eine dem Buddhismus nahestehende Anschauung. Im Jahre 1880 besuchten Olcott und Blavatsky Sri Lanka und erklärten sich durch den Annahme des Pansīl, d. h. dem Rezitieren der Fünf Vorschriften, selbst zu Buddhisten. Olcott gründete hier die „Buddhistische Theosophische Gesellschaft“, die das Erbe des Buddhismus bewahren und ein buddhistisches Schulwesen aufbauen sollte, und veröffentlichte 1881 seinen „Buddhistischen Katechismus“, der auch in Europa schnelle Verbreitung fand (1887 erschien eine deutsche Übersetzung). Auf Sri Lanka begegnete Olcott 1880 auch dem jungen David Hewavitarne (1864—1933), der als führender Vertreter der buddhistischen Erneuerungsbewegung später besser unter dem Namen Anagārika Dharmapāla bekannt wurde. Da die höhere Schulbildung damals auf buddhistischen Schulen noch nicht möglich war, besuchte er eine anglikanische Schule, wo er christlichem Fanatismus und völligem Unverständnis für die buddhistische Lehre begegnete, woraus seine Abneigung gegen das „christliche Barbarentum“ erwuchs. Zusammen mit Olcott besuchte Dharmapāla 1889 Japan, wodurch die ersten Verbindungen zwischen den modernen Buddhisten Japans und Sri Lankas hergestellt wurden. Beim Besuch Bodh Gayās, jener Stätte, wo der Buddha einst seine Erleuchtung erfahren hatte, im Jahre 1891, mußte er feststellen, daß sich diese in einem sehr schlechten Zustand befand. Um dieses Heiligtum wiederherzustellen, gründete er in Colombo die „Bodh-Gayā-Mahābodhi-Gesellschaft“, deren Ziel es war, die Buddhisten aller Länder zu vereinen und Bodh Gayā zum Mittelpunkt des Buddhismus zu machen. Diese erste internationale buddhistische Organisation wurde 1892 nach Calcutta verlegt und sieht es seitdem als eine ihrer Hauptaufgaben an, Indien wieder zum Buddhismus zu bekehren. Nach dem Vorbild des YMCA entstand 1898 der YMBA (Young Men's Buddhist Association) in Colombo, der sich bald auch in andere buddhistische Länder ausbreitete; auf ihn wurde im Zusammenhang mit Burma bereits eingegangen.

Währenddessen hatte man in England und Deutschland begonnen, die Pāli-Quellen systematisch auszuwerten. Aus diesen Arbeiten konnte man das Leben und die Lehre des historischen Buddha weitestgehend rekonstruieren. Die Pioniere auf diesem Forschungsgebiet waren Thomas William Rhys Davids (1843—1922) und Hermann Oldenberg (1854—1920). Rhys Davids hatte sich 1864 auf Sri Lanka als Beamter des

„Ceylon Civil Service" von einheimischen Buddhisten in die Sprache und Geisteswelt des Pāli-Kanons einführen lassen. 1877 erschien mit seinem Buch „Buddhism" seine erste große Darstellung des Buddhismus auf der Grundlage der Pāli-Quellen. Hermann Oldenbergs Buch über den Buddha und seine Gemeinde (siehe Einleitung) erschien 1881 und ist noch heute ein Standardwerk. Im gleichen Jahr gründete Rhys Davids die „Pali Text Society" (PTS), deren Aufgabe die Edition und Übersetzung der Texte des Kanons, seiner Kommentare und anderer wichtiger Werke ist. In Deutschland machte Karl Eugen Neumann (1865—1915), ein Schüler Oldenbergs, durch seine umfangreichen Übersetzungen den Pāli-Buddhismus einem größeren gebildeten Publikum bekannt, wenngleich die Breitenwirkung seiner Arbeiten erst nach dem Ersten Weltkrieg einsetzte.

Die Jahrhundertwende markiert eigentlich den Beginn jener Entwicklung, in der Europäer und Nordamerikaner aktive Buddhisten wurden. Der erste Europäer, der in den Orden eintrat, war der englische Chemiker Allan Bennet (1872—1923), bisweilen auch Allan Bennet McGregor genannt (wohl durch seinen Kontakt mit dem Okkultisten McGregor Mathews), der zunächst nach Sri Lanka und dann nach Burma ging, wo er in Akyab 1901 zum Novizen und 1902 unter dem Namen Ananda Meteyya zum Vollmönch geweiht wurde. Ihm folgte 1904 in Rangun der deutsche Violinvirtuose Anton Gueth (1878—1957), der den Mönchsnamen Nyanatiloka annahm. Unter diesem Namen wurde er als Kenner des Buddhismus in Theorie und Praxis weltbekannt, nicht zuletzt durch seine zahlreichen Veröffentlichungen. Den größten Teil seines Lebens verbrachte Nyanatiloka auf Sri Lanka, wo er 1911 ein Kloster im Ratgama-See bei Dodanduwa gründete. Hier traten viele Westler aus den unterschiedlichsten Ländern in den Orden ein, darunter auch der Deutsche Siegmund Feniger (geb. 1901), der den Mönchsnamen Nyanaponika annahm und ebenfalls ein bedeutender buddhistischer Gelehrter ist.

Die erste buddhistische Organisation in der westlichen Welt entstand 1897, als Dharmapāla die USA besuchte und dort einen Zweig der Mahābodhi-Gesellschaft gründete. Als erste deutsche buddhistische Vereinigung bildete sich 1903 in Leipzig der von dem Indienforscher Karl Seidenstücker (1876 bis 1936) ins Leben gerufene „Buddhistische Missionsverein für Deutschland", der 1906 in „Buddhistische Gesellschaft in Deutschland" umbenannt wurde, sich aber bereits 1911 auflöste. In den folgenden Jahren vor dem Ersten Weltkrieg entstanden weitere buddhistische Vereinigungen, die aber recht kurzlebig waren. Ebenfalls im Jahre 1903 entstand auf Initiative von Ananda Meteyya in Rangun der „Buddhasāsana Samāgama", eine internationale buddhistische Gesellschaft, die bald Filialen in anderen Ländern einrichtete. Als erste buddhistische Gesellschaft Englands wurde 1907 in London die „Buddhist Society of Great Britain and Ireland" gegründet, deren erster Präsident T. W. Rhys Davids war. Sie existierte nur bis 1926.

Erst nach dem Ersten Weltkrieg bildeten sich dauerhaftere Organisationen. In Deutschland stand zunächst die Pāli-Tradition im Vordergrund, weil man deren Lehren für die ursprünglichen Lehren des Buddha hielt, die man als rationalistisch und aufklärerisch ansah. Der Mahāyāna-Buddhismus galt dagegen als eine Entartung der Lehre, was auch Rhys Davids behauptete. Die Mitglieder in diesen Vereinigungen waren zum großen Teil akademisch gebildet oder gehörten zumindest der Mittelschicht an. Schon früh trat die Forderung auf, nicht nur buddhistisch zu denken, sondern auch sein Leben an der Lehre des Buddha zu orientieren. Der 1912 gegründete „Bund für Buddhistisches Leben" erlebte seit 1920 eine Blütezeit. Seine Mitglieder betrachteten den Buddhismus als ein „ethisch-religiöses System". Die formelle Aufnahme erfolgte jetzt durch die erklärte Zufluchtnahme zu Buddha, Dharma und Sangha. Bald spaltete jedoch ein Streit über die Lehre vom *anatta* („Nicht-Selbst") den „Bund" und führte zu Mitgliederschwund. Die Protagonisten dieses Streites waren der Berliner Arzt Paul Dahlke (1865—1928) und der Landgerichtsrat Georg Grimm (1868—1945). Dahlke hatte den Buddhismus 1900 auf Sri Lanka kennengelernt und vertrat in Kernfragen die Auffassungen der Theravādins, insbesondere in der Lehre über die Nichtexistenz des Selbst. Er nannte seine Richtung „Neubuddhismus". Grimm vertrat jedoch die Ansicht, der Buddha habe die Existenz einer transzendenten Seele niemals geleugnet, weshalb man die Lehre vom Nicht-Selbst anders verstehen müsse. Alles, was wir erkennen können, ist zwar nicht das Selbst, doch dieses existiert jenseits der Erkennbarkeit. Damit glaubte Grimm den im Laufe der Tradition vergessenen Kern der Lehre Buddhas wiederentdeckt zu haben, und nannte die von ihm vertretene Form des Buddhismus „Altbuddhismus". Grimm gründete 1921 zusammen mit Seidenstücker in Utting am Ammersee die „Buddhistische Gemeinde für Deutschland". In den ersten Jahren suchte Grimm in Vorträgen, die manchmal von ca. 500, bisweilen ca. 1000 Personen besucht wurden, die Öffentlichkeit. 1924 wandelte sich die Gemeinde aber zur buddhistischen Loge und schloß sich von der Außenwelt ab. Diese Einstellung wurde bis heute beibehalten. Ebenfalls 1924 ließ Dahlke in Berlin-Frohnau das „Buddhistische Haus" erbauen, das alle baulichen Bestandteile eines buddhistischen Klosters besitzt. Erst nach dem Zweiten Weltkrieg sollte in Deutschland wie im übrigen Europa eine neue Entwicklung in der Verbreitung des Buddhismus einsetzen, die sowohl in ihrer Vielfalt wie auch personell weit über die relativ kleinen Gemeinschaften hinausging.

Auch in England herrschte zunächst der Theravāda-Buddhismus vor. Daneben wurzelte die buddhistische Bewegung Englands aber auch in der Theosophie. Dies trifft vor allem für die 1924 von Toby Christmas Humphreys (1901—1983) in London gegründete „Buddhist Lodge" zu, die 1943 die Bezeichnung „Buddhist Society, London" annahm. Die englischen Buddhisten interessierten sich aber auch für andere Formen des Buddhismus als den Theravāda. Der tibetische, chinesische und japanische Buddhismus nahmen neben dem Theravāda einen gleichberechtigten Platz in Großbritannien ein. Es entstand der Gedanke, daß aus dem Nebeneinander ein Miteinander werden könne, das schließlich zur Bildung eines Navayāna, eines „Neuen Fahrzeuges" führen könne. Besonders aktiv war The Buddhist Lodge in der Organisierung von Vorlesungen und Kursen sowie in der Publikation buddhistischer Bücher. Eines der führenden Mitglieder, Arthur C. March, gab eine eigene Zeitschrift, „Buddhism in England", heraus, die später in „The Middle Way" umbenannt wurde. Im Jahre 1925 besuchte Dharmapāla England und gründete hier einen Zweig seiner Mahābodhi Society mit einem eigenen Haus. Es wurde im Beisein von Humphreys und anderen britischen Buddhisten eine von Oberst Olcott entworfene buddhistische Flagge entfaltet. Bis zum Zweiten Weltkrieg waren die buddhistische Loge und die British Mahā Bodhi Society die beiden Zentren des britischen Buddhismus, die sich gegenseitig ergänzten. 1938 erfolgte die Gründung eines Vihāras in London mit drei Mönchen aus Sri Lanka.

Bis zum Zweiten Weltkrieg und auch noch Jahre danach blieb der Buddhismus in England hauptsächlich auf die Mittelklasse beschränkt. Seine Organisationen hatten eher den Charakter von Klubs. Doch während der 60er Jahre des 20. Jahrhunderts war eine neue Generation herangewachsen, die sich neuer Freiheiten erfreute und alternative Lebensweisen suchte. Viele junge Leute reisten nach Indien, Nepal, Südostasien, Japan, Korea und in andere Länder, einige von ihnen waren ernsthaft an den religiösen Traditionen ihrer Gastländer interessiert. Sie machten dort auch die Bekanntschaft mit dem Mahāyāna und der tantrischen Tradition. Das blieb in den Ländern Europas natürlich nicht ohne Wirkung. In England erfreute sich bereits in den 50er Jahren die japanische Zen-Tradition großer Beliebtheit. Sie war allerdings nicht unmittelbar aus Japan importiert worden, sondern aus den Vereinigten Staaten, wo sie schon gegen Ende des 19. Jahrhunderts durch die zahlreichen Arbeiter aus China und Japan Fuß gefaßt hatte. Seine große Popularität unter US-Amerikanern weißer Hautfarbe verdankte der Zen-Buddhismus aber eigentlich erst Daisetz Teitaro Suzuki (1870—1966), der bisweilen etwas einseitig als Vertreter nur dieser Schulrichtung angesehen wird, obwohl sich seine Arbeiten auch mit dem Mahāyāna-Buddhismus überhaupt auseinandersetzen. In England verhalf zunächst Alan Watts (1915—1973), ein 1938 in die USA emigrierter Engländer, bei der Buddhist Society dem Zen-Buddhismus zu einem gewissen Durchbruch. Doch erst andere Westler, die die Zen-Praxis bei Meistern in Japan erlernten, darunter die Österreicherin Irmgard Schloegl, die unter dem Namen Myōkyō-ni ordiniert wurde, verankerten den Zen-Buddhismus in England, wo eine Zen Society entstand.

Auch im Nachkriegsdeutschland bildeten sich Mahāyāna-Organisationen heraus. In der Bundesrepublik führte 1952 Hans-Ulrich Rieker (1920—1979) den Orden „Arya Maitreya Mandala" (AMM) ein. Dieser war 1933 in Indien von Ernst

Lothar Hoffmann (1898—1985), dem späteren Anagārika Govinda, gegründet worden und hatte es sich zum Ziel gesetzt, den Buddhismus den Menschen des Industriezeitalters näherzubringen und dazu eine Methode anzuwenden, die den gesellschaftlichen Gegebenheiten angepaßt ist. Der dynamische Aspekt der Entwicklungen im Buddhismus wird betont, und daher spielt die Figur des Bodhisattva Maitreya für die Orientierung an der Zukunft eine bedeutende Rolle. Hoffmann (Govinda) war 1928 nach Sri Lanka gegangen und hatte sich der Gemeinde um Nyanatiloka angeschlossen. Im darauffolgenden Jahr trat er in Burma in den Theravāda-Orden ein, nahm die Gelübde eines „Anagārika" („Hausloser") auf sich und studierte 1929—1931 Pāli. Da er bald in Sri Lanka als bester Kenner der buddhistischen Philosophie galt, entstandte man ihn 1931 zu einer Allindischen Buddhistischen Konferenz nach Darjeeling (Nordindien). Dort traf er auf den berühmten tibetischen Lehrer Ngawang Kalzang (Tomo Geshe Rinpoche), der ihn dazu veranlaßte, die Lehren des Mahāyāna- und Vajrayāna-Buddhismus zu studieren, und ihn schließlich ordinierte. In den Jahren 1931—1935 war Govinda Dozent der Vishva-Bharati-Universität, eine Tätigkeit, die er durch Studienreisen nach Tibet, Ladakh und Sikkim gelegentlich unterbrach. Am 14. November 1933 gründete er dann in Nordindien den buddhistischen Orden „Arya Maitreya Mandala". Nach dem Zweiten Weltkrieg nahm Govinda 1947 die indische Staatsbürgerschaft an und heiratete in Ladakh die Parsin Li Gotami (1906—1988). Gleichzeitig wurde er in die Kagyüpa-Schule aufgenommen, die die Ehe gestattet. 1951 kam Rieker zu Govinda nach Indien und drängte ihn dazu, den Orden auch im Westen zu verbreiten. In der Praxis legt der AMM-Orden seinen Schwerpunkt auf die Meditation über Schaubilder, durch die der Praktizierende zu seiner eigenen Vervollkommnung geführt werden soll. Rieker gründete den deutschen Zweig des AMM in Berlin und weihte dort die ersten Mitglieder. Damit war erstmals in Deutschland eine Vajrayāna-Tradition öffentlich wirksam geworden.

Der Zen-Buddhismus wurde in Deutschland zunächst durch die Literatur bekannt, und zwar durch das kleine Buch von Eugen Herrigel mit dem Titel „Zen in der Kunst des Bogenschießens" (1948). Erst Mitte der 60er Jahre bildeten sich erste Zen-Gruppen. 1964 leitete Fritz Hungerleider (geb. 1920) im 1962 erbauten „Haus der Stille" in Roseburg bei Hamburg den ersten mehrtägigen Zen-Kurs in der Bundesrepublik. Dieser hatte 1961 während eines achtmonatigen Aufenthaltes in Japan den Zen-Buddhismus kennengelernt. Der Bekanntheitsgrad des Zen stieg auch durch die psychologischen Interpretationen von Suzuki und Carl Gustav Jung (1875—1961) sowie weitere Buchveröffentlichungen an. Aber erst im Gefolge der Hippie- und der antiautoritären Bewegung erfaßte das Interesse am Buddhismus größere Kreise. So entstanden seit 1971 zahlreiche Zen-Zentren, so in diesem Jahr in Berlin die „Gemeinschaft ohne Tor, Mumon Kai". Schüler von Philip Kapleau (geb. 1912), einem amerikanischen Sōtō-Zen-Meister, der durch sein Buch „The three Pillars of Zen" (1956) Berühmtheit erlangt hatte, gründeten 1974 das „Zen Center Hamburg e.V.". Ein Jahr später bildete sich in Frankfurt a.M. der „Zendō Frankfurt am Main e.V.", der bis 1984 Bestand hatte.

Als Interessengemeinschaft aller deutscher Buddhisten in der Bundesrepublik war bereits 1958 die „Deutsche Buddhistische Union" (DBU) gebildet worden, die sich nicht auf eine bestimmte buddhistische Tradition festlegte.

Nach der Niederschlagung des Aufstandes in Tibet 1959 durch die Chinesen kam es zu einer massenhaften Flucht von Tibetern hauptsächlich nach Indien und Nepal oder andere Nachbarländer, von denen die meisten in Indien eine neue Heimat fanden, darunter in erster Linie der 14. Dalai Lama, der dort seine Exilregierung etablierte. Viele Geistliche suchten und fanden jedoch ein neues Betätigungsfeld in den USA und Westeuropa. Einer von ihnen war der aus Osttibet stammende Karma-Kagyü-Tulku Chögyam Trungpa (1939—1987), der 1963 zum Studium nach England kam und bald nicht zuletzt aufgrund seiner charismatischen Persönlichkeit den Westlern die buddhistische Lehre klar und einleuchtend darlegen konnte. Sein exzentrischer Lebensstil befremdete zwar viele, doch hielten die meisten Anhänger loyal zu ihm. Im Jahre 1967 gründeten er und Akong Rinpoche in Johnston House (Dumfrieshire/Schottland) das erste tibetische buddhistische Zentrum im Westen, das sie nach dem Kloster Samye in Tibet Samye Ling nannten. Chögyam Trungpa schockte dann seine Anhänger, als er die Robe ablegte und heiratete, aber dennoch das Zentrum weiterleitete. Im Jahre 1970 ging er in die USA, wo er ebenfalls Zentren und Organisationen ins Leben rief, die sehr erfolgreich wurden. Die Leitung von Samye Ling übernahm nun Akong Rinpoche. 1973 gründete Trungpa die Vajradhātu-Organisation, die bald Dharmadhātu-Zentren in London und anderen wichtigen Städten Europas unterhielt. Ein weiteres bedeutendes Zentrum entstand 1972 in Kopenhagen unter Leitung von Hannah und Ole Nydahl (letzterer bestreitet — wie im Film „Living Buddha" dokumentiert wird —, daß der 1992 inthronisierte 17. Karmapa die echte Reinkarnation ist). Beide trugen durch ihre unermüdlichen Aktivitäten entscheidend zur Blüte der Kagyü-Zentren in Europa bei. 1974/75 unternahm der 16. Karmapa (1923—1981, siehe oben unter Tibet) eine Besuchsreise durch die USA und Europa und zelebrierte an Silvester 1974 im „Haus der Stille" eine Zeremonie des Schwarzen Hutes, desgleichen 1975 in Samye Ling. Nach einer weiteren Reise des 16. Karmapa 1977 schossen die Karmapa-Zentren in der westlichen Welt förmlich wie Pilze aus dem Boden. In der Bundesrepublik entstand 1978 in München der „Karma-Kagyü-Verein e.V.", der seinen Vereinssitz 1981 nach Euskirchen in die Eifel verlegte und in der Nähe das „Kamalashila Institut für buddhistische Studien" im Schloß Wachendorf gründete. Dieses Institut ist Begegnungsstätte für alle buddhistischen Traditionen, was z. B. in dem seit 1986 als selbständige Einrichtung bestehenden Zen-Meditationsraum (Zendō) zum Ausdruck kommt. Im Jahre 1991 lebten in Schloß Wachendorf zwei tibetische und ein deutscher Lama. Bereits 1987 existierten in der Bundesrepublik 30 Karma-Kagyü-Zentren. Die Zahl der festen Anhänger dürfte sich gegenwärtig um 2000 Personen bewegen. Zum festen Ausbildungsprogramm des Kamalashila-Institutes gehört der traditionelle Dreijahres-Retreat zur Lama-Ausbildung, d. h. die Abkehr von der Welt für drei Tage, drei Monate und drei Jahre.

Auch Trungpas Vajradhatu-Organisation, die ihren Sitz in Boulder/ Colorado (USA) hat und zu der seit 1974 als buddhistische Universität das Naropa-Institut gehört, hat Zentren in Europa gebildet, darunter sieben in der Bundesrepublik. Das Europa-Zentrum „Karma Dzong" befindet sich seit

1982 in Marburg. Trungpa verband tibetische, Zen- und westliche Elemente (darunter Gestalt-Psychologie), um eine dem Westler gemäße Form des tibetischen Buddhismus zu vermitteln. Zeremonien und Rezitationen finden nicht mehr in den klassischen Sprachen Sanskrit und Tibetisch statt, sondern in Englisch oder in der Landessprache.

Die Gelugpa waren bei der Aussendung von Lamas in den Westen eher langsam. 1966 entsandte der Dalai Lama den Geshe Lobsang Dargyay zur Betreuung von in München ansässigen Kalmücken. Im November 1968 wurde in der Schweiz das „Klösterlich-Tibetische Institut Rikon" eingeweiht. Seitdem haben dort fünf tibetische Lamas zur Betreuung der über 1000 Tibeter in der Schweiz gewirkt. Erster Leiter des Instituts wurde Geshe Rabten (1920—1986), ein persönlicher Berater des Dalai Lama. Dieser weihte 1977 in Hamburg das „Tibetische Zentrum e.V." ein. Es beherbergt als buddhistisches Meditations- und Studienzentrum tibetische und deutsche Mönche und Nonnen. Sehr rege waren auch die Lamas Thubten Yeshe (1935—1984) und Zopa Rinpoche (geb. 1940), die zunächst im Kathmandu-Tal in Nepal tätig waren und dann 1971 die „Foundation for the Preservation of the Mahāyāna Tradition" (FPMT) gründeten, die zahlreiche Zentren bildete. Zwei englische Studenten von Thubten Yeshe konnten 1976 ein verfallenes mittelalterliches Kloster mit einem viktorianischen Hospital namens Conishead Priory im Norden Englands erwerben. Sie gründeten dort das Manjushri Institute, das erste große Zentrum in Europa, in dem Westler den Grad eines Geshe, d. h. eines theologischen Doktors erwerben können. 1977 bildete sich in München eine Gruppe um diese beiden Lamas, aus der dann das „Āryatara-Institut e.V." in Jägerndorf (Niederbayern) hervorging. Die Gelugpa-Tradition in Europa ist bestrebt, die buddhistischen Lehren in den Alltag umzusetzen und sie mit ihrem westlichen Erbe in Beziehung zu setzen. Als 1984 Thubten Yeshe in Los Angeles starb, suchte man seine Wiederverkörperung und fand ihn schließlich unter seinen spanischen Anhängern in einem 1985 geborenen Kind, das 1986 vom Dalai Lama als Lama Ösel bestätigt wurde.

Dieser Überblick mag einen Eindruck über den raschen Aufschwung der buddhistischen Schulrichtungen und deren

Zentren in Europa geben. Führend wurde spätestens seit den 80er Jahren der tibetische Buddhismus. Das liegt wahrscheinlich an dem wachsenden Interesse an Formen tibetischer Meditation und religiöser Praxis, aber auch am Schicksal Tibets und der tibetischen Flüchtlinge und nicht zuletzt an der Person des Dalai Lama. Die zweitgrößte Gruppierung bilden die verschiedenen Zen-Schulen, deren Attraktivität insbesondere in den Meditationspraktiken liegt. Davon wurden auch christliche Interessenten angezogen, die „Zen für Christen" propagierten. Es würde zu weit führen, alle Entwicklungen und Zentren im einzelnen aufzuführen (dafür sei auf die einschlägige Literatur verwiesen: 1. Snelling, *Buddhismus*, für Europa mit besonderer Berücksichtigung Englands; 2. Baumann, *Deutsche Buddhisten*, für Deutschland), doch kann der Leser ermessen, daß es sich hierbei nicht um sogenannte Jugendreligionen handelt (wobei auch dieser Begriff problematisch ist), sondern um religiöse Gemeinschaften, die inzwischen Personen aller Altersgruppen und Gesellschaftsschichten umfassen. Nach einer dem tantrischen Meister Padmasambhava zugeschriebenen Prophezeiung werde sich der Buddhismus nach Westen wenden, wenn Eisenvögel durch die Luft fliegen. Wenn man dabei zustimmend an Europa denkt, übersieht man, daß sich der Buddhismus in der Zeit der Eisenvögel ebenso machtvoll nach Osten über den Pazifik wandte, auf den amerikanischen Kontinent.

X. Der Buddhismus in Nordamerika

In den 60er und 70er Jahren des 19. Jahrhunderts trafen Tausende von chinesischen Einwanderern an der Westküste Nordamerikas ein, um dort als billige Arbeitskräfte in den Goldminen Kaliforniens oder beim Bau der Union-Pacific-Eisenbahnlinie zu dienen. In den meisten der großen amerikanischen Städte entstanden Chinatowns mit Tempeln, in denen man die Ahnengeister sowie daoistische und buddhistische Gottheiten verehrte. Die meisten dieser frühen chinesischen Einwanderer gehörten zur Schule des Reinen Landes. Einige chinesische und japanische Buddhisten trafen vor 1868 auch in Hawaii ein (das damals noch polynesisches Königreich war und 1898 von den USA annektiert wurde), um dort auf den Zuckerrohr- und Ananasplantagen zu arbeiten, doch erst nach diesem Datum wurde die Einwanderung zu einem nennenswerten Faktor. Die Bildung buddhistischer Organisationen begann 1889 mit dem Eintreffen des japanischen Priesters Sōryū Kagahi, der zum westlichen Zweig (Honpa-Hongwanji) der Jōdo Shinshū („Wahre Schule des Reinen Landes") gehörte. Diese Schule wurde schnell zur größten buddhistischen Gruppe auf Hawaii und auf dem Kontinent. Nachdem in den folgenden Jahren nur zwei japanische buddhistische Priester auf Hawaii gewirkt hatten, gründete man dort 1899 die „Buddhistische Kirche" von Hawaii. Im gleichen Jahr traf in San Franscisco der Missionar Sōkei Sonada ein und sammelte die japanischen Buddhisten in einer Gemeinde, die sich zur Nordamerikanischen Buddhistischen Mission zusammenschloß. Bis 1944 waren sie ein Zweig der japanischen Honpa-Hongwanji-Richtung mit der Zentrale in Kyōto, machten sich aber bedingt durch den Zweiten Weltkrieg unter dem Namen „Buddhist Church of America" selbständig. Ein weiterer Schritt zur Unabhängigkeit des Jōdo Shinshū in Amerika war die Gründung von Ausbildungsstätten für Priester in Gestalt einer Amerikanischen Buddhistischen Akademie in New York und 1966 eines Instituts für Buddhistische Studien in Berkeley.

Über die ethnischen Grenzen der Einwanderer und ihrer Nachkommen hinaus wurde der Buddhismus 1893 bekannt, als anläßlich der Weltausstellung in Chicago das Weltparlament der Religionen tagte, in dem Anagārika Dharmapāla und der Rinzai-Zen-Meister Sōen Shaku (1859—1919) sprachen und den Eigentümer des „Open-Court"-Verlages in LaSalle (Illinois), Paul Carus (1852—1919), als Förderer des Buddhismus gewannen. Da er Hilfe zur Übersetzung von Texten benötigte, lud er einen Schüler von Sōen Shaku, den nachmals berühmten Daisetz Teitaro Suzuki (eigentlich Suzuki Daisetsu, 1870—1966), zu dieser Arbeit nach LaSalle ein. Dies wie auch die Arbeit der beiden Rinzai-Lehrer Senzaki Nyogen (1876—1958) und Sasaki Sokei-an (1882—1945) trugen wesentlich zur Verbreitung des Zen-Buddhismus in Amerika bei. Senzaki gründete eine „schwimmende" Zen-Andachtshalle an der Westküste Nordamerikas. Unter seinen Schülern befand sich auch Robert Aitken (geb. 1917), der gegenwärtig den Diamond Sangha auf Hawaii leitet. Sasaki wirkte später an der Ostküste und gründete dort das „First Zen Institute" in New York. Er heiratete 1944 Ruth Fuller Everett (1883—1967), deren Tochter Eleanor schon 1938 Alan Watts (1915—1973) geheiratet hatte, der eine populäre Form des Zen, den sogenannten „Square Zen", propagierte. Ein bedeutendes Zen-Zentrum wurde 1961 in San Francisco von dem japanischen Sōtō-Zen-Meister Shunryu Suzuki (1904—1971) gegründet, dessen Nachfolger der US-amerikanische Meister („Rōshi") Richard Baker ist. Als erstes Zen-Kloster in den USA entstand unter der Schirmherrschaft des „San Franscisco Zen Center" das „Zen Mountain Center" in Tassajara Springs. Eine geborene Engländerin namens Peggy Teresa Nancy Kennett gründete 1969 im nördlichen Kalifornien als weiteres bedeutendes Zenkloster „Shasta Abbey", das zur Sōtō-Zen-Schule gehört. Zunächst eine Anhängerin des Theravāda, wurde sie 1962 als Nonne im chinesischen Orden in Malacca (Malaysia) ordiniert und 1963 in Japan in den Rang einer Äbtissin erhoben. Während der Zeit der Protestbewegung zwischen 1965 und 1975 gab es als eine Art Modeerscheinung den Beat-Zen. Für Hippies aller

Schattierungen war Zen ein beinahe ebenso beliebtes Mittel, aus dem Establishment auszubrechen wie Drogen. Ein gewisser Katalysator dafür war Jack Kerouacs Roman „The Dharma Bums".

Der Chan-Buddhismus wird an der Westküste von dem chinesischen Tripitaka-Meister Hsüan Hua (Xuan Hua, geb. 1908) vertreten, der 1968 in San Francisco die Sino-American Buddhist Association gründete. Seit 1971 sind das „Golden Mountain Dhyāna Monastery" und die Stadt der 10000 Buddhas das Zentrum dieser Bewegung, die streng auf die Vinaya-Regeln achtet.

Anders als in Europa traten als erste Gruppe des tibetischen Buddhismus die Gelugpa in Gestalt von kalmückischen Emigranten auf, denen 1951 gestattet wurde, sich in Freewood Acres, New Jersey, niederzulassen, wo sie ein Jahr danach den First Kalmuk Buddhist Temple eröffneten. Zu ihnen gesellten sich später einige bedeutende tibetische Lamas wie z. B. Geshe Wangyal (1901—1983). Die bedeutendsten Impulse gingen auch hier von Chögyam Trungpa (siehe oben) aus, der 1969 Großbritannien verlassen hatte und in Nordamerika bedeutende Zentren in Vermont, Nova Scotia, und vor allem die internationale Vajradhātu-Organisation in Boulder/Colorado gegründet hatte. Nach seinem frühen Tod im Jahre 1987 übernahm als Vajra-Regent der als Thomas Rich geborene Ösel Tendzin (1944—1990) die Leitung von Vajradhatu, nach dessen Hinscheiden folgte Trungpas ältester Sohn.

Die Nyingmapa-Tradition wurde seit 1968 in den USA von Tarthang Tulku vertreten, der das Tibetan Nyingma Meditation Centre in Berkeley und den buddhistischen Verlag „Dharma Publishing" sowie das Nyingma-Institut für wissenschaftliche Studien gründete, wo man Sanskrit und Tibetisch erlernen kann. Eine andere wichtige Persönlichkeit der Nyingma-Tradition war Dudjom Rinpoche (1904—1987), der zahlreiche Zentren gründete, insbesondere Örgyen Chö Dzong in New York.

Der Theravāda-Buddhismus ist in den USA unterrepräsentiert. Wahrscheinlich aufgrund fehlender kolonialer Verbindungen hat sich hier kein eigener Orden gebildet. Die meisten nordamerikanischen Theravādins haben das Land verlassen und sind entweder nach Großbritannien oder in die klassischen Länder des Theravāda-Buddhismus gegangen.

Die für ihre aggressive Missionsmethoden (*shakubuku*, siehe oben) bekannte Nichiren-Schule Sōkagakkai, die hier unter dem Namen „Nichiren Shoshu of America" firmiert, hat sich auch in Amerika innerhalb weniger Jahre zu einer Massenbewegung entwickelt. Ihr Leiter ist der Japaner Massayasu Sadanaga, der seinen Namen in George Williams änderte. Die frühesten Anhänger waren japanische Kriegsbräute und ihre amerikanischen Ehemänner. Um 1970 zählte diese Bewegung schon etwa 200.000 Anhänger, doch sollen sie sich jetzt bereits auf eine halbe Million beziffern. Nach eigenen Angaben unterhält der NSA in allen 50 Staaten der USA Kapitelhäuser.

Es sind natürlich nicht nur die teilweise beeindruckenden Mitgliederzahlen, die für eine Verankerung des Buddhismus in Nordamerika sprechen, sondern auch die Vielfalt der Schulen und das Engagement der Gläubigen.

Schlußbetrachtung

Der Einbruch des Kolonialismus und des westlichen Denkens hatte auf den Buddhismus zunächst wie ein Schock gewirkt. Doch dann begannen verkrustete Strukturen aufzubrechen, es setzte eine Phase der Selbstbesinnung ein, die in vielen Ländern und Schulen des Buddhismus zum Aufstieg des buddhistischen Modernismus führte, der sich den westlichen Rationalismus nutzbar machte und ihn mit seinen eigenen Traditionen verband. In der frühen Phase des buddhistischen Modernismus standen philosophische Interessen und soziale Fragen im Vordergrund, während die neuere Entwicklung ihr Gewicht auf die Meditationspraxis legt. Sicher wäre es ohne den buddhistischen Modernismus weder zur Erneuerung des Buddhismus in Asien noch zu seiner Ausbreitung in Europa und Nordamerika gekommen.

Glossar

Arhat (m.)	„Ehrwürdiger"; der buddhistische „Heilige", der die Erleuchtung für sich selbst erlangt hat und von allen Leidenschaften frei ist. Den Zustand bezeichnet man als *Arhatschaft*.
ātman (m.)	„Das Selbst", die „Einzelseele" in der nachvedischen Lehre der Upanishaden, die danach strebt, sich mit dem Absoluten, dem *brahman* (n.), der „Weltseele", zu vereinigen. Im Buddhismus wird die Existenz eines Selbst geleugnet (sogenannte *anātman-* bzw. *anatta*-Lehre).
Bodhisattva (m.)	„Erleuchtungswesen": im Hīnayāna der historische Buddha vor seiner Erleuchtung. Das Wort hat die Bedeutung von jemandem, der dazu bestimmt ist, ein Buddha zu werden. Im Mahāyāna die zahlreichen Wesen, die aus Mitleid mit den Menschen nicht endgültig ins Nirvāna eingegangen sind, sondern noch weiter in der Welt wirken.
Brahman (n.)	Das Absolute, die Weltseele.
Brahmanismus	Ältere Stufe der indischen Religion, in der die Priesterkaste der Brahmanen als Opferausführende die dominierende Rolle spielen.
Chörten	Tibetische Bezeichnung für einen Stūpa.
Dharma (m.)	Ordnung, Regel, Gesetz, auch die buddhistische Lehre. In einem an-

	deren Sinn sind die Dharmas auch die Phänomene, die vom Verstand wahrgenommen werden.
Jātaka (n.)	„Geburt". Bezeichnung für die Sammlung von Geschichten über die früheren Existenzen des zukünftigen Buddha, darunter auch viele Verkörperungen als Tier.
Karman (n.)	„Tat", „Werk". Der Faktor, der eine Wiederverkörperung bewirkt. Nach der Qualität der Taten richtet sich die Art der neuen Existenz.
Mahāparinirvāna (n.)	Das endgültige Eingehen in das Nirvāna („Verlöschen") beim Tod.
Mahāyāna (n.)	Das „Große Fahrzeug" des Buddhismus, d. h. die Strömung, in der zahlreiche Buddhas und Bodhisattvas ihr endgültiges Eingehen in das Nirvāna aus Mitleid mit den Wesen zurückgestellt haben, um weiter in der Welt zu wirken.
Nirvāna (n.)	Das „Auslöschen" aller Daseinsfaktoren, der Heilszustand im Buddhismus.
Pāramitā (f.)	„Vollkommenheit", im Mahāyāna gibt es mehrere Pāramitās, die zum Erlösungszustand führen, z. B. Weisheit (*prajñā*).
Pūjā (f.)	Im Hinduismus kultische Verehrung einer Gottheit.
Sangha (m.)	Der buddhistische Orden.
Samsāra (m.)	Das Weltgetriebe, der ewige Kreislauf von Geburt, Tod und Wiederverkörperung, das durch den buddhistischen Erlösungsweg durchbrochen werden soll.
Shākyas	Name der Familie, aus der der historische Buddha stammt.
Stūpa (m.)	Buddhistischer Reliquienhügel, wurde im Laufe der Zeit immer

monumentaler und führte in einigen Regionen zum Bau von Pagoden.

Sūtra (n.) „Faden", ein lehrhafter Text, insbesondere im Buddhismus.

Tantra (n.) Lehre und Schriften des Tantrismus.

Tantrismus Die esoterische Form des Hinduismus und auch des Buddhismus, wo das Schwergewicht auf den Mitteln liegt, die angewendet werden, um den Weg zur Erlösung zu beschreiten. Diese Mittel können mystisch, magisch und erotisch sein.

Tathāgata (m.) Bezeichnung für den historischen Buddha (entweder „So gekommen" oder „So gegangen"), aber auch für die kosmischen Buddhas des Mahāyāna.

Upanishaden Texte, die am Ende der vedischen Periode Indiens entstanden und die Suche der Einzelseele (*ātman*) nach der Weltseele (*brahman*) zum Inhalt hatten.

Veden *Veda* (m.), „Wissen" ist im eigentlichen Sinne eine Sammlung von vier Werken von Hymnen, Zauber- und Opfersprüchen der ältesten Phase der arisch-indischen Religion.

Yaksha (m.) Eine Art von Genien, die sowohl gut- wie böswilliger Natur sein können.

Weiterführende Literatur

Baumann, Martin
Deutsche Buddhisten. Geschichte und Gemeinschaften. Marburg 1993 (Religionswissenschaftl. Reihe. Bd. 5).

Bechert, Heinz
Buddhismus, Staat und Gesellschaft in den Ländern des Theravāda-Buddhismus. Band 1—3. Frankfurt a. M., Berlin, Wiesbaden 1966—73 (Schriften des Instituts für Asienkunde. Bd. 17).

Bechert, Heinz (Hrsg.)
The Dating of the historical Buddha. Die Datierung des historischen Buddha. Part 1—2. Göttingen 1991—92.

Bechert, Heinz / Gombrich, Richard (Hrsg.)
Der Buddhismus. Geschichte und Gegenwart. München 1984.

Bercholz, Samuel / Chödzin, Sherab (Hrsg.)
Ein Mann namens Buddha. Sein Weg und seine Lehre. Übersetzt aus dem Englischen von Jochen Eggert. Bern, München, Wien 1994.

Bezacier, Louis
„Die Religionen Vietnams"; in: *Die Religionen Südostasiens*. Stuttgart, Berlin, Köln, Mainz 1975, S. 293—382.

Boisselier, Jean
Buddha. Legende eines Auserwählten. Dt. Textfassung: Sylvia Lindner. Wiss. Bearb.: Karl-Heinz Golzio. Ravensburg 1995 (Abenteuer Geschichte: 48).

Ch'en, Kenneth K[uan] S[heng]
Buddhism in China. Princeton, N. J. 1970.

Conze, Edward
Der Buddhismus. Wesen und Entwicklung. 4. Aufl. Stuttgart, Berlin, Köln, Mainz 1971.

Conze, Edward
Buddhistisches Denken. Drei Phasen buddhistischer Philosophie in Indien. Aus dem Englischen von Ursula Richter. Frankfurt a. M. 1990 (Suhrkamp Taschenbuch 1772).

Dumoulin, Heinrich (Hrsg.)
Buddhismus der Gegenwart. Freiburg, Barcelona, London [usw.] 1970.

Dumoulin, Heinrich
Geschichte des Zen-Buddhismus. Bd. 1—2. Bern 1984—86.

Eichhorn, Werner
Die Religionen Chinas. Stuttgart, Berlin, Köln, Mainz 1973 (Die Religionen der Menschheit. Bd. 21).

Eimer, Helmut
Skizzen des Erlösungsweges in buddhistischen Begriffsreihen. Eine Untersuchung. Bonn 1976 (Arbeitsmaterialien zur Religionsgeschichte: 1).

Fick, Richard
Die sociale Gliederung im nordöstlichen Indien zu Buddhas Zeit. Mit besonderer Berücksichtigung der Kastenfrage. Vornehmlich auf Grund der Jâtaka dargestellt. Kiel 1897. Nachdr. Graz 1974.

Govinda, Anagārika
Grundlagen tibetischer Mystik. Stuttgart, Zürich 1957.

Govinda, Anagārika
Der Weg der weißen Wolken. Erlebnisse eines buddhistischen Pilgers in Tibet. Zürich 1969.

Grieder, Peter
Tibet — Land zwischen Himmel und Erde. Solothurn und Düsseldorf 1990.

Herrigel, Eugen
Zen in der Kunst des Bogenschießens. Bern 1948. 24. Aufl. 1985.

Hoffmann, Helmut
Die Religionen Tibets. Bon und Lamaismus in ihrer geschichtlichen Entwicklung. Freiburg, München 1956.

King, Winston Lee
A thousand lives away. Buddhism in contemporary Burma. Oxford 1964.

Klimkeit, Hans-Joachim
Der Buddha. Leben und Lehre. Stuttgart, Berlin, Köln 1990 (Urban-Taschenbücher. Bd. 438).

Lamotte, Étienne
History of Indian Buddhism from the origins to the Śaka era. Transl. from the French by Sara Webb-Boin under the supervision of Jean Dantinne. Louvain-la-Neuve 1988 (Publications de l'Institut Orientaliste de Louvain: 36).

Nyanatiloka
Buddhistisches Wörterbuch. Kurzgefaßtes Handbuch der buddhistischen Lehren und Begriffe in alphabetischer Anordnung. Konstanz 1952 (Buddhistische Handbibliothek: 3).

Oldenberg, Hermann
Buddha. Sein Leben, seine Lehre, seine Gemeinde. Hrsg. von Helmuth von Glasenapp. 13. Aufl. Stuttgart 1959. Nachdruck Stuttgart o. J.

Sarkisyanz, Manuel
„Die Religionen Kambodschas, Birmas, Laos, Thailands und Malayas"; in: *Die Religionen Südostasiens*. Stuttgart, Berlin, Köln, Mainz 1975, S. 384—560.

Schluchter, Wolfgang (Hrsg.)
Max Webers Studie über Hinduismus und Buddhismus. Interpretation und Kritik. Frankfurt a.M. 1984 (Suhrkamp Taschenbuch Wissenschaft: 473).

Schumann, Hans Wolfgang
Buddhistische Bilderwelt. Ein ikonographisches Handbuch des Mahāyāna- und Tantrayāna-Buddhismus. Köln 1986.

Schumann, Hans Wolfgang
Der historische Buddha. Lehre und Leben des Gotama. Köln 1982.

Schumann, Hans Wolfgang
Buddhismus. Stifter, Schulen und Systeme. Neubearb. Ausgabe München 1993 (Diederichs Gelbe Reihe: 99).

Schweer, Thomas
Stichwort Buddhismus. 2. Aufl. München 1994.

Snellgrove, David Llewellyn
Indo-Tibetan Buddhism. Boston, London 1987.

Snelling, John
Buddhismus. Ein Handbuch für den westlichen Leser. Aus dem Engl. übers. von Karl-Heinz Golzio. München 1991.

Suzuki, Daisetz T[eitaro]
Zen und die Kultur Japans. Der Geist des Zen in Dichtung und Malerei, Theater, Tee-Weg, Garten- und Baukunst, Philosophie und den Kampfkünsten Japans. Übersetzt aus dem Englischen von Jochen Eggert. Bern, München, Wien 1994.

Tarling, Nicholas (Hrsg.)
The Cambridge History of Southeast Asia. Vol.1.2. Cambridge, New York, Oakleigh 1992.

Tucci, Giuseppe / Heissig, Walther
Die Religionen Tibets und der Mongolei. Stuttgart, Berlin, Köln, Mainz 1970 (Die Religionen der Menschheit. Bd. 20).

Uhlig, Helmut
Buddha. Die Wege des Erleuchteten. Bergisch Gladbach 1994.

Warder, A[nthony] K[ennedy]
Indian Buddhism. 2nd revised ed. Delhi 1980.

Weber, Max
Gesammelte Aufsätze zur Religionssoziologie II: Hinduismus und Buddhismus. 1. Aufl. Tübingen 1921. 6. Aufl. Tübingen 1978 [Die kritische Ausgabe, hrsg. von Helwig Schmidt-Glintzer in Zusammenarbeit mit Karl-Heinz Golzio erscheint Tübingen 1995].

Text- und Bildnachweis

Seite 25: Text der vier Wahrheiten. Saccasaṃyutta, Saṃyutta Nr. 56 des Saṃyuttani-Kāya, aus: Buddha. Sein Leben, seine Lehre, seine Gemeinde, hrsg. von Hermann Oldenberg, Berlin ^{2}1890.
Seite 25: Entstehen in Abhängigkeit. Mahānidānasutta, 15. Sutta des Dīghanikāya, aus: Erich Frauwallner, Die Philosophie des Buddhismus, Berlin 1956.
Seite 30: 1. Felsedikt des Maurya-Kaisers Aśoka (reg. 268—232 v. Chr.), aus: Die großen Felsen-Edikte Aśokas, hrsg. von Ulrich Schneider, Wiesbaden 1978.
Seite 30: 12. Felsedikt des Maurya-Kasiers Aśoka, aus: ebd.
Seite 33: Die Fragen des Königs Milinda an König Menander. Milindapañha II, 1, 1, aus: Milindapañha, Die Fragen des Königs Milinda, hrsg. von Nyanaponika, Interlaken 1985.
Seite 46: Nāgārjuna, Aus den „Merkversen der mittleren Lehre". Madhyamakakārikā I (2. Jh. v. Chr.), aus: Erich Frauwallner, Die Philosophie des Buddhismus, a. a. O.
Seite 64: Die Erlösung im Paradies des Westens. Text des Mönches Zong Bing (375—443) aus dem Jahre 433 über die Unendlichkeit von Zeit und Raum und die Stellung der buddhistischen Lehre dazu, aus: Wolfgang Bauer, China und die Hoffnung auf Glück, München 1989.
Seite 85: Die Erlösung. Text des Zen-Mönches Jōka, Schüler des sechsten Zen-Patriarchen Huineng (638—713), ursprünglich erschienen in: Ohasama Shūej, Zen. Der lebendige Buddhismus in Japan, Gotha/Stuttgart 1925.
Seite 108: Lampe für den Weg zur Erleuchtung. Atisha (982—1054). Bodhipathapradīpa. Ein Lehrgedicht, hrsg. von Helmut Eimer, Wiesbaden 1978.

Seite 9: Neu erwachendes religiöses Leben in Tibet und anderswo (Peter Grieder).

Seite 29: Sārnāth, Ashoka-Säule mit dem sogenannten Schismen-Edikt (3. Jh. v. Chr.). Indien (Karl-Heinz Golzio).
Seite 32: Der große Stūpa von Bodhnāth, Katmandutal. Nepal (Karl-Heinz Golzio).
Seite 59: Bāmiyān. Eine der kolossalen Buddhastatuen (5./6. Jh. n. Chr.). Afghanistan (Karl-Heinz Golzio).
Seite 109: Von 1410 bis 1440 erbaute Klosteranlage von Triktse. Tibet (Peter Grieder).
Seite 111: Ritual eines Schwarzhutmagiers während der Tscham-Mysterien. Tibet (Peter Grieder).
Seite 128: Bild des hochverehrten Padmasambhāva (Guru Rimpotsche). Tibet (Peter Grieder).
Seite 132: Eine Frau betritt einen Raum, in dem eine Riesengebetsmühle steht. Tibet (Peter Grieder).
Seite 141: Borobudur (Java, um 800 n. Chr.) Bogenschütze aus einem nicht identifizierten Relief. Indonesien (Karl-Heinz Golzio).
Seite 148: Rangun, Shwe-Dagon-Pagode, wahrscheinlich 4. Jahrhundert. Burma (Karl-Heinz Golzio).
Seite 167: Ayuthia, Statue des Buddha in Bhūmisparshamudrā. Thailand (Karl-Heinz Golzio).
Seite 176: Phra Buddha Nath (zwischen Lopburi und Saraburi): Gläubige bei der Andacht. Thailand (Karl-Heinz Golzio).